向深圳学习

中国改革开放时期从经济特区到模范城市的试验

LEARNING FROM SHENZHEN

[美] 马立安 [美] 乔纳森·巴赫 [加拿大] 黄韵然 / 主编

王立弟 / 译

·深圳·

图书在版编目（CIP）数据

向深圳学习：中国改革开放时期从经济特区到模范城市的试验 /（美）马立安,（美）乔纳森·巴赫,（加）黄韵然主编；王立弟译. — 深圳：海天出版社,2020.7（2020.9重印）

ISBN 978-7-5507-2885-1

Ⅰ.①向… Ⅱ.①马… ②乔… ③黄… ④王… Ⅲ.①城市经济—经济发展—研究—深圳 Ⅳ.①F299.276.53

中国版本图书馆CIP数据核字(2020)第066767号

审图号：GS（2020）1847号

版权登记号　图字：19-2018-060号

LEARNING FROM SHENZHEN: China's Post-Mao Experiment from Special Zone to Model City Edited by Mary Ann O'Donnell, Winnie Wong, and Jonathan Bach

© 2017 by The University of Chicago. All rights reserved.
Licensed by The University of Chicago Press, Chicago, Illinois, U.S.A.

向深圳学习：中国改革开放时期从经济特区到模范城市的试验
XIANG SHENZHEN XUEXI: ZHONGGUO GAIGEKAIFANG SHIQI CONG JINGJITEQU DAO MOFAN CHENGSHI DE SHIYAN

出 品 人	聂雄前
责任编辑	林凌珠　胡小跃
责任技编	梁立新
责任校对	万妮霞
封面设计	蒙丹广告

出版发行	海天出版社
地　　址	深圳市彩田南路海天综合大厦（518033）
网　　址	www.htph.com.cn
订购电话	0755-83460239（邮购、团购）
设计制作	深圳市龙瀚文化传播有限公司 0755-33133493
印　　刷	中华商务联合印刷（广东）有限公司
开　　本	889mm×1194mm　1/32
印　　张	9
字　　数	206千
版　　次	2020年7月第1版
印　　次	2020年9月第3次
定　　价	58.00元

版权所有，侵权必究。
凡有印装质量问题，请随时向承印厂调换。

出版说明

《向深圳学习》是长期居住在深圳的美国学者马立安等人编著的一部关于深圳经济特区的专著。这是国外主流学者第一次全面、正向和系统地介绍和论述深圳经济特区的历史、发展与现状的大型学术性调查报告，2017年由美国芝加哥大学出版社出版，在欧美引起较大反响，成为国外读者了解深圳的一部不可多得的参考书。

作者在广泛收集、查阅和研读资料的基础上，试图多维度梳理深圳经济特区的发展轨迹，分析这座城市崛起的原因，力求客观、公正、真实。基于作者团队的异域背景，思维方式和研究逻辑与本土学者有所不同，书中恐有若干细节与实际情况并不完全吻合，某些提法、观点及结论也值得商榷，但他们对深圳经济特区的热爱和赞赏是由衷的。为了如实反映国外学者对中国的研究原貌和国外汉学著作的真实传播情况，本着尊重作者、忠实原文的原则，中译本除了进行一些必要的技术处理外，未对原著做太大修改。作者的观点并不代表出版者的立场，特此说明。

海天出版社
2020年6月

序 言

傅高义

世界上没有哪个城市能够赶上深圳的发展速度,这是中国通往世界的又一个南大门。1978年中国实施改革开放,当时的深圳还是一个只有3万人的小镇,四周都是稻田。截至2010年,深圳市的常住人口超过了1000万,比美国人口最多的城市纽约的人口还要多。深圳的高楼大厦没有超过30年的,城市里鳞次栉比的现代百货商场、酒店、写字楼和饭店熠熠生辉。

1980年,深圳建立经济特区,引燃了中国改革开放的星星之火,成了全中国的一个新楷模。正如本书作者所描述的那样,深圳过去30多年的发展构成了一个非常奇特的故事。深圳经济特区是一个城市发展的混合体,同时也是把市场经济融入僵化的计划经济体制中的一种尝试。特区成为这个发展滞后了近20年的国家汇入全球各种新思潮的试验田。1980年以来,深圳成为中国改革开放的试验田,将新的思想传播给那些到深圳学习取经的高官们。这些人来到深圳了解市场经济的运作,考察现代建筑和工业在深圳的发展。

到访深圳经济特区的有来自北京、广东省领导班子和宝安县的官员,也有来自香港乃至海外的人士。在深圳,来自天南地北的人们想方设法相互沟通,努力让改革开放的方针政策得以贯彻执行，同时还要照顾到当地人老一套的做事方式，不能同他们闹翻。深圳的故事让人称叹。今天我们有了这样一部由马立安、黄韵然和乔纳森·巴赫主编的专著，是一件值得称道的事情。这本书的作者们对深圳发展的多个方面进行了梳理，讲述的对象包括那些奔波劳碌的外来打工者，也包括当地的城市规划者和管理者，揭示他们如何应对史无前例的城市发展。

改革开放前夜的深圳

我第一次来到中国内地是在1973年5月，5年之后中国才开始实施改革开放政策。我当时和其他外国人一样，是从陆路经香港在深圳口岸踏上中国内地的土地的。那时候直通车还没有开通，我们在香港九龙乘火车到达边境口岸，在罗湖站下车，沿铁路桥步行来到内地一侧。之后，我就随着下车人流跨桥来到深圳。我们等了几个小时之后，登上了去往广州的列车。专设的候车室和边境站离深圳城区有几公里远，等车时有人给我们提供了一顿饭，用20年后的标准来看，那只能说是粗茶淡饭。

那天晚上，日期是1973年5月21日，初到深圳，我把所见所闻用一台老式录音机口述记录下来。用打字机誊写出来后变成了我初到中国的见闻录。关于深圳，我这样写道：

在这个边境小镇上，可以辨识出几拨不同的人群。其中一拨是海关人员，多数人都显得略微年轻，有男人也有女人，他们就住在离海关通关处不远的西侧。他们看上去基本都受过良好教育，对待客人也很和蔼。他们还特意告诉客人不用填写通关表格，行李也不需要检查。

这里有一拨人是建筑工人，他们也住在附近，一直忙忙碌碌地在运送建筑材料、竖起巨大的竹篙搭建脚手架,还干着其他活计。工地上建起了一些新的大型建筑(最高的也只有几层楼高,是那种老式的仿苏俄建筑,与后来建设起来的高楼大厦完全不能相提并论),用来满足日益扩大的跨境人流的需求。

再有一拨人是解放军战士,他们15至20人一起列队行进,肩上扛着步枪。还有身着藏蓝色制服的公安警察,分为两类:一类是铁路警察,由省属铁路部门管辖;另一类是当地派出所的警察,在海关西北方向大约3公里开外的县城里有一处派出所。

距离口岸东北2公里处就是深圳墟,是宝安县县城所在地,约有3万人居住在那里。县城里有许多国营商店,有一个水泥厂、一个砖厂和一个农机修配厂,还有两个小化肥厂,生产各种化肥。除了国营商店之外,县城里还有一个集市,每月逢1日、4日、7日、11日、14日……人们到集市上赶集,农民可以把他们在自留地里种植的少量蔬菜拿到集市上售卖。多数成年人从事工业、商业和服务业的工作,为周边的农村提供服务。但是县城在行政上是与周边的公社划分开的。宝安县县城严格来说是一个行政单位,深圳墟的商业设施不属于县城,公社也另外有他们自己的办公场所。

县城里的多数建筑都是1949年以前建的老式建筑,新建的楼房(那种只有几层楼高的苏俄式建筑)就在离关闸不远处,都是这些年为给部队和口岸其他工作人员提供住房修建的。当地人主要从事水稻种植。人们能够看到精心修整的水塘和稻田,北上的铁路沿线都是如此。农户饲养鸡、鸭、猪,卖给供销社,供销社再卖给国家,运往外地,多数运往香港。农户饲养的鸡归个体所有,但是多数鸭子和猪归公社下面的生产队所有。部队战士有时也会到田里帮助干农活,特别是在农忙季节。水稻的收割一般是在6月下旬。

人们还可以看到一拨身着白上衣和蓝裤子的来自广州的姑

娘,有20多个,她们每天早上乘火车来到边境口岸,在那里待上2到3个小时,然后乘坐下午1点钟的火车回广州。她们衣着整洁,面带笑容,两三个人一排,从一个地方行进到另一个地方。她们是广州团市委选拔出来的劳动模范。

快到中午12点,人们可以看到成百的小学生(当时小学的学制按照"文革"的要求改成5年)每30到40人组成一个班排队出入教室。他们一边行进一边高唱革命歌曲,有些人唱得很起劲,有的则不张嘴。这些小学生是海关工作人员的子弟,在县城里的公办学校上学。他们排队回家吃午饭,到了住地就解散,各自回家。大约1小时后吃完饭,他们再集合列队走回学校继续上下午的课。

县城里其他人的孩子在不同的学校里上学。农户的孩子大多在更为简陋的"民办学校"就读,这是公社下属当地生产队或者生产大队兴办的学校。公社里也有一些公办的或者公办民助的学校。小学毕业以后,学习成绩优异的学生可以继续到公社所在地唯一的初级中学读书。

路上可以看到许多卡车,有大卡车,也有三轮汽车,开车的是解放军战士。路上还有许多普通人骑自行车。人们还可以看到载客的三轮车,乘车人只需花1毛钱。偶尔可以看见单个的行人,但是多数人是成群结队而行。

新时代的开始

我再次来到深圳是在1980年,此行是要去中山大学与我妻子艾秀慈(Charlotte Ikels)一道花两个月的时间研究广州周边地区的发展。广州在深圳的西北方,距离深圳100多公里。在接下来的几年里,我几乎每年都要路过深圳。1987年我作为广东省经济委员会聘请的外国专家,有机会对深圳做些研究。我写过一本关于广东发展的书①,结果我成了1983年成立的广东省——马萨诸塞州友好省州委员会的成员。时任州长迈克尔·杜卡基斯访问广东省时,我是他的顾问。广东省的领导回访时,我又成了家乡人民的代表。此后,广东省邀请我来研究当地的社会经济发展。于是,我多次到广东,有一次待了7个月。我把考察的结果写成一本书,叫做《先行一步:改革中的广东》②。

1978年,原宝安县生产发展水平低下,穷困落后。当时有人偷渡到香港,甚至是冒着生命危险泅渡深圳河,一些人认为这是破坏社会治安,应该通过加强边境巡逻来震慑。邓小平有不同的看法,他认为根本问题在于经济,边境内地一侧的经济发展太落后了,所以年轻人才跑到香港寻求提高生活水平的机会,这是人之常情。他还说,要解决这个问题,就要发展内地一侧的经济。③

到了1987年,地处深圳西端的蛇口已经建成了一小片工业基地。当时袁庚意识到现有的船舶已老旧不堪,不如将这些船拆解,利用拆解下来的废铁回炉造新船。在拥挤的香港建拆船厂显然行不通,因此早在1978年之前的好几年,袁庚就向上级报告,建议在地处深圳西端的蛇口建设拆船厂。蛇口临海,周围有许多青壮劳力盼望有人能够给他们一份工作。

我在香港采访袁庚,发现他是做这件事的不二人选。他是宝安人,在抗战期间加入了共产党领导的抗日游击队东江纵队。1949年后,他在中共中央联络部担任领导工作,中联部是负责中国共产党对外工作的职能部门。袁庚常来香港,同东南亚一带的

---

① 傅高义.共产主义制度下的广东.马萨诸塞州剑桥市:哈佛大学出版社,1969.
② 有关深圳早期的发展,参见傅高义.先行一步:改革中的广东.马萨诸塞州剑桥市:哈佛大学出版社,1989:125—160。
③ 更多有关邓小平及改革开放时期政策的阐述,详见傅高义.邓小平与中国的改革.马萨诸塞州剑桥市:哈佛大学出版社,2011。

华侨也有着广泛的联系。建拆船厂首先要经过交通部的批准，当时的交通部部长是曾生，也是宝安人，是抗战期间袁庚在东江纵队的战友和上级。袁庚在香港工作生活多年，熟谙国际经济发展动向。他清楚在不断变化的市场经济中，中国应该发挥什么作用。显然，袁庚是担此重任的理想人选，他能够赢得领导的信任，同时也得到手下人的爱戴。

1987年，蛇口建起来的除了拆船厂，还有一个小型炼钢厂和小型炼铝厂。除此之外，还有中国改革开放后最早的中外合资企业之一，一家引进了匹兹堡平板玻璃专利技术的大型工厂，专事生产玻璃制品。袁庚一直在深圳蛇口工业区主政并且同中央领导保持密切的关系。1984年，邓小平对特区的肯定让袁庚大受鼓舞。1992年，邓小平第二次南方视察，接待他的人中就有袁庚。邓小平在这次南方视察的谈话中督促要坚定不移地继续贯彻执行改革开放的大政方针。

深圳西端的蛇口正进行开发建设。与此同时，深圳火车站附近的建设也呈突飞猛进之势，并且这里迅速崛起为深圳市的第一个中心城区。1978年以后深圳首先落成的现代建筑中有一些是酒店，为的是让来这里投资的华侨和外商能够感到便利。很快，深圳的吸引力辐射到周边的城市，特别是当时的东莞县（当时人口不足百万，现在是个人口超千万[①]的现代都市）。本地主政者和中央的改革派心照不宣，让中央高官到深圳来视察以期他们能够支持改革开放的政策。

随着深圳建设起中国最早的摩天大厦和现代工厂，中央和地方的许多官员陆续来深圳考察学习。市场经济让这些人大开

[①] 原文如此。据东莞人民政府网站数据，2017年该市常住人口达834.25万。——编注（本书注释除特别注明外均为原注）

眼界，此前他们当中许多人对此是持怀疑态度的，认为市场经济散发着资本主义的铜臭。

中央的改革派官员在20世纪80年代帮助了深圳，把从部队复员的工程兵派遣到深圳，这些人成了建筑工程公司的主力。香港的建筑师和建筑公司在香港刚刚创造了兴建高楼大厦的奇迹，此时在胡应湘等人的带领下又来到深圳，准备大干一场。中国各地的大学也被要求派人来支持新成立的深圳大学。

中央各部委和各省的下属机构也在深圳设立办事处，以便随时了解这里的发展情况。他们派人来体验深圳的现代生活方式并考察哪些东西可以学习借鉴，这样他们就把新的思想传播到自己的所在地。怀揣奋斗理想的企业家们也都纷纷南下深圳，准备一展身手。最先到深圳打工的是广东的农民。技术工人多来自上海和其他沿海城市，他们在毛泽东时代被派遣到内陆省份开展三线建设，备战备荒，改革开放后也利用当下的机会来到特区，回到沿海地区重新过上城里人的生活。

那些想去西方国家但是一直没有机会的青年知识分子蜂拥到深圳。在这里，他们可以得到在中国其他地区得不到的自由和更好的生活。其他地方的官员希望有更好的发展前景，也来到深圳学习现代建筑、现代商务，享受更好的生活待遇。深圳和广东其他地方的许多官员尽管担心政策会有反复、"左"倾变得更加保守，但在改革的浪潮中他们还是甘愿承担风险。促成深圳发展的原因部分是党和国家的领导，同时也是现代、开放和全球化的发展浪潮让许多人欲罢不能。到了20世纪90年代末，外国人可以直接飞到北京和上海而不必经过深圳，香港居民可乘坐直通车到达广州，中途也不必在深圳下车。

北方人来到深圳，深刻意识到广东话、岭南文化和香港都市生活对这里的影响。可是，深圳并非像香港那样到处都是操着粤语的广东人,这里是北方人和普通话的天下。深圳是个大熔炉,在这个现代大都市里,外来的新观念被来自北方的人们和本地人拿来进行试验,之后再传播到中国其他地方。深圳被批准建立股票交易所,很快就成为中国最大的金融交易中心之一。深圳居民在早期是不能够随意到香港或者国外旅行的,但是他们可以不受限制地接收香港的电视节目。虽然今天初到深圳的访客依然会被这里的高楼大厦和琳琅满目的商店搞得眼花缭乱,但是深圳再也不是一枝独秀,中国许多城市都在效仿深圳。但是在20世纪80年代和90年代,正如本书的作者们所描述的那样,深圳是开拓者,是帮助塑造中国现代生活的开路先锋。

  对于深圳的学术研究尚不多见。今天大家看到的这样一部专著,向人们展现了深圳的城市发展历程,描绘了这座高速发展的都市其政治、经济和社会文化变革的全景。

前 言
试验、突破与推广

马立安　黄韵然　乔纳森·巴赫

在社会主义制度下治国理政的一个典型做法是通过树立模范来推广各项相关的政策，例如模范劳动者、模范工厂和模范村庄。大寨和大庆就是毛泽东时代树立起来的中国集体所有制制度下农业和全民所有制制度下工业的著名模范。它们代表了人们决心"超英赶美"所必须具备的那种集体主义精神。"文化大革命"结束之后，那些鼓舞人们斗志的口号不少已经变得不切合实际。此后30年，中国颠覆了那段历史，深圳就是呈献在世人面前的这一成就的明证。[①]

深圳是一个成功的例子，其经济成就完全颠覆了人们对树立模范这一套做法的固有认识，同时也巩固了毛泽东时代结束后中国共产党领导国家的威信。或许可以说，在中国共产党的领导下，深圳所取得的经济成就大大超过了那些苏联解体后在西方主导的新自由主义全球机构监管下的东欧城市所取得的成

[①] 关于从毛泽东时代到邓小平时代的政策制定、模范树立和试验，参见塞巴斯蒂安·海尔曼.通过试验制定政策：独特的政策形成过程//塞巴斯蒂安·海尔曼，伊丽莎白·佩里.中国适应性治理的政治基础.马萨诸塞州剑桥市：哈佛大学亚洲研究中心，2011：62—101。

就。正如布鲁金斯学会在2013年所说的那样:"深圳的经济发展模式在一定程度上代表了整个国家的发展。"这又从何说起呢?深圳的成功是不争的事实,然而,对于那些研究和关注中国发展的人们来说,他们是否应该因此把深圳看成是共产党领导下的社会主义中国参与经济全球化的新形态;或者将其视为在中国其他地方乃至世界其他地区的经济改革和政治改革可复制的样本?本书试图通过对深圳自身发展过程中的问题的审视和深入思考来解答以上两个问题。本书的研究内容包括社会人文、城市发展和历史地理及其相关的政治话语,这些研究揭示了深圳模式的形成及其成就。本书作者对深圳发展的主要参与者和重要事件的社会经济发展脉络,对城市基础设施建设、城市规划和边境管控等关键的城市管理措施,以及对于改革、全球化、归属感、人口流动、创新和医疗保健等方面的政治解读,都进行了深入的调查研究。这些来自不同学科的研究从多个视角共同描绘了深圳的城市发展变化过程,从而展示了中国如何在共产党的领导下,将一个本土化的、在创立初期饱受争议的经济改革和政治改革的试验田,变成一个全国乃至全球的城市发展样板。

深圳是在1980年成为经济特区的,此前不久,美国的建筑学界提倡将拉斯维加斯作为新的建筑设计和城市发展的样板。[①]这些学者将拉斯维加斯这一喧嚣的"阈限空间"作为激进的社会改革的试验田。与之相似的是,中国在"文革"结束后,在南方的一个边陲小镇上建立起深圳经济特区,作为一项具有政治意义的战略举措。中国的经济特区在计划经济体制下的简政放权与

---

① 罗伯特·文丘里.向拉斯维加斯学习:被遗忘的建筑形式中的象征.马萨诸塞州剑桥市:麻省理工学院出版社,1997.

美国"没有建筑师的建筑"的呼声遥相呼应。所谓"没有建筑师的建筑"提倡的正是这样一种新的城市发展理念，即尽量减少城市规划、设计和管控，创造一种适合萌生资本主义的原生态成长环境，让那些做小本生意的企业逐渐成长起来。从中国20世纪60年代的"学习大寨"到美国后现代主义新思潮的"学习拉斯维加斯"，人们看到的是一种新的城市发展的洪流。它超越地域阻隔，超越文化和经济制度，动员起底层民众和市场力量，从而形成一种不拘一格、敢于冒险和具有社会试验性质的发展理念；同时这也带来了快速致富、高度全球化发展和坚定的民众支持。这本著作的各个章节讲述了一个特区城市的发展历程，描绘了其发展的脉络和成就，并且对这种发展给这一地域及其民众和城市形态所带来的影响做出评价。本书有助于促进对中国、对都市演变以及对新兴全球空间更全面的研究。

今天深圳随处可见的蜿蜒璀璨的高速公路和高耸入云的后现代主义建筑，足以彰显其经济繁荣和雄厚生产力所带来的"奇迹"。深圳的"双城记"也让学者们分成两个阵营。一方面，那些强调中国30多年来所取得的辉煌成就的人把深圳视为一个成功的典型。在他们眼里，深圳展示的是一场积极的改革，带给人们的是实现现代化的"深圳速度"，是让农民脱贫致富，让流动人口得以安家立业。[①]另一方面，也有人关注这种高速发展所带来的那些棘手的问题。后者在深圳的所见所闻常常是工厂里

[①] 参见陈宏.深圳重大决策和事件民间观察.武汉：长江文艺出版社，2006；涂俏.袁庚传：改革现场1978—1984.北京：作家出版社，2008；雷姆·库哈斯，等.突变：哈佛城市计划.纽约：阿克塔出版社，2000；傅高义.邓小平与中国的改革.马萨诸塞州剑桥市：哈佛大学出版社，2011；黄韵然.凡·高的订单：中国与现成品.芝加哥：芝加哥大学出版社，2014。

工人的高强度工作和某些非法交易的藏身之地。① 本书作者们的论述探寻了毛泽东时代结束以后的中国如何借鉴先进的做法来彻底改革计划经济下占主导地位的机制和思想观念,以此解读这个拥有超过1500万人口②的城市的各种"神话"和传闻。通过这样的方法,我们将大量的中国研究和城市研究结合起来,并且把近年来这一领域里的新思潮,即所谓"空间转向"中的一些想法也结合了进来。

尽管中国的变革非常巨大,但是这并没有威胁到当下社会主义制度的文化形象以及中国共产党的领导地位。相反,本书将揭示中国特色社会主义如何将"深圳经济特区"发展成为"深圳样板",其推动力之强大让人颇感意外。1992年的邓小平南方谈话不但巩固了深圳的改革开放政策,同时也将这一政策扩展至东南沿海的其他地方,并最终在全国其他城市实施。改革开放三十周年时,深圳俨然已成为官方规划和政策指引下成功发展的范例。模范领导、模范工作者、模范村庄、模范企业、模范制度和模范治理在今天的深圳俯拾皆是。

本书的作者们基本上赞成中国主流的政治话语所表达的观点,认为把深圳作为一个关键个案来研究,可以学到许多有用的东西。但是我们的分析与官方讲述的"深圳奇迹"有所不同,我们指出了实际参与这场改革的另外一些人和一些其他要素。官方强调的是贯穿于这场改革的政策与规划,我们则认为当时的

---

① 关于深圳这一领域的最新研究包括:陈珍妮.一个富士康外来务工者的生活.亚太期刊,2013,11(31):1;陈珍妮,潘毅,马克·塞尔登.全球化生产:苹果、富士康及中国新的劳动阶层.亚太期刊,2013,11(32):2。拉丽莎·赫里希.解剖争议//琳达·巴恩斯,T.J.辛里奇,主编.哈佛中医治疗史画册.马萨诸塞州剑桥市:哈佛大学出版社,2012;詹姆斯·法洛斯.迈克·戴西所述之打工生活.大西洋月刊,2017-03-17。
② 原文如此。据中国统计出版社出版的《深圳统计年鉴-2018》,2017年年末,深圳市常住人口为1252.83万。——编注

情况更为复杂。实际上，深圳当时的许多尝试都是不被理解的，有些方面甚至超出了特区本身的政策范围。此后人们把深圳的发展经验积极地推广到其他城市、产业和区域的发展中去。作为研究者，我们在调查中不断看到人们通过政策的试验和模范的树立来带动改革发展。我们共同呼吁：应该对这一发展历程进行更加深入细致和微观层面上的研究，我们对于那种动辄用"城市"理论来解释区域、国家甚至全球发展的做法持批判的态度。因此，我们强调深圳发展历程中不断演替和相互作用的因素，这些因素有的姓"资"，也有的姓"社"。我们的研究细致地描绘了被戴维·斯塔克称为"用社会主义的棋子来下资本主义的棋"①的这一案例。同样，我们的调查研究既不侧重国家制定的方针政策，也不侧重全球经济的市场力量，而是关注深圳的特区建设和深圳模式的形成过程。我们的研究将把那些在常见的深圳发展史叙事中未提及的众多参与者和团体呈现出来，探求改革的尝试者如何成为新秩序下的楷模。这些研究聚集在一起，将展现社会主义的神话与资本的逻辑如何共同创造出一种新的奇迹。

价值差异驱动下的全球化

人们常常把深圳视为中国的"世界之窗"，1994年深圳的华侨城集团建了一个叫"世界之窗"的主题公园来表达这一寓意。这种建筑学上的比喻手法一如乔治·希梅尔对"桥"和"门"的象征意义的解释。这些建筑都具有双重功能，既把自身与周边世

---

① 戴维·斯塔克.不和谐的声音：谈经济生活的价值.普林斯顿：普林斯顿大学出版社，2009.

界隔离开,同时又通过人们的活动把这些地方连接到一起。① 这个"窗口"的比喻也如同乔治斯·泰索特所说的那样,它像眼睛一样让人们洞见周遭的一切,同时又把窗里的人们同外部世界"隔离"开。② 在深圳建设初期,国家试图通过象征性的"窗口"以及为此而修建的主题公园来定格这种对外部世界的审视。但是随着岁月的流逝,通向外部世界的窗口越来越多,加上人手一部的手机上的电子屏幕(泰索特称之为"游动的工具"),"世界之窗"的作用在减弱。这些手机许多是在深圳生产的,③ 这些经过复制、改装甚至升级的手机改变了整个中国社会。④ 从某种意义上来说,深圳作为通向外部世界的窗口的时代已经被超越。今天的深圳不再是一个通向外部世界的通道,而是这片土地本身所创造出来的一切,从产品制造、制度创新、技术发明到规模扩展、市场开拓以及不断地自我更新,让深圳展现出勃勃生机。

与深圳的土地相关政策紧密相关的一个首要问题是如何通过管控土地的开发利用来创造价值。深圳的土地相关政策主要是围绕着如何管控资金、产品、人员、劳动力的流动,特别是对跨境流动的管控,因为跨境会带来价值的"增"与"减"。⑤ 深圳人创造了一套非常繁复的社会管理机制来管理、规避、参与甚至挑战边境地区人和货物的流动与交流。在一些方面,政府有

---

① 乔治·希梅尔.桥和门.理论、文化和社会,1909(1994年重印),11(1):5—10.
② 乔治斯·泰索特.日常生活中的万物集合.马萨诸塞州剑桥市:麻省理工学院出版社,2013.
③ 乔治斯·泰索特.日常生活中的万物集合.马萨诸塞州剑桥市:麻省理工学院出版社,2013:276.
④ 有关深圳的手机生产,参见卡拉·威利斯,邱林川."山寨"机与深圳本地数码技术的演变//W.孙,J.赵,主编.中国地方媒体的发展.新泽西州霍博肯:泰勒和弗朗西斯出版社,2012:109—125;塞尔维亚·林德纳.制造主体性:中国的DIY厂商如何进行生产、创新和技术升级.中国信息期刊(特刊):中国数码时代的政策问题,2014(28):145—167。
⑤ 乔赛亚·海曼.全球体系中作为节点的出入境口岸.身份:文化与权力的全球研究,2004(11):303—327.

时候会表现得比较灵活,例如对于边境的管控有时候会有所松动。但正是这种机制才使深圳得以迅速成长,这本书中分析的许多案例都说明了这一点。我们的研究表明,要让边境地区发挥出创造价值的作用,在思想认识上立场要坚定,但是在管理机制方面要灵活。

如果说边境的存在是通过对人与物品的跨境流动实施管控以创造价值,那么在中国,最为强大和应用最为广泛的行政管理手段不是地理上的边界管理,而是"户口"这一以家庭为单位的人口登记制度。这一由来已久的制度把农村出生的人划为农村户口(农村户口拥有农村集体财产的产权),而城里出生的人在本地享有城市户口的各项福利。过去,一个人可以在哪里居住、在哪里(合法)工作都要取决于其户口所在地,这样实际上使中国社会出现了两个相互独立但又相互交错、贫富不均的群体。[1]在毛泽东时代结束以后,对城乡人口流动的户口管制有所放松,但是并没有重新调整福利制度和产权制度。许多来自农村的人背井离乡到城里打工,但是他们没有合法的城市户口。让农民到城里来打工可以提高农民的经济收入,但无法消除对他们的社会流动的制约,因为其子女的教育机会、医疗保障、治安保障和财产权益等基本上还是由其户口的性质来决定。除此之外,户口的区分带来的广泛影响是跨代际的,因为一个人的户口决定他的子女可以在哪里上学并参加全国高考。农民工常常将

---

[1] 萧凤霞.流动人口的安置:改革开放后华南城市里的乡村.美国人类学家,2007,34(2):329—350;多萝西·索林杰.中国城市中有争议的公民身份问题:农民工、国家和市场逻辑.伯克利:加利福尼亚大学出版社,1999;陈金永,张鹏.中国的户籍制度和从农村到城市的人口流动:过程及变化.中国季刊,1999(160):818—855;潘毅.中国深圳的女工问题.性别与发展,2014,12(2):29—36;潘毅.中国制造:世界工厂里的女工.达勒姆:杜克大学出版社,2005;程铁军,马克·萨尔顿.中国户籍制度的来源及其影响.中国季刊,1994(139):644—668;张鹂.城市里的陌生人:中国流动人口的空间、权力和社会网络的重构.加利福尼亚州斯坦福:斯坦福大学出版社,2001。

子女留在老家和爷爷奶奶一起生活，只有在中国新年的春节假期里才能与家人团聚。

当中国的户籍制度遇上深圳的边境区划和特区享有的特殊的、带有试验性的经济政策时，巨大的难以抑制的民工潮从乡村流向城市。如果说户口是如阿甘本所说的，是政府对外来者的管控（即用法律制度更有效地管理外来者），那么深圳不断增加的外来农民工则可以被视为这座城市对这些外来者的包容。也就是说，虽然这些农民工被排斥在城市户口之外，但是这使得他们更容易融入这座城市的经济生活。① 然而，在深圳，具有特殊身份的人不仅仅是从农村来的农民工，因为当初所有到深圳来的人（不管其户口性质如何）都要先经过许可——取得特区通行证，才能够进入特区。特区一端连着内地，另一端连着香港，通向海外。起初，办一张特区通行证是一件费时费力的事情。渐渐地，办证变得不那么难了。再往后，尽管有些关口的检查点依然存在，并且加强了检查管控，但是检查时紧时松，各处关口的检查情况也不尽相同。对于关口检查政策上的变化，现在很难找出准确的时间记录。而实际上特区边界管理一直存在漏洞。特区边界和驻留许可在政策和管理方面的这种机动性，在深圳发展的历程中并非孤例。只有了解这种政策制定和管理操作上的灵活性，才能够把深圳的发展看作是一个活生生的现实：一种经济现象和一项政治工程。

在特区发展的前30年里，随着城市土地面积的不断扩充，由特区边界线的设立带来的关内关外②的区别也一直处于不断

---

① 吉奥乔·阿甘本.特区.凯文·阿泰尔，译.芝加哥：芝加哥大学出版社，2005.
② 2018年国务院同意撤销深圳经济特区管理线，从此深圳市没有"关内""关外"之分。本书英文原著于2017年出版，为保留原貌，中译本仍保留"关内""关外"的说法。——编注

变化之中。其中的一个结果就是深圳被置于户籍制度改革的前沿。深圳比中国其他城市更早取消对城镇居民的住房补贴和他们在子女教育、财产和医保方面所享有的优惠政策，甚至出台政策让拥有城镇居民户口的居民和拥有"长期居住证"的居民在市辖范围内享有同等的法律地位。[①]这一发展与深圳市辖地区的扩大是同步进行的。深圳市区不断扩大，把原来属于宝安县的许多区域变成了区级和街道等行政单位，并且把这些新区变更为深圳市管辖的城区。因此，深圳的"城市化"发展把周边的农村土地和人口吸纳进来，变为城市区域和城市居民，而这也形成了深圳城市化发展的一大特色。黄伟文对华侨城的研究（本书第三章）、巴赫对田面村的分析（第七章）以及黄韵然对大芬油画村的研究（第八章）都展示了这一城市化发展的过程。

通过对不同个案的研究，本书展现了深圳关口的设立与管控、户籍制度的改革和乡镇城市化发展这些相互关联的城市空间拓展活动，以及如何应对价值差异化的社会政治局面和本地土地的开发。城市的发展促使大量农民工流入城市，深圳为流动人口的管理树立了一个样板，不管这符不符合人们的预先设想。

这种价值差异不仅体现在跨越边境上，而且延伸至整个区域，赫什的文章（第十章）对深圳机场做了分析。香港一向是深圳效仿的一个楷模，但是香港的裹足不前也让从前的这种价值差异产生了变化。中央政府一直计划将港深两地融入一个大都市圈，但是实现这一目标要等到两地真正拥有等量齐观的发展前景。港深两地经济发展差异日趋缩小，但是两地在价值取向上的差异却在逐步扩大。我们在这里看到经济价值观和伦理价

---

① Linda Wong, 禤怀宝.户籍制度改革：上海和深圳的户籍制度一瞥.国际人口流动评论, 1998, 32(4): 974—994; 陈金永，威尔·白金汉.中国是否要取消户籍制度?.中国季刊, 2008, 195: 582—606。

值观的交错和叠加，这也是本书要揭示的一个主题。例如，赫什的文章中提到的在跨境区域人为地将香港国际机场的员工和深圳本地的员工分开这种奇怪的做法，昭示着在日常的港深交流中存在的焦虑。深圳人把香港视为被管制货物的批发商（即使同样的货物可以在深圳买到），而香港人则把深圳人看成是乡下人，这并非像在20世纪80年代那样是因为他们贫穷，而是因为他们明显的物质主义倾向。本书通过深入分析深圳的经济发展与伦理价值的交叉，力图让人们了解深圳是如何成为中国经济改革和走向全球化的开路先锋的。

斯蒂文·J.科利尔在他的俄国研究中把苏联城市的发展模式称为"苏联特色的社会主义"。其主要特征体现为高度的计划性，同时，他也阐述了俄罗斯在后苏联时代新自由主义思潮影响下如何实现社会主义现代化。① 颇有意思的是，深圳作为中国计划经济转型和现代化建设的成功代表，呈现了在具有中国特色的社会主义市场经济条件下，中国如何通过政策的贯彻、对权力的管控和模范城市的示范来寻求实现现代化的又一途径。在人类历史上，人们为了实现现代化做出过不同的尝试，也留下各自的足迹，包括殖民主义和当下所谓的新自由主义。有时人们会忽略其他不同的做法，有时又会反过来强调它们之间的异同。②

---

① 斯蒂文·J.科利尔.后苏联社会:新自由主义、社会现代性和生命政治学.普林斯顿:普林斯顿大学出版社, 2011.
② 有关中国后殖民、社会主义和改革开放的复杂关系方面的研究，参见塔尼·E.巴罗.战后中国研究中的殖民主义发展.立场, 1993, 1(1): 224—267. 有关中国社会主义（新时期）的现代化及其历史，参见安·阿纳格诺斯特.当代中国的叙事、表达与权利.达勒姆:杜克大学出版社, 1997; 莉萨·罗费尔.他者的现代化:中国社会主义时期性别研究.伯克利:加利福尼亚大学出版社, 1999; 小野由子.失去的继承:帝国救赎的政治经济学.芝加哥:芝加哥大学出版社, 2016。

城中村的价值

本书所描绘的城市发展和所做的分析揭示了深圳城市发展的一个核心和最具特色的议题,即深圳的"城中村"。本书各个章节的分析几乎都和"城中村"的发展有关,这把既往的深圳研究向前推进了一大步。①

1982年,深圳制定了首个城市发展规划。同年全国人大修改了宪法,确立了(农村)集体财产所有权,尽管没有明确定义什么是"集体"。这让中国广大农村地区,包括深圳周边的农村,可以在国家计划经济之外开展劳动生产。唯一的条件是,尽管农村集体拥有农村土地的"所有权",但是不能买卖或者以其他方式非法转让土地。②(图1)乡镇企业的出现让农村的乡镇成为股份制公司,同境外企业组成合资公司开展生产经营活动。③到了20世纪80年代中期,乡镇企业的产值已经达到中国国内生产总值的26%。④在这样一种由"乡镇"兴办"企业"的独特制度

---

① URBANUS都市实践.村·城 城·村.北京:中国电力出版社,2006;宋彦.中国城中村里居住的农民工//林肯土地政策学院.土地政策,2007:1—7;王亚平,王仰麟,吴健生.中国的城市化与非规划的开发:深圳的城中村.城市和区域研究国际学刊,2009,33(4):957—974;黄伟文.城市规划与城中村,谁来改造谁?.住区,2012a(45);马航.深圳的"村庄":旧体制在崛起的大都市中的坚守与改变.魏玛:魏玛包豪斯大学建筑学院,2006;马润潮,吴缚龙.中国城市的改造:变化中的社会、经济与空间.纽约:劳特利奇出版社,2005;深圳市城中村(旧村)改造总体规划纲要.深圳:深圳市规划局,2005;克里斯·韦伯斯特,吴缚龙,赵燕菁.中国当代的深宅大院//G.格拉斯,C.J.韦伯斯特,K.弗朗兹,编.全球各地私宅.伦敦:劳特利奇出版社,2005:153—170;王缉宪,徐江.中国深圳个案研究:一座快速崛起的城市中的违章商业区.零售与消费者服务期刊,2002,9(6):317—326。

② 《中华人民共和国宪法(1982)》,第十条。

③ 许成刚,张晓波.再谈乡镇企业:第854号讨论稿.华盛顿特区:粮食政策与研究所,2009;龚启圣,林义民.中国经济转型中乡镇企业的衰落.全球发展,2007,35(4):569—584;邹伟.乡镇企业面貌之改变.中国视角,2003(50)。

④ 戴维·茨威格.中国沿海开发区:贸易、投资和跨国联盟的影响.比较政治学,1995,27(3):253—274.

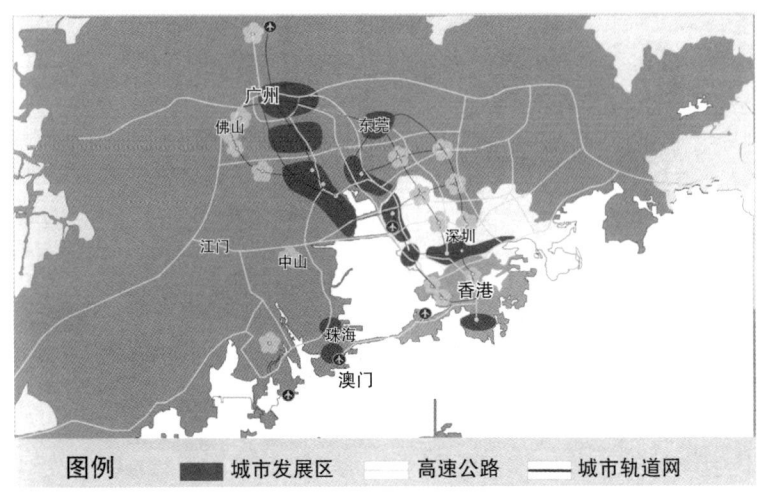

图1 深圳2030城市发展策略之珠江口岸城市发展态势图(简化版)[①]。在这一版规划图中,珠三角大部分地区仍为农村。深圳市内只有蛇口和宝安区的临海区域被纳入城市发展规划。值得注意的是,规划将东莞、深圳和广州通过跨越珠江的大桥连接了起来,并规划了五个区域机场。(本书插图所系原著插图)

安排下,村民变成企业股份的持有者,村干部成为这些企业的经营者,而乡村权力的宗亲社会结构依然维持不变。这些乡镇企业有的属于乡镇所有,有的属于租赁性质,它们从事消费品、纺织品和建材的生产,并且很快成为中国经济发展的一个重要部分,尽管有些时候它们不体现在全国的统计数字中。通过扩大城市范围,将昔日农村地区的土地纳入城市范围之内,以及通过人口迁徙在城市中形成新的以农村亲缘关系为基础的社区,这些不同的城市化发展方式目前已经成为中国研究领域的重要课题。本书中提到的张鹏、萧凤霞、潘毅、李静君等及其他学者

[①] 完整版深圳2030城市发展策略之珠江口岸城市发展态势图由原深圳市规划与国土资源局和中国城市规划设计研究院共同绘制完成于2002年12月。简化版插图由本文作者在原图基础上加工完成。——编注

的研究在这方面做出了开拓性的工作,他们的研究告诉人们:要认识中国的城市经济和社会变革,首先要了解中国的乡村在这一过程中所扮演的重要角色。①

深圳是当代中国农村与城市混杂共生最典型的例子。汉语中这样的地域被称为"城中村",我们认为英语最好翻译成 Village-in-the-city("城市里的村庄"),这样可以表达出这些地方是与城市自身一同变化发展的。"城市"通过不断兴建高楼大厦、商城和住宅小区,把"乡村"包围起来。在有些地方,城中村修建起高墙,把村里村外隔离开来。深圳城市规划者和建设者把当年毛泽东时代开展农民运动时提出的口号"农村包围城市"倒过来,戏称现在的发展是"城市包围农村"②。马立安在本书第五章里对这一现象进行了分析。深圳的"城中村"作为特区中的一种特例,既具有乡镇的某些特权,又具有城市发展的活力,利用乡镇自身拥有的自主权,通过合法与不合法的手段在城市化过程中发展壮大,城中村成为特区中的"特区",在城市发展过程中发挥着至关重要的作用。

本书中所展示的不同形态的城中村让人们看到官方模式之外的城市化进程的现实局限和试验性开拓。一方面,铁路和公路沿线的乡镇企业主要投资生产线。兴建这样的企业资本投入少,需要受过教育和遵纪守法的劳动者。从这方面来看,深圳的

---

① 李静君.违法行为:中国老工业区和农业区的劳工抗议.伯克利:加利福尼亚大学出版社,2007;张鹂.城市里的陌生人:中国流动人口的空间、权力和社会网络的重构.加利福尼亚州斯坦福:斯坦福大学出版社,2001;萧凤霞.流动人口的安置:改革开放后华南城市里的乡村.美国人类学家,2007,34(2);潘毅.中国制造:世界工厂里的女工.达勒姆:杜克大学出版社,2005;斯蒂芬·阿尔.城中村:华南村落指南.香港:香港大学出版社,2014;布鲁诺·德·梅尔德,凯利·香农,林艳柳.城市里的村庄.苏黎世:派克图书出版公司,2014.

② 罗宾·维瑟.城市包围农村:中国改革开放时期的城市美学.达勒姆:杜克大学出版社,2010.

乡镇企业积极参与了全球产业链的本地化生产。另一方面,很多坐落在深圳和香港交界附近的村镇主营休闲娱乐产业,为流动人群提供各种服务。国家对于乡村的管辖权有限,这样也就让一些乡镇有机可乘,这也成为深圳发展过程中存在争议的一个话题。

重要的一点是,在深圳,所有的村镇都成为城市打工者和新增流动人口的居住地,许多人白天到城里打工。村镇不但为接近一半的城市人口提供廉价住房,同时也成为深圳灰色经济的落脚点。构成灰色经济的多是一些鸡毛小店,依靠繁重的劳动和售卖廉价的食品赢利。深圳的城市发展建设、投资、人员管理、社会变革给那些头脑灵活的乡镇企业家创造了机会,使他们得以积累个人财富和扩大再生产,同时也让新的劳动阶层饱受盘剥。

城市发展进行了10多年,人们才开始逐步将城中村纳入城市的发展建设中。1992至1996年间开展的第一轮农村城市化运动将城区的集体所有制区域纳入城市建设中,使之成为"街道",这是城市管理中最基层的行政单位。在这一阶段,中央政府让国有企业同乡镇协商,将集体土地的使用权转让给市政府,后者再将土地的使用权出售给企业,这种双重的土地使用权转换,既给村镇提供了资金,也使得包括城市基础设施在内的城市建设得以开展。通过这一手段,深圳成为全国最早的具有活力的城市发展范例。研究者称此模式为"纵向积累",这样一种土地开发利用与城市基础设施建设相结合的发展模式带来了巨量发展资金,使得东亚地区的城市迅速发展起来。[①]

[①] 参见申贤方.垂直积累和城市化的加速:东亚经验//马修·甘迪.城市群.柏林:乔维斯出版社,2011:48—53;阿纳尼亚·罗伊,王爱华.世界城市:亚洲实验和全球化艺术.马萨诸塞州莫尔登:威利-布莱克威尔出版公司,2011。

为了将深圳建设成为中国的一线城市，提升其城市管理的水平，2004年深圳通过行政手段成为中国首个"没有农村的城市"，并对此做了大量的宣传报道。深圳将原来的农村集体所有制土地纳入城市管理中，同时将农村人口的农业户口"农转非"，让持有农业户口的人们成为"城镇居民"。这一做法结束了毛泽东时代农村土地集体所有制及其生产方式在深圳的历史。尽管现在从官方来说深圳"没有农村"，但乡镇企业继续得以生存，那些被新纳入城市管理范围的乡村被称为"新村"，所以在深圳市里经常可以见到高高矗立的"某某新村"的牌匾。正如本书不同章节中所诠释的，深圳乡村生活方式的这一改变不但没有让乡土文化消亡，反而强化了人们的乡土意识。这种根深蒂固的乡土文化意识在政治、经济和文化方面都给深圳的城市管理者和城市中的外来者带来不小的挑战。我们发现，深圳的城中村身份使它既是城市里的外来者，又代表着深圳的主流社会。城中村在中国的社会发展过程中扮演着一个重要的角色，同时也是人们形成新的价值观念的一个源泉。

　　本书对城中村和乡镇企业的分析，探讨了城市发展过程中对于权利的（再）分配和管理的不同认识。在深圳的早期建设过程中，这些方面的问题分别由乡镇企业和城市管理者以及相关国企来处理。2004年，深圳将乡镇集体企业纳入统一的城市管理，将原来全民所有制与集体所有制的矛盾变成了全民所有制内部的矛盾。这种制度上和管理上的突破，使得深圳的城中村由原来制度改革的对象和受益者变成城市规划所要面对的"问题"。

本书概要

本书详尽阐述了深圳从改革开放的试点到模范城市的发展变化过程。从这些研究中我们可以看到，深圳发展初期，人们凭借一种"冒险"精神往前闯，随着城市的发展，政府部门对于微观的社会变革的影响愈加明显，深圳惊人的经济成就被纳入宏大的国家政治叙事之中。如此一来，深圳的发展史成了中国实现社会主义现代化宏伟目标的范例之一。

我们将深圳的发展划分为三个阶段：第一阶段从1979年深圳市的设立和1980年深圳经济特区的建立开始至1992年特区内的所有村镇被划定为市区；第二阶段从1992年开始，在此阶段出现了许多打破常规的举措；第三阶段是从2004年开始，深圳的"模范"身份得以确立和巩固，关外地区的乡镇也都被纳入城市发展中。到了2010年，深圳作为"模范"的国家叙事已经基本形成，深圳经济特区的边关也正式撤销，尽管特区之"特"已经不复存在，但是整个城市此时都成了"经济特区"。因此，我们将本书分为三部分：试验、突破与推广。这一方面是出于依照时间顺序的考虑，另一方面也反映深圳在自身发展过程中产生的实际变化。

在第一部分里，"试验（1980—1992）"的缘起是人们如何在观念上将政治与经济发展分离开来，"特区"的建立成为政府实施新的方针政策的最佳选择。巴赫在第一章里分析了在当时的历史背景下和全球条件下选择深圳作为特区的经济优势，阐释了深圳从一个不循规蹈矩的特例演变成人人仿效的"模范"城市的发展逻辑。他指出深圳的崛起是基于两个出发点，一个是人们要依照经济发展规划把特区建立起来，使之能够增加资本的积累;另一个是,特区是一个人们想象中的理性城市和追求实现自身现代化的城市,一切与之相悖的东西都将被排除出去。作者认为特区在开展这样的社会试验过程中,需要同时面对政策的支持与限制,这才创造出了经济发展的必要条件。在第二章里,马立安详细讲述了在深圳早期发展过程中发挥过重要作用的三位领导,他们曾经披荆斩棘开展改革但又饱受争议。他们的故事构成了特区发展过程中经济发展与政策取向角力活生生的例子。试验就意味着首先要面对失败,深圳早期的发展很能说明这一点。马立安回顾了深圳经济特区发展的政治历程,追溯了深圳建设初期的那些领导如何对毛泽东时代所奉行的理论做出全新的论述,以及对邓小平时代所坚持的社会主义理论做出的调整和阐释。他们进行了大胆的试验,一度成为那个时代的"特区英雄"。作者讲述了这些人的从政历程,特别关注特区发展过程中塑造"样板"的重要性。本书接下来的章节也是围绕不同的"样板"进行探讨,包括在官方的宣传中被广为称颂的模范城市和模范人物。

在许多政治人物看来,深圳的早期发展是自相矛盾的,同样是这些政治人物,曾经使这一新城市的管理机制陷于无力状态,使现实中它所面对的重重困难显露出来,而解决这些困难需要在中央的施政方针之外另辟蹊径。在第三章中,黄伟文的文章分析了特区首个市区范围内的城市发展蓝图和行政规划,揭示出特区人口稠密地区和人口稀疏地区并存这种地理分布上的矛盾,实际上是由城市规划、外来打工者和特区发展模式所共同导致的独特产物。在第四章中佛罗伦斯将这一阶段的发展带入尾声。文章显示,随着20世纪90年代深圳城市发展得以巩固,官方和见诸报端的宣传焦点不再是特区的领导,他们开始聚焦普通劳动者,树立新的典范。随着大批农民工从农村来到城市打工,国人心目中的农民工形象迫切需要重塑。佛罗伦斯的文章详细叙述了在共产党领导下开展的一场宣传活动,公众媒体刊登出由农民工自己撰写的文章,通过传播"深圳精神"、城市"归属感"等概念为那些背井离乡的打工者提供一种新的"思想觉悟",让他们把深圳看成他们实现个人"梦想"的地方。佛罗伦斯的文章揭示出政府在党的领导下建构出了新的农民工形象,他们已然或者将成为现代国际化都市的主人翁,是参与建设经济发展成功典范的主力。树立深圳外来农民工新形象的这一过程,更为此后共产党为了适应中国广泛的社会经济变革而在意识形态上做出调整、重塑自身新角色提供了铺垫。

深圳本身就是带有试验性质的一个特区,但是在其发展过程中又衍生出许多新的例外,无论是在城市空间拓展、经济发展还是在行政管理方面。本书第二部分"突破(1992—2004)"中的一组文章着重探讨了第一部分中谈到的那些"样板"如何塑造和构建特区,包括边界地区和过去是农村而现在是城区的地区。深圳经济特区中的"特区"对于城市的经济发展和地区及全球竞争力的形成起到了关键的作用,但同时它们也成为城市中的孤岛,处于被社会发展边缘化的境地。这包括城中村、边境地区和打工者,在公共话语中他们的身影并不显眼。

在第五章中,马立安描述了作为深圳城市化发展支点的城中村的政治地理和文化地理变化的复杂历程。文章揭示在改革开放时期,主政者如何更新毛泽东时代的社会主义理论和价值观念,这为中国城市改造带来了广泛影响,并导致了城中村的出现。作为城市发展的一种特殊类型,这种城市里的特别地段,往往能够采取灵活多变的措施来应对城市发展过程中出现的矛盾。一提到中国农村人口流入大城市成为打工者,西方人首先想到的是他们到北京和上海这些具有百年以上历史的大都会。在深圳这样一个新兴城市里,打工者和乡村与城市的关系从一开始就不一样。深圳的城中村为在城里工作的各行各业的雇员提供了居所,让他们能够安居乐业。但是这些地方始终强调自身"村"的特色,外来打工者们在迅速崛起的现代都市环境下依靠城中村过着日常生活,在那儿他们依旧可以找到属于自己的天地。

马立安的文章将深圳的发展放在城市化和乡村化并存这样一个框架下进行研究。之后,在第六章中,马欣和布莱克韦尔勾勒出"一线"(深港边界)和"二线"(特区边界)的历史。他们描述了二者的"差异化管理手段",并接着讨论了一些地区(村庄或者街道)由于跨越行政线而形成的特殊地段。比如黄伟文在其文章中提到的那些城市发展蓝图,在规划过程中出现的一些管理上的空白,让那些不同程度合法的与不法的行为有机可乘。在分析深圳发展过程中一直存在的非法活动时,作者强调了这些边关哨卡在管制劳动力和资本流动中的核心作用。

深圳似乎在划界方面具备异乎寻常的能力,合法与非法,正式与非正式,成功与失败,乡村与城市,各种界线不断涌现。在第七章中,巴赫试图厘清那些在城市规划与法律上处于模糊状态的灰色地带在行政管理方面与民间实际之间存在的矛盾与冲突,他的分析让人们看到这些村子如何利用乡村文化来共同参与城市的塑造。巴赫认为将农民的身份转变为城镇居民以及这种身份转变所带来的文化想象都是一个伪命题。他描述了在农村土地出让政策制定、城市扩容,以及把乡村作为城市发展的有机组成部分对其进行"重新发现"和重新改造这些方面,乡村与城市所表现出的不同诉求与反响。

第三部分也是最后一部分——"推广(2004—2017)"探讨了深圳模式,从早期的模范领导、模范工作者、模范村庄和模范市民,到当下的城市发展中的模范企业、城市模范管理者和模范行业。深圳依照国际化都市的范例将特区建设成一个国际化大都市样板,并且渴望得到全世界的认可。这部分的文章讲述了深圳不同领域的发展,包括创意产业、公共卫生和道路交通的建设,强调深圳越来越重视其"模范"的声誉和作为城市发展特例这一"样板"的号召力。不过我们则认为,深圳愈是将自身呈现为其他城市发展的"模范",就愈适得其反地使自身发展所凭借的那些纷繁的本土历史、特殊的位置和民众及其所创造的和所经历的那些往事变得模糊不清和难以辨识。

在第八章里,黄韵然探讨了文化创意产业这一新"样板"在深圳的兴起。近来有人把这一产业同"中国梦"紧密联系在一起,黄韵然的这篇文章将巴赫在第七章里描述的模范新村与文化创意产业崛起的个案研究结合在一起。黄韵然对深圳大芬油画村里的那些画工做了分析,这同佛罗伦斯所描述的劳动模范是一样的。目前中国对文化创意产业寄予厚望。在这篇文章中,作者对文化创作提出了一些新的质疑,认为对创意产业的执迷并非完全为了追逐利润,它更像是在继承一种普遍的社会主义信念——追求人类的思想解放,让劳动者当家做主。

如果说农村来的打工者常常把城市中的专业人士当作效仿对象,那么这些专业人士则常效仿国外。在第九章里,凯瑟琳·A.梅森研究的对象是深圳的公共医疗卫生。作者阐述了深圳对流行病传播控制的专业化发展,比较了国际上预防流行病传播的不同手段和全球卫生话语。这篇文章讲述了深圳把美国的国际医疗卫生标准作为样板,成功引进这一国际卫生防疫模式,却在2009年抗击甲型H1N1流感过程中遭遇公共医疗卫生危机。为了更好地认识深圳公共医疗卫生体系模式的双重效应,作者回顾了2003年SARS危机时的情景。那一次,深圳由于采取了适当的公共医疗卫生措施,比香港更加有效地控制了该流行病的传播,作者把那一次的做法同2009年抗击甲型H1N1流感的不同做法进行了比较。通过分析深圳本地的不同需求,作者指明,采用国际卫生防疫标准并不能保证这项工作能够深入持久地做下去。文章最后,作者又回到专业人士如何服务外来打工者,让他们得到社会公平这一伦理道德问题上来。

这一部分的最后一章是赫什的一篇文章,作者回到巴赫在第一章中讨论过的深圳作为国际化城市的发展问题。人们向往实现国际化城市的梦想,可以畅行无阻来去自由。深圳的基础设施是让那些居住在这个城市里的形形色色的居民,包括白领专业人士、本地的村民和外来的打工者,实现这一梦想的物质基础。深圳宝安国际机场在这方面极具象征意义,即它展示的是一种文化资本,同时也是一种文化宣传。然而,这个机场只是这一地区基础设施的一个组成部分,包括那些坐落在不那么显眼的城中村和购物中心里的城市候机楼及其他一些设施。赫什的研究审视了深圳想要建设为国际大都市所必然承诺的提供便捷的全球流动服务,调研了深圳为方便旅客到香港国际机场乘机所设立的一些临时的城市候机楼,它们设在商场、船场和边境闸口附近,由本地巴士公司和渡轮公司提供的交通工具运送旅客至机场,这些设施已经成为这座城市的人们乘机出境不可或缺的组成部分。赫什的文章指出一些阻碍深圳这方面发展的因素,而通常这又会催生出人们料想不到的创新手段,使困难得以克服,以保障城市出行的顺畅。例如,从香港出境,首先要乘车至深圳与香港接壤的关口,从那里出关再乘巴士前往机场。赫什的文章揭示出深圳的跨境通行正如马欣和布莱克韦尔的文章所讨论的那样,已经成为这座城市日常生活中习以为常的一个组成部分。与"模范城市"的宣传有所不同,在那些光鲜的作为城市象征的样板建筑的背后,人们的出行便利还是靠那些细微周到的城市基础设施才能实现。

本书中的这些文章结集在一起,从不同方面分析研究了从20世纪80年代开始,一个中国城市独特的发展历程。这些研究从历史、社会和人文地理等不同领域对深圳的发展进行了深刻的剖析和评论,展现了深圳从一个边陲小镇到曾经的香港"后院加工厂",从纵横阡陌的小渔村演变成全球瞩目和举足轻重的华南大都市的发展历程。这些研究有助于人们从不同学科角度来评估深圳作为中国城市化发展典范的适宜性,将其成功与失败放在地区、全国乃至全球所面临的问题面前来加以评判。我们在分析过程中十分留意深圳发展历程中所面临的许多自相矛盾的地方,记述深圳的乡村如何在成为城市的同时保持其乡村权力结构不变,打工者如何成为"英雄"却对"英雄"称号敬而远之,通过归国华侨让城市的国际化变成本土化发展,城市外来户尽管表现出强烈的民族情怀却愿意成为国际化城市居民。对于把深圳树为"典范"这种做法是否合适,本书的作者们并不想多做争论。总的说来,我们因深圳的许多成就受到鼓舞,但是我们对于那些为了树立"样板"而杜撰故事,并且大加宣传的做法是持批判态度的。深圳作为城市发展的一个范例,可能会成为中国的二线和三线城市发展所效仿的对象,甚至会成为中国扩大其影响力,为非洲、拉美和印度的发展提供借鉴的一个范本,深圳发展过程中所经历的种种艰难困苦要让世人有所了解。

本书的编者特意将本书取名为《向深圳学习》,这既让人联想到毛泽东时代树立榜样的口号("农业学大寨!""工业学大庆!""向雷锋同志学习!"),也让人联想到罗伯特·文图里等人所著的里程碑式的建筑学大作《向拉斯维加斯学习》。①虽然拉斯维加斯的经验未能够改变美国城市,但是深圳发生的深刻变革却彻底改变了中国社会。本书讨论的不是深圳的建筑,可我们认为中国的建筑师和城市设计师应该同参与中国历史性变革的人们一道来讲述这一发展历程,清楚地展现个人如何与政府机构互动,外来的(包括外国来的)打工者如何与当地具有合法身份的市民进行交流。本书通过详细记述深圳的发展历程,为那些专门从事中国城市研究的学者和学生,以及那些对中国研究、全球发展研究、亚洲和其他地区后现代文化和社会研究有兴趣的读者,展示了一个全球化发展的绚丽多彩的篇章。中国城市,特别是北京、天津和上海,作为国际化大都市,它们在政治上更加显赫,与外界打交道的时间也更长;其他城市如厦门、重庆和长三角的城市有同样的机会引进外资,与外部世界打交道。但是深圳在毛泽东时代结束后的中国的发展具有其独特性。深圳早期的发展得益于中央政府对非计划经济的,甚至在当时的条件下属于合法外的经济活动所给予的宽松政策,这些经济活动在特区内的各个不同区域得以开展,不断创造财富、知识和新的价值观念,同时也创建出一个国际化的都市,诞生了一批世界公民。深圳的发展对中国其他地区的发展带来了深远的影响。今天,全球经济发展的格局正在经历调整,同时,中国社会的群体生活也在发生变革。这种变革的意义是什么呢? 从这个意义上说,作者们期望本书所阐述的内容能够让深圳的城市发展给上述这些方面提供借鉴,并且能够引发人们进一步思考。

---

① 罗伯特·文图里,等.向拉斯维加斯学习:被遗忘的建筑形式中的象征.马萨诸塞州剑桥市:麻省理工学院出版社,1977.

目　录

第一部分　试　验（1980—1992）

第一章　深圳：从突破禁区到树立样板 …………… 乔纳森·巴赫　002

第二章　特区英雄：探索改革及其局限 ……………… 马立安　023

第三章　深圳溯源：北京、香港和宝安 ……………… 黄伟文　041

第四章　如何做一个深圳人：深圳发展第二个十年中的外来工

　　　　 ……………………………………… 艾瑞克·佛罗伦斯　065

第二部分　突　破（1992—2004）

第五章　深圳乡村的发展：城市包围农村 …………… 马立安　086

第六章　深圳"一线"和"二线"的政策设计

　　　　 ………………………… 马欣　阿德里安·布莱克韦尔　107

第七章　"他们来时是农民，离开时是市民"：城中村与深圳的

　　　　发展 ………………………………………… 乔纳森·巴赫　123

第三部分　推　广（2004—2017）

第八章　深圳的艺术家群落和他们的创新中国梦..........黄韵然　166

第九章　深圳的公共医疗卫生事业.................凯瑟琳·A.梅森　190

第十章　从深圳国际机场看深圳的国际化发展

....麦克斯·赫什　208

结　语　向深圳学习.............马立安　黄韵然　乔纳森·巴赫　234

鸣　谢...245

第一部分 试验（1980—1992）

第一章
深圳：从突破禁区到树立样板

乔纳森·巴赫

乔纳森·巴赫，纽约新学院全球研究系的教授。他的作品着眼于德国和中国的社会转型，重点关注记忆、物质文化、城市变化、空间和身份等问题。他著有《遗存：德国与社会主义过去的日常遭遇》（哥伦比亚大学出版社，2017年），是《城市重新中心化：社会主义现代性的全球突变》（加利福尼亚大学出版社，2020年）的联合编辑。

前　言

王爱华借用荷兰建筑师雷姆·库哈斯的"超建筑"一词来描述矗立在深圳和其他亚洲城市里的那些华丽的高楼大厦，以此说明这个新兴的亚洲城市是如何用非凡的城市建筑来宣示其对振兴中华及成为世界顶尖城市的追求的。[1]

作者强调这两者是分不开的，民族复兴即是在全球舞台上谋求一席之地。今日亚洲城市的超现代发展的根源在于20世纪下半叶各国经济发展和经济发展全球化所带来的前所未有的重

---

[1] 王爱华.超建筑：主权国家的景观、猜想和超空间//阿纳尼亚·罗伊，王爱华.世界城市：亚洲实验和全球化艺术.马萨诸塞州莫尔登：威利-布莱克威尔出版公司，2011.

新布局。深圳正是在这个过程中迅速崛起,成为新的亚洲形象的代表。

中国在经历了"文化大革命"(1966—1976)之后建立经济特区,把参与全球竞争与民族复兴联系起来,深刻地改变了中国的形象、中国的经济及其城市的面貌。深圳是当年最大的特区,也是最成功的一个范例。本章将展示深圳如何在这些国内外因素的推动之下崭露头角,逐渐成为全球经济与城市发展的样板。深圳的发展有赖于这样两个出发点:作为经济特区,它既是经济发展规划下全球货运集散和财富积累的落脚点,同时又肩负着人们的期望,人们期望特区能够实现现代化,让人们享受现代都市文明。深圳从这两个起点出发,深入发展壮大,独具一格,为中国乃至世界的经济和城市的创新及发展提供了多方面的经验和思考。

特区溯源

另有其名的出口贸易区?

深圳发展的源头是在20世纪70年代末期,中国领导人期望能够拨乱反正,振兴经济,摆脱十年"文革"带来的经济重创。如何能够从"阶级敌人"那里获得急需的外汇和技术同时又不背叛社会主义的原则是个颇为棘手的问题。当时中国台湾地区与韩国同属于"帝国主义"阵营,他们也曾尝试获取资本和技术,并且大获成功。复制这一模式在经济上可行,但是在政治上却会有麻烦。1966年大陆掀起"文化大革命",台湾在高雄建立了出口加工贸易区,并且发展速度惊人——在头四年里年增长率接近50%,并且在此后一直到1979年的那段时间里,每年的平均增长率都在26.5%左右。①1974年,韩国在马山建立了首个出口加工区。在赚取外汇、引进技术、培养技工和管理人才等方面都颇有建树,这些也正是中国所急需的。通过雇佣劳动者、供应服务和材料,马山出口加工区对韩国经济的其他诸多方面的发展都起了推动作用。

中国台湾地区及韩国当年正是通过效法新加坡及中国香港的做法来吸引海外直接投资(FDI)的,因此这里就有一个政治上的问题。新加坡在1963年才摆脱了殖民统治成为独立的国家,中国香港从1842年到1997年7月之前受英国统治,韩国及中国台湾地区的经济和军事在某种程度上受到美国牵制。经济特区是西方列强另外一种形式的租借地(1842年鸦片战争之后,殖民主义者通过签订不平等条约获取的通商口岸)?还是说,在不做出原则性妥协的前提条件下,通过建立经济特区来为我所用?

这正是邓小平、谷牧等中国领导人所要面对的问题,整个1979年他们都在探讨如何将中国与外部世界重新联系在一起。邓小平和谷牧都主张开辟特区,并且他们的意见最终被采纳了。建立特区先是在1979年4月提出来的,同时依照邓小平的想法,特区不仅仅是要吸引外资,同时也是为深入改革争取更多的空间。在既有的城市里推行这些改革措施一定会招致更多的争论。为了说服大家接受试验区的想法,据说邓小平曾说过,"陕甘宁开始时就叫'特区'嘛!"陕甘宁在战争年代是中国共产党的根据地。给特区起个什么名字才能避免政治上的麻烦,人们花了很多心思。最终,对外宣布建立深圳、珠海、汕头和厦门四个经济特区,其中深圳与香港交界,也是最大的一个特区,因此

---

① 袁劲东,洛兰·伊登.亚洲出口加工区:比较研究.亚洲研究,1992,32(1):1026—1045.

蜚声海外。

"经济特区"一词是为了在谨慎和大胆之间取得某种平衡的一种选择。这些地方不同于中国台湾地区或者韩国的出口加工区,正如邓小平曾经说过的那样:经济特区不是要走资本主义道路,而是要在"社会主义制度下发展生产力"[1]。这些特区选址不在发达的大城市而是在沿海地区,这样做的原因之一是为了吸引来自台湾和香港的投资。同时也是做出一种姿态,让人觉得一旦出问题,经济特区可以被轻易地扭转发展方向。经济特区不仅要建设工厂,还要促进各个行业的发展,包括旅游业和房地产业,成为模范城市,希望像当年号召"工业学大庆"那样,有一天中国的其他地方也要向经济特区学习。

出口加工区的兴起

中国通过建立经济特区加入到全球经济发展中来,直至21世纪成为全球经济体系的一个重要组成部分。不同形式的经济特区在世界贸易发展史上屡见不鲜。从欧洲13世纪至17世纪发达的汉萨城市贸易网络"汉萨同盟",到17世纪至19世纪日本为荷兰商人划定的出岛,再到明清时期的广州。起先,欧洲客商云集广州,进入18世纪以后更是被限定只能在此地经商,直到英国人以其船坚炮利结束了这一限制。此后,殖民主义者通过签订条约在香港和直布罗陀等地建立了殖民统治下的通商口岸。今天的"特区"概念主要是在第二次世界大战之后形成的,国家在特区内给外来的投资者和企业一些特殊的优惠政策。当今

---

[1] 杰米·佩克,张军.资本主义的多样性……具有中国特色的资本主义?.经济地理杂志, 2013, 13(3): 357—396.

世界特区兴起的主要推动力来自那些寻求当地廉价劳动力的游资。同时，日益发达的交通运输和发展中国家的期待——吸引更多的投资来发展他们的经济，也使得世界各地纷纷开设了经济特区。

直到20世纪60年代中叶，只有少数国家通过制定一些不同的规则来吸引投资者，以廉价劳动力、税收减免和其他各种减免政策让投资者获取实惠。例如，1948年波多黎各就被升格为一个事实上的经济特区的雏形，美国公司在那里进行生产可以享受各种税赋的减免。美国曾经实施一项允许墨西哥人到美国做季节工的计划，到了20世纪60年代中叶，随着这项计划的取消，墨西哥在其北部边境地区设立了一个免税区，制定各种优惠政策吸引美国企业前来设厂雇佣当地的廉价劳动力。但是真正树立开发区样板的是爱尔兰的香农，这一开发区模式始建于1958年，现在在全球3500多个地方都有它的身影。从北美去欧洲的航班飞机一度要在爱尔兰的香农加油。后来出现了远程的航班飞机，不再需要中间停留加油。于是爱尔兰就想办法将香农变成一个国际航空港，并且制定了各项投资优惠政策、建立工厂，将这一地区变成保税开发区。①

到了中国建立经济特区的年代，通过出口带动经济增长的思想早已深入人心。特别是发展中国家，它们都愈发热衷建立开发区，因为此时这些国家对战后早期广泛实施的所谓"进口替代"的经济发展模式越来越失望，这一模式促使各国采取措施保护自身的产业和本国企业的生产，进口产品价格高得令人却步。其结果就是许多国际劳动力过剩而外汇短缺。从20世纪60

---

① 托马斯·法罗尔，戈汉·阿金奇.经济特区：进展，新兴挑战和未来方向.华盛顿特区：世界银行，2011.

年代开始,印度、毛里求斯、菲律宾和肯尼亚等国家开始效法香农开发区的做法,设立了自己的出口加工区。外国企业可以在此设立企业,雇佣本地工人,货物进出没有各种关税限制,同时这可以让这些国家获取外汇。不过当时这些开发区的影响力还不是很大。到了中国台湾地区和韩国开始通过设立出口加工区来提升经济开发实力的年代,外贸加工作为经济发展手段的观念已经变得非常火热。亚洲的"四小龙"(新加坡、韩国,中国的台湾地区和香港)通过出口加工使经济发展开始腾飞。对此,中国政府看得一清二楚。发展中国家正在转向出口型工业化发展阶段,这也是在此后的岁月里中国经济发展所采取的核心策略。

出口带动国民经济发展的另一面就是制造业大批量地逃离发达国家,主要是逃离美国,在一定程度上也包括西欧,这些企业都去了拥有廉价劳动力的亚洲。美国制造业的工人数量从其最高峰的1979年的1950万人跌至2007年(一年后全球经济滑坡)的570万人。[1]并非所有这些就业机会都转移到了海外,因为工业自动化和生产力的提升也减少了劳动就业机会。不过绝大多数的就业机会被转移到了海外,特别是东亚各国和地区。在大约同一时期(1980—2005),东亚地区的就业人数从2700万人增加到6900万人,创造了4200万人的就业机会。这一方面显示了这一地区制造业的整体增长情况,另一方面也显示了其惊人的竞争力,因为这一阶段除了东欧和印度,世界其他地区的制造业提供的就业机会都在减少。[2]

出口加工业兴起这一现象被岑艾玲称为"出口潮",其逐渐

---

[1] 贾斯汀·R.皮尔斯,皮特·K.司各特.美国制造业就业人数下降惊人.华盛顿:美国人口普查局,2012.

[2] 理查德·纽法默,莫妮卡·斯塔杰罗夫斯卡.快速变化的世界中的贸易和就业//道格拉斯·利波德.国际贸易和就业的政策优先事项.华盛顿特区:经济合作与发展组织,2012.

成为一种新的经济发展模式。伴随出口加工业兴起的是制造业从工业化国家的移出,在这一关乎民族工业发展的历史性布局调整过程中,开发区的设立发挥了关键性作用。①西方政府从20世纪70年代后期开始放松管制,于是就有企业大规模地将生产制造业务向最具有竞争力的地区转移。20世纪80年代,从英国时任首相撒切尔和美国时任总统里根开始,放松管制和私有化政策成为西方国家的主导政策,这助长了这一趋势的进一步发展。

不过倘若没有长途运输能力和计算机技术的进步,仅凭国家经济政策也无法完成这一全球工业化的重新布局。1956年人们发明了集装箱运输船,1961年建立了相关国际标准。20世纪50年代,货物运输费用约占产品成本的25%,现在降到微乎其微。②早期的集装箱运输船可以装载500至800个集装箱,现在最大的运输船可以装载1.8万个集装箱。③再加上航空运输业的发展,新技术让所谓的"弹性"生产方法,如按照客户需求来进行的"及时生产"成为可能。

因此,中国的经济特区正是在全球经济向国际化生产转变的大背景之下建立的。这一全球化的发展有其政治方面、结构方面和技术方面的原因,企业在这一过程中将其生产制造过程中的产品设计、劳动力雇佣、生产、运输和组装分散到全球各地进行。深圳经济特区诞生于1980年,此时恰逢全球经济开发区快速扩张的阶段。

---

① 参见岑艾玲.规范东亚新兴工业化国家的发展:一个规范主义者的视角//鲍勃·杰索普.调节理论与资本主义危机.切尔滕纳姆:爱德华·埃尔加出版社,2001;尼尔·布伦纳.新的国家空间:城市治理和国家的重新规划.牛津:牛津大学出版社,2004.
② 马克·莱文森.集装箱运输与经济.TR新闻,2006(246):10—12.
③ 让-保罗·罗德里格.运输系统地理.纽约:劳特利奇出版社,2013.

从特例到推广：特区作为国内的发展样板

每个国家都在其经济开发区有选择地实施各自国内的法律，加强商品的生产和流通，扩大投资。经济特区的建立要在国家主权方面做出一些特殊的安排，就是说国家有选择地划定一块土地，使其获得既不同于境内又有别于境外的中间地位，在一国领土之内，国家主权与经营权被分割开来。在特区以内的企业和工人享有与特区之外不同的地位。

正像罗南·帕兰在他有关离岸经济区和免税区的著作中所说的，在现代国际关系体系结构中，一个国家为了谋取利益可以划定一块土地拿到市场上推销，尽管这样做与作为一个有机整体的国家主权相违背。[1]第二次世界大战结束之后，几乎所有国家都摆脱了殖民统治成为主权独立的国家，不干涉他国内政是世界各国奉行的基本理念。从原则上讲，国家有权决定是否在其所有领土上无差别地实施本国的法律。在现代资本主义的大部分历史时间里，特别是在西欧和美国的工业化进程中，一个国家的政治管辖权与经济管辖权都是相互重合的，这可以让全球经济体系有效发挥作用。我们现在一般称为"全球化"的进程却将政治管辖权和经济管辖权分离开来，使得生产和资本积累在全球范围内展开。生产资料和商品，跨越边界一进一出会产生"增值"或者"减值"，所以一台电脑从部件设计、材料供应、制造、集成到包装由不同国家里的众多公司来完成，比在一个国家里完成上述所有环节所需的成本要更为低廉。

---

[1] 罗南·帕兰.离岸世界：主权市场、虚拟场所和游牧百万富翁.纽约州伊萨卡：康奈尔大学出版社，2003.

出口加工区在推动全球化生产过程中发挥了重要作用，加工区是在主权国家的体制下对于全球化的资本积累所做出的调整。不同的加工区有自己的政策，但是都离不开同一主题，那就是同国内实施的管制体系有所不同，通常是划定某个区域，在这个区域里有更好的基础设施和交通运输系统，以及一套专门为加工区制定的商业至上的加工区管制体系。这样的加工区专门为制造业开辟，享受优惠的经济政策，后来这也带动了服务业的发展。在全球范围内，这些开发区在税收、劳务等多方面都享有优惠政策，这使得全球化生产在双轨制下得以实现，直接或者间接为1.3亿劳动者提供了就业机会。①

今天政治区划与经济区划相分离有经济上的理由，同时也基于这样一种理念，即一个国家的公民无论身处何处都应受到平等对待。正如王爱华所述，人们将主权国家的不同地区切分，她称之为"递进式主权"，这使得国家除了可以对不同的货物进行重新归类之外，还可以对人群进行划分。②面对人数众多的工人、企业家和技术人员，开发区的设立使国家不但可以找到生产商品的新途径同时吸引外汇投资，而且可以划分和管理人口。不同国家面对不同的压力，因此在开发区的人口管理上也采取了不同措施。例如在深圳，随着经济特区的发展壮大，除了要考虑经济发展方面的问题，还要面对如何将农村人口和成千上万的流动人口纳入城市管理体制中，出台什么样的政策来管理这些处于不同社会经济地位的人。

从一开始，深圳和其他经济特区的建立就不仅仅是为了加工出口，同时也是为了利用其特区的地位使之成为一个境内与

---

① 托马斯·法罗尔.非洲经济特区：将绩效与学习全球经验相结合.华盛顿特区：世界银行，2011.
② 王爱华.具有伸缩性的公民身份：跨国性的文化逻辑.达勒姆：杜克大学出版社，1999.

境外之间的接口。特区既非境内也非境外——它同时具备这两方面的特征。特区可以实现物资、资金、人员和观念以在其他地方行不通的方式进行交换或交流，这才是特区所特有的优势。深圳和其他特区在促进生产的同时也促进了城市的转变。首先，特区是在空间上将中国的经济区域与境外联系到一起，一如中国领导人所讲的那样，是"世界之窗"，通过这扇窗户外面可以看到里面，里面也可以看到外面。其次，特区也是历史发展的纽带，把过去的中国和未来的中国联系到一起。邓小平和他的支持者曾明确指出经济特区是改革的试验区，今后可以在全国推广。正是因为具备这样的纽带功能，人们才对特区寄予厚望，希望特区的发展能够改变整个国家的面貌。此外，特区不但连接全球资本，还联系着海外华人，让他们也参与到特区建设中来。

深圳从一开始就是为了实现这两个功能：对内成为现代化城市发展的样板；对外要让全世界都看到中国改革开放的能力和决心。这是一项宏伟工程，必须一竿子插到底。中央政府否决了1980年8月提出的深圳发展总体规划，认为步子迈得不够大。原本提出的规划是要建设一个工业开发区，在此基础上开展深圳市区的建设，其面积只有49平方公里。按照中央政府的意见，深圳应该建设成为一个包括旅游业、商业和居住区的功能齐备的工业化大城市。①从某种意义上讲，深圳成了一个孵化器，不被地方政策以及诸如其他老城市里的既得利益者们的限制所掣肘。因此，深圳在发展过程中创出了许多中国的"第一"，现在这些突破在全国都已经非常普遍：第一批实行国企股份制改造，第一个出台外汇交易管理方案，第一个大胆实施住房商品化改革，第一个实施工业用地出让，制定第一部工资与市场挂钩

---

① 吴美锦,谭少薇.规划在深圳发展中的作用：宣传与现实.欧亚地理与经济学,2004,45(3)：190—211.

的劳动合同条例。从而造就了最早的一批企业家,以及其他诸多的"第一"。

经济特区的核心内容是对于投资的一系列优惠政策,包括税收优惠、财产保护和扩大土地使用权。这些优惠政策现在都已经推广至全国其他地区。曾经饱受争议的特区之"特",已经成为全国各城市吸引外商投资和融入全球经济的标准做法。自从1980年建立深圳和其他三个经济特区以来,全国各地建立了各种形态、各种规模的经济开发区。在整个20世纪80年代,国家不断增加新的开放城市。1984年,沿海14个城市成为新的经济开发区(开放城市)。1988年海南设省,成为又一个经济特区,但是起步阶段经历曲折。此一时期开放的其他一些沿海城市发展得较为顺利。

20世纪90年代及21世纪初,开发区作为一种发展模式在中国国内遍地开花。随着1990年上海浦东新区的开发,1992年开始,中国又开放了15个靠近边境的开发区(边境经济合作区)。中国在2001年加入世界贸易组织,带来一波新的国家级和地方级开发区的建设高潮。例如,截至2013年,至少设立了53个国家级高新技术开发区和47个国家级经济技术开发区。[1]这些开发区不再集中在沿海或者边境地区,而是深入到内陆省份。按照王瑾的统计,全国各地一共建立了222个国家级和1346个省级开发区。[2]这位研究者还注意到,1978年没有一个城市设立开发区,1978年到1980年建立的经济特区都有意不设在既有的城市里边,但是到了90年代,全国约有四分之一的大城市都设立了自己的开发区。截至2008年,全国绝大部分(约92%)城市都设立

---

[1] 中国驻旧金山总领事馆.中国初创企业新闻.[2013-06-02].http://www.chinaconsulatesf.org/eng/kj/zyxx/t43953.htm.

[2] 王瑾.经济特区的经济影响:来自中国城市的证据.发展经济学杂志,2013(101):133—147.

了开发区。如果当初建立经济特区是为了将特例树立成范例,那么这一目标无疑已经实现了。王瑾用视觉图像(图2)将这一巨变展现在我们面前,让我们看到中国的开发区设立从无到有,直至遍地开花这一过程。

作为现代化城市特区

创造价值

深圳在发展过程中,要同时面对来自两个方面的竞争。一方面要面对从劳动密集型到知识密集型转型的全球趋势;另一方面要面对来自中国国内不断增加的各类开发区的竞争。深圳模式在国内的普及意味着深圳再也不能够在某些领域里独享指定给经济特区的劳动力和投资的优势。国内的竞争来自上海、天津、重庆和其他许多城市和区域,国际上既要面对像越南和孟加拉国等低工资国家的竞争,也要面对韩国、新加坡和中国香港这样一些发达国家和地区的竞争。

深圳要继续创造价值,必须不断推陈出新。随着劳动力成本的增加,小作坊式工厂的利润越来越少。早在1985年,低技术制造业就开始让位于新兴高科技产业对高新技术生产的需求。高新技术企业开始在深圳落户,包括华为和腾讯等中国企业以及为戴尔、惠普和苹果生产零部件的富士康等知名境外企业。高新技术产业至今仍是深圳的主打行业,占其工业总产值的60%。但是深圳制造业本身也正经历着改造,更加注重像电商、非碳基能源(太阳能、风能等)和生物医药,包括干细胞技术和生物医疗设备制造等21世纪的"新兴"产业。同样,深圳作为全球第四大集装箱码头,其庞大的运输和仓储基础设施等作为全

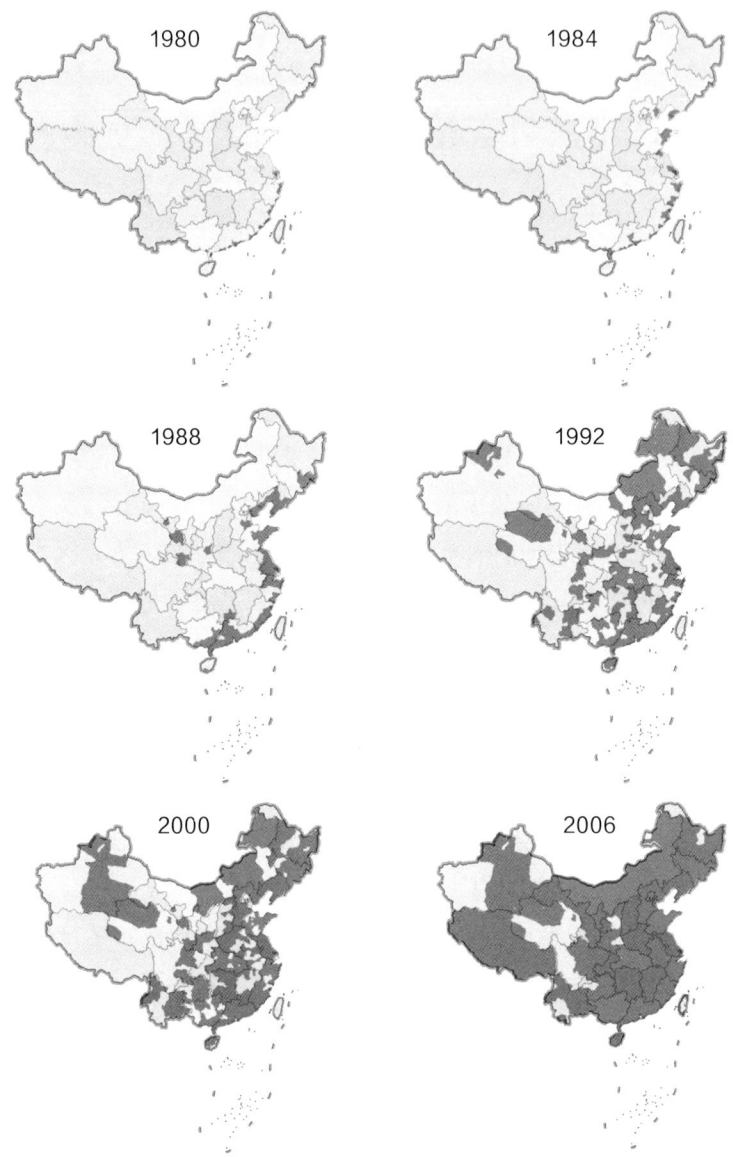

图2 中国经济特区试验的地理进程。参见王瑾.经济特区的经济影响：来自中国城市的证据.发展经济学杂志,2013-03(101):137.请注意,作者使用的是最广义上的"经济特区",以此涵盖各种各样用以吸引外国直接投资的区域性优惠待遇。地图上的阴影部分显示了具有一种或多种形式的经济特区。

球化生产加工区的必备条件,也在不断发展,并且更加侧重提供服务和成为后台办公区。金融服务(特别是基金和风投领域)和创意产业(特别是在设计领域)让深圳的经济表现能够在世界舞台上崭露头角。

然而,深圳最有价值的方面不在于它的地区生产总值(2014年达到人均25038美元)、出口贸易额(2015年超过2450亿美元)或者作为53家中国大企业的总部所在地,而是作为中国境内的一个世界级城市,它那令人惊叹的建筑群、文明的市民、整洁的街道以及它那"敢为世界先"的企业家精神。总之,深圳期望成为实现现代化的先锋。深圳把实现人类文明发展史上最合理、最文明的现代化城市梦想作为自己的追求,这是特区做出的又一个贡献,其价值不亚于它成为战后出口型经济的发展样板。这一现代化梦想有着悠久的哲学传统,斯蒂芬·图尔敏称此为大都市的梦想:这会是一个具有合理秩序的社会,自然与社会按部就班且相互交融,运作有序,天衣无缝。[1]人们认为现代化城市规划可以创造出这种秩序井然的社会。从历史上看,这种城市试验田屡见不鲜,从美国19世纪的乌托邦公社到20世纪苏联的整体规划城市以及当下这些设有关闸的区域的兴起。[2]

现代化城市的梦想就是在一片空白之处创造出新天地。这种一张白纸绘新图的梦想在深圳人那里可谓根深蒂固,他们似乎牢记剧作家和诗人布莱希特1926年在《城市居民手册》中强调的"抹去所有痕迹"的主张。[3]深圳常常在媒体宣传材料和日

---

[1] 斯蒂芬·图尔敏.大都市:现代性的隐藏议程.纽约:自由出版社,1990.
[2] 乔纳森·巴赫.现代性与经济区的城市想象.理论,文化与社会.2011, 28(5):98—122.
[3] 德语短语"Verwisch die Spuren"可译为"抹去所有痕迹"。贝尔托·布莱希特.城市居民手册.[2015-8-7].http://www.usc.edu/libraries/archives/arc/libraries/feuchtwanger/exhibits/Brecht/Lesebuch.html.

常谈论中被说成是起源于一个小渔村，或者更准确地说是起源于一个边陲小镇，深圳的前身是新安县（包括今天的香港和深圳）及其后的宝安县（如今面貌已不同往日）。① 尽管过去的乡村在都市中仍有迹可寻，也依然维持着淳朴的民风，但是在官方的宣传中这些都变得踪影难觅了。

从某种意义上说，正是这种对过去的颠覆才使得深圳可以呈现出其独特之处，由于不受历史的羁绊，它才能做到对历史的救赎。这个城市最为流行的口号是"实干兴邦"和"时间就是金钱，效率就是生命"。这种对于实干家的勇气和企业家的精神的强调是对"文化大革命"所失去的时间的救赎。在庆祝深圳经济特区建立30周年时，有一句流传颇广的评论，"深圳用30年的时间走完了西方国家150多年才能走完的路程"。这就是深圳，一个英雄般的城市，甚至让人觉得有些不可思议。前国家主席称道深圳创造了世界工业化、城市化和现代化发展史上的一个奇迹。②

典范、镜子与导师

作为奇迹的深圳却总是望着境外的香港。正如马立安所描述的那样，香港既代表深圳的未来（今后数年深圳发展的前瞻），也代表深圳在过去可以实现的现实（倘若当时的环境不一样的话，深圳会变成什么样子）。"倘若没有实施社会主义改造，深圳可能会出现香港战后所经历的变化。"③ 这对于从全球形势出发

---

① 马立安.成为香港，拉拢宝安，保护新安：深圳经济特区城市化民族志研究.文化研究，2001, 15(3/4): 419—443.
② 陈宏.国家主席称赞深圳经济特区为世界"奇迹".中国日报（China Daily），2010-09-07 [2015-08-07]. http://www.chinadaily.com.cn/china/2010-09/07/content_11264644.htm.
③ 马立安.成为香港，拉拢宝安，保护新安：深圳经济特区城市化民族志研究.文化研究，2001, 15(3/4): 419—420.

来认识深圳是至关重要的。尽管深圳经济特区的建立是受到中国台湾地区及韩国出口加工区的启发,但是作为深圳学习的成功典范的却是香港。它不仅仅为特区落脚在深圳提供了合理性,也贡献了深圳大部分的境外投资,并且成为深圳希望树立的全球形象的典范。从本质上来说,深圳希望通过像中国台湾地区及韩国那样建立特区来成为香港那样的国际化大都市,甚至有一天可以超过香港。

如果说深圳起初的发展助力来自从全国各地涌入的大量的低技能劳动者,他们跨过"二线"来到这里打工,那么它的助力也来自与之毗邻的香港和海外华人以及他们的投资,这些是康斯坦斯·克拉克所说的"一个民族的血脉和资本的纽带"。他认为深圳与广东其他地方、香港以及东南亚通过资金、亲属、信息和劳动力的流动,保持着千丝万缕的联系,不看到这一点就无法理解深圳的发展。①1949年以后,一些人从内地到了香港、澳门和台湾,和在新加坡、马来西亚等地的海外华人一样,他们也积累了大量的财富和知识,这一点内地是非常清楚的。佩克和张军曾写道,在特区建立之前,业已存在的"中国民族资本主义"完全是在中国本土之外产生的,是海外华人创造了繁荣昌盛的"海外华人经济"。②特区的建立把这一繁荣的"海外华人经济"的资金甚至相关人才都重新吸引到内地,这样做也是为了让香港、澳门和台湾最终都能够回归祖国的怀抱。

这一广泛的海外联系,特别是与香港的联系,才是促使深

---

① 康斯坦斯·克拉克.中国深圳经济特区的建立.伯克利大学环境规划学刊,1998,12(1):103—125.
② 杰米·佩克,张军.资本主义的多样性……具有中国特色的资本主义?.经济地理杂志,2013,13(3):4.

圳一步一步从局部到整体进行市场改革的一个根本助力。①正如张军所述，早期实施的根本性改革是迫于香港投资者的压力进行的，是他们说服了深圳市政府的官员，引入劳动合同制和港式的土地管理制度，包括土地拍卖制度和使用权，以及效仿香港开设股票交易所。②香港在深圳的投资从总量和持续性上看，始终占了最大的份额。1997年7月1日，中国政府对香港恢复行使主权，来自香港的投资不再是"外资"。此后，港深两地的关系产生了重大变化。今天可以说，深圳的发展在很大程度上决定了香港在中国的未来而不是反过来。深圳2030年的城市发展规划显示未来要把这一区域建设成国际化大都市圈，其中也包括香港。

在2030年的远景规划中，深港将成为双核的巨大城市群，拥有共同的资本市场、金融、贸易和海运以及无缝衔接的交通运输、高新技术和服务产业。③这并不意味着香港不再是一个样板。据《深圳日报》(Shenzhen Daily)报道，为了制定2030年的城市发展战略，深圳派出10个代表团，有数百人参与，前往新加坡及中国香港取经，在城市规划、环保、房屋和土地管理及交通管理等诸多领域向它们学习。这些人在对新加坡和中国香港两地深入考察研究的基础上，经过几轮讨论才最终形成了上述的城市发展总体规划。④

在这里，新加坡作为香港之后深圳的第二个"老师"发挥了非常重要的作用。张军认为随着深圳自身市场经济的发展，新加

---

①② 张军.从香港的资本主义基本原理到新加坡的威权治理：中国深圳的政策动向.城市研究，2012，49：2860.

③ 陈向明，托马斯·德·梅迪奇.速生城市时代来临：中国深圳经济特区的诞生.城市地理.2010，31（8）：1141—1147.

④ 韩希民.深圳迈入大城市行列.广东侨网.（2008-04-09）[2015-08-07].http://gocn.southcn.com/english/impression/200804090057.htm.

坡的管理模式变得日趋重要起来。①早在2000年，深圳的总体规划里就提出要借鉴香港的效率和新加坡的"环境"——这指的是其政策方面的环境。新加坡所实施的国家资本主义和知识经济似乎越来越成为深圳市甚至是中央政府研究的一个模式。

但是正如张军所指出的那样，新加坡实行的国家资本主义是一个具有吸引力的模式，然而深圳的发展走向又表现出与新加坡巨大的不同。例如，新加坡的住房多数归政府拥有和管理。更进一步说，新加坡政府及其城市规划者有能力绝对控制土地的开发利用，这一点深圳市政府是做不到的。城市土地归国家所有和农村土地集体所有制使深圳的土地开发利用成为一件非常复杂的事情，管控起来也很困难。②本书的其他章节对这个问题有详尽的论述。

深圳与全球各地设立的经济特区

深圳把中国香港及新加坡视为楷模，而其他国家则常常把深圳经济特区奇迹般的发展当成他们的梦想。在印度，深圳常常被看成其研究和学习的范例，非洲国家越来越多地把中国经济特区的发展看成他们自身发展的楷模。黛博拉和唐晓阳写道："中国中央政府及地方行政部门以及特区建设者渐渐在各类工业园的规划、开发和管理方面积累起丰富经验。中国正积极参与三个非洲国家的开发区建设，为当地提供经验。"③

---

① 张军.从香港的资本主义基本原理到新加坡的威权治理：中国深圳的政策动向.城市研究, 2012, 49: 2856—2860.
② 张军.从香港的资本主义基本原理到新加坡的威权治理：中国深圳的政策动向.城市研究, 2012, 49: 2865—2866.
③ 黛博拉·格鲁姆, 唐晓阳."非洲的深圳"：经济特区模式在非洲的试验.现代非洲研究, 2011, 49(1): 48.

在东亚地区成熟起来的经济特区发展模式能否被"出口"到非洲或者其他地区,人们对此意见不一,许多人持怀疑态度。但是这并没有降低人们对于通过设立开发区来发展经济的热情。不过,许多人只想通过开发区来剥削工人和降低工资,而不是提高他们的工资待遇。2005年,印度通过了一项极具争议的法案,批准建立500个经济特区来发展出口和赚取外汇收入,批评者认为这是开发商在大肆攫取土地。同年,俄罗斯通过法案,批准设立24个经济开发区。在欧洲,人们担心开发区的建立会破坏他们对劳工和社会福利所达成的共识。例如,波兰设立了17个经济开发区,工会组织认为这会对欧洲其他地区构成威胁。德国工业联合会主席在2011年就提出"希腊应该在欧元区成为某种经济特区,借助于必要的及可能的财政援助和欧盟其他国家代表的参与",一同来应付经济危机。这类观点让批评者更加忧虑:经济特区模式被引入发达国家以应对金融危机,可能会瓦解社会民主方面所取得的进步。[1]

深圳在这一日益国际化的话语中既被看成是正面的样板也引起过争议。世界银行将深圳视为"在中国国情之下的经济特区的成功榜样"。[2]美国右翼评论者猛烈批评中国某公司计划(已被叫停)于2011年在爱达荷州首府博伊西以南建立一个近130平方公里的"经济特区",建成一个包括制造业、住房和零售业的"自给自足"的城镇,他们也把深圳抬了出来。具有讽刺意味的是,当年中国反对邓小平创建特区的人担心的是西方的侵蚀,而如今美国的右翼势力是惧怕中国在美国建立"特区"。

---

[1] 托马斯·科尼克斯引用汉斯·彼得·基特尔的话,参见欧洲作为经济特区.遮光罩辩论杂志, 2012-09/10, 17[2013-06-03]. http://www.gegenblende.de/-/XCK。
[2] 托马斯·法罗尔.非洲经济特区:比较绩效并从全球经验中学习.华盛顿特区:世界银行, 2011: 第七部分.

然而，正当全球其他国家把深圳看成是一个出口加工区成功发展的典范之际，深圳却将自身的发展定位为国际化都市，"赶超亚洲最佳的城市，包括中国香港、新加坡和韩国首尔"，以期成为"中国内地最洁净和最佳生态城市"。[1]从第九个五年（1996—2000）规划开始，深圳将发展重点从提高经济发展排名转向建设"世界级城市"，这一转变意味着深圳不仅仅是一个特区经济发展的代表，同时也是城市改造升级的典范，将实现传统的现代化梦想转变成对成为实现可持续发展、高新技术支撑下的现代大都市的追求。[2]

结　论

中国内地最洁净和最佳生态城市？

我们已经看到深圳如何从20世纪中晚期全球政治和经济格局的变化中脱颖而出，升级成一个工业生产和社会发展的明星城市。中国大陆与中国台湾地区及韩国一样，利用经济特区的建立从根本上实现了对经济和社会的改造，登上世界经济舞台。这些经济特区带来巨大的系统性转变，它们非常成功地将法律和政策的制定与技术改造相结合，不但建立了商品生产的新工业区，并且为国民经济增长和城市发展奠定了新的基础。由于社会制度上的差异，深圳从一开始就不只是要成为另一个出口加工区。战后的生产国际化使深圳成为新城市发展最早的一个原

---

[1] 韩希民.深圳迈入大城市行列.广东侨网.（2008-04-09）[2015-08-07].http://gocn.southcn.com/english/impression/200804090057.htm.

[2] 卡罗琳·卡蒂埃.改革时代中国城市的跨国都市主义：深圳的风景.城市研究.2002，39（9）：1513—1532.

型。深圳的发展是建筑家凯勒·伊斯特林所说的从开发区发展为"新城市的典范"。我也在其他地方用"典范城市"来描述这种城市发展的模式,它将出口、特事特办及典范的树立结合到一起,创造出新的城市空间。①

新闻记者格雷格·林赛在他的报道中把深圳与近年新出现的样板城区——韩国的松岛新城进行了比较。松岛新城是一个更加靓丽但是尚未有多少人居住的城区。在这位记者的眼里,深圳是"典型的亚洲城市……杂乱无章"。我们姑且不论他的观点是否站得住脚,更有意思的是,深圳被他当作新兴城市比较的样板,尽管建立松岛新城的灵感来源于深圳,但它要建成一个有别于深圳的"特区"。正如阿纳尼亚·罗伊所说的,即使人们把深圳作为一个对立面来进行比较,"它也已经是新兴城市的一个参照对象"。②现在人们谈论亚洲和其他地区的当代城市和经济发展,以及这种发展在经济和文化上所发挥的作用时,就不能不讨论深圳。从这个意义上讲,深圳已经在扮演一个它极力想要成为的国际城市的角色了。

---

① 凯勒·伊斯特林.持久的纯真:全球建筑及其政治伪装.马萨诸塞州剑桥市:麻省理工学院出版社,2005;乔纳森·巴赫.现代性与经济区的城市想象.理论,文化与社会.2011,28(5):109;凯勒·伊斯特林.超国家机器:基础设施的空间力量.纽约:维索出版社,2014.
② 阿纳尼亚·罗伊.后殖民地城市主义:速度,歇斯底里,大众梦想//阿纳尼亚·罗伊,王爱华.世界城市:亚洲实验和全球化艺术.马萨诸塞州莫尔登:威利-布莱克威尔出版公司,2011:307—335.

第二章
特区英雄：探索改革及其局限

马立安

马立安，人类学学者，从1995年开始在深圳从事文化人类学研究。她的研究活动包括在深圳白石洲创办"握手302"艺术空间，开设博客"深圳笔记"对改革开放后深圳的城市化发展进行深入探讨，同深圳飞鸟剧场进行合作。她的研究成果发表于《戏剧评论》《东亚文化批评》和《文化研究》香港特刊等。马立安是"握手302"的合作创始人，该艺术空间旨在深圳不同社区以艺术的方式探索文化地理的可能性。

> 他力挽狂澜，强调要敢字当头，横下一条心，对"文化大革命"以来所造成的严重混乱局面，大刀阔斧地进行整顿。他为了党和人民的利益，置个人荣辱安危于度外，冒着再一次被打倒的风险，同"四人帮"进行了坚决的斗争，这次整顿实质上是后来改革的实验。
>
> ——江泽民同志在邓小平同志追悼大会上的悼词（节选），1997年

1976年9月9日毛泽东去世，此前8个月周恩来逝世，毛泽东指定的华国锋成为接班人，此后"四人帮"垮台。两年之后的1978年12月，中共中央召开十一届三中全会，邓小平成为毛泽东

时代结束之后中国新一代的领导人。他要面对政治舆论上的一个两难的局面：一方面要在一定程度上批判毛泽东的错误，另一方面还要维护共产党的领导地位。受中央任命的深圳经济特区的领导们将在这一转折当中发挥重要作用。他们通过在特区的探索，为改革提供了新的社会主义样板和国家发展的目标。

中央的决策者和深圳的领导班子之间的关系受制于党组织内部上下级关系，有时颇为变幻莫测。曾经被称颂的深圳领导包括深圳前市委第一书记和市长梁湘（1981年至1986年在职）①、香港招商局原常务副董事长和招商局蛇口工业区总指挥袁庚（1979年至1993年在职），深圳大学前党委书记、第二任校长罗征启（1983年至1989年在职），都是投身于国家建设的中共党员。他们之所以能够成为特区模范领导人，皆因勇于担当，愿意为他们认为正确的做法承担责任。这些做法在当时特区之外的地方是行不通的。他们在深圳任职时，"文革"刚刚结束，"文革"期间，许多干部、普通人及其家人都受到过冲击。正是在这样的时代背景下，深圳的第一代领导敢于冲破禁区，放手让手下人一搏，让他们成为改革开放时代新的特区英雄。人们曾称颂他们"勇于承担责任"，显然这里也隐含了他们在局势出现动荡的时刻愿意保护其他同事。实际上，深圳的这种敢为天下先的"试验"，给整个国家带来了深刻影响，使之成为改革开放时期一个强有力的典范。②

---

① 1985年，梁湘离任深圳市市长职务，但是到1986年，他仍然是中共深圳市委书记。
② 笔者对深圳第一代领导人的"英雄主义"的理解基于三种来源：自1995年以来，笔者在深圳的采访笔记和研究；有关深圳早期历史的报纸和网络报道；介绍梁湘和袁庚两位领导的远见和胆识的传记。特别参考朱崇山，陈荣光.深圳市长梁湘.广州：花城出版社，2011；涂俏.袁庚传：改革现场1978—1984.北京：作家出版社，2008。2014年，一些"老蛇口"居民成立了"袁庚理想研讨会"。该组织为纪念袁庚组织了几次讲座和生日纪念活动。更重要的是，这个组织已经成为蛇口新社会组织的孵化器，其中包括社区互助会，这个组织的目的是促进社区福利和文化发展，作为对政府和企业管理的补充。

但是这种对英雄的夸赞并非一成不变,他们早先对于冲破禁区的宽容,有时成了他们的错误。深圳的哪些改革开放措施是合理的、正确的和恰当的?哪些应该得到认可,普及到其他地方?哪些被认为是危险的甚至是反动的?对于这些问题,深圳第一代领导的实践为人们提供了答案。

特区干部的任命

特区成立的头十年所实施的方针政策和体现出的改革魄力要归功于当年那些领导特区的人的个人魅力,他们都曾经历过枪林弹雨和政治运动的考验。[1]例如,2012年深圳大学前校长罗征启在他的建筑设计公司接受采访时就说,领导,特别是高层领导,对于平日的工作要敢于担负责任,让改革"突破禁区一步步地走下去"直至改变社会的现状。他还开玩笑地说,有时候政策的边界就像橡皮筋那样反弹,会让一些人赫然发现自己身处险境,失去保护,孤立无援。[2]实际上,他用边界和河流来比喻深圳早期的社会试验是非常恰如其分的,因为这个边陲小镇就坐落在香港以北,以深圳河为界,两地隔河相望。"文革"期间,这里的红卫兵曾挥动着红宝书和标语口号,誓要解放对岸被占领土地上的同胞。深圳与香港山水相连让人们更能够直接地理解邓小平的"摸着石头过河"这一比喻。当时,深圳本地人想尽

---

[1] 参见马立安.突破之道:在深圳经济特区建设性别平等的民族主义.立场:东亚文化评论,1999年秋,7(2):343—375。文章描述了专业军人成为建筑师、工程师和建筑工人的象征性转变。要了解劳动力性别,参见潘毅.中国制造:全球化工厂下的工厂女工.达勒姆:杜克大学出版社,2005;李静君.性别与华南奇迹:工厂女性的两个世界.伯克利:加利福尼亚大学出版社,1998。本书中更多有关改革中的性别的文章,请参考佛罗伦斯所著的第四章、黄韵然所著的第八章。

[2] 罗征启于2012年11月3日接受笔者的采访。

各种办法获取跨境劳动许可,到香港找工作,回来时尽量带一些当时内地还没有的货品。尽管如此,罗征启认为深圳早年实施了一系列改革,当时的领导知道,要想把事情办成,就必须大刀阔斧、雷厉风行,不能依赖上面点头,这也就是说有时候要"先斩后奏"。罗征启还强调说,重要的是当年的这些为人称颂的深圳领导都"敢作敢为,敢于承担责任"。

梁湘1936年加入中国共产党并很快就去了延安的中央党校学习,后来成为党校的支部书记。在抗战和国共内战期间,他先后担任过吉林省西安县工委书记和县长。1949年10月1日中华人民共和国成立以后,他被中央派到广州,在那里从政30年,从广东省计委的处级干部到广州市副市长、广州市委第二书记、广东省委常委直至广东省副省长,在这以后他才担任深圳市委书记和市长。

同样,袁庚后来担任香港招商局常务副董事长和蛇口工业区总指挥。他在1939年入党并于同年9月被派往惠阳抗日游击队,在那里成了一名军事教员。1940年至1950年,袁庚先后参加了黄谭战斗,后又北上参加了济南战役和淮南战役。1950年他离开部队成为越南主席胡志明的顾问。战后,袁庚在周恩来的领导下从事外交工作,被派往印度尼西亚并参加了在雅加达召开的亚非会议。1968年"文革"期间,袁庚被关入戒备森严的秦城监狱,直到1973年在周恩来的保护下才被释放。1975年袁庚回到工作岗位,在交通部担任外事局局长。袁庚通过周恩来的介绍认识了邓小平,除此之外,他还得到了当时的中共中央总书记胡耀邦、党中央副主席李先念和国务院副总理谷牧的支持。[1]

三位特区英雄中年纪最轻的是罗征启,他比另外二人小20

---

[1] 陈禹山,陈少京.袁庚之谜.广州:花城出版社,2005:108—154.

岁。他原是清华大学的教授，在改革开放初期受到胡耀邦的器重，1983年开始担任深圳大学党委书记、第一副校长。"文革"期间，在一次学生武斗中造反派挟持了罗征启的弟弟罗征敷，把他打了一顿并关到汽车的后备厢里，他因窒息而亡。"文革"后罗征启被任命为清华大学党委副书记。一个当年因为导致他弟弟死亡被判刑的红卫兵报考了清华大学，此人已经服完刑，罗征启亲发一道令，称"历史恩怨"不足以成为阻止该考生上清华大学的理由。罗征启因其公正决定得到胡耀邦的赏识，他被提拔为中华全国学生联合会主席。

敢于承担责任

"敢于承担责任"是改革英雄的特点，这意味着他们拥护邓小平和他的改革派，在新旧交替过程中继续弘扬和加强党的领导。换言之，"敢于承担责任"从政治层面上讲，就是要对党的领导人和对党的领导担负起责任。在毛泽东时代结束以后，邓小平和改革派实施了新的举措以巩固中国共产党的领导地位，这些措施包括市场化改革和国有企业改制。需要指出的是，"勇于承担责任"并非抽象的理想，而是体现在官员们具体的行动中，并且通过关于模范改革者的宣传报道广为人知。下面所讲述的梁湘如何成为一个"英雄"（改革开放时期的典范）的故事说明了中央的决策者们是怎样让深圳先行一步来建立改革试验区的。

1979年，第一代来自内地的干部、工程技术人员和工人来到深圳，他们面对的是一个百废待兴的县城。"包产到户"的责任制已经在宝安县的21个公社铺开，当地农民都踊跃地将他们剩余的农产品卖到广东其他地方和香港。① 县城里有市场和集市，土路将它们连接起来。人们出门多数靠步行，不过也有宽敞一些的马路供机动车使用。广九铁路（广州—九龙）在罗湖有一个停靠站，周边的商业区叫东门市场。1979年年底，深圳的常住户籍人口是31.26万，不包括外来打工者，据说还有1500人拿到了临时居住证。②

特区人口稀疏，基础设施薄弱，行政管理不到位，对于建设开发单位无法实施有效的监督管理。这就意味着当时深圳的建设尚无章可循，一边建一边管。的确，早期的政治口号和"深圳速度"的说法，都是把政府的建设和政府的施政等量齐观。在特区早期的开发过程中，政绩的评估是和东门/罗湖区以及特区西端南头半岛上的蛇口工业开发区的城市化建设密切相关的。简单地讲，深圳早期的建设就是要用现代城市管理制度来取代集体（农村）管理制度。从现实的角度讲，这意味着特区干部首先要搞清楚如何开展基础设施的建设，通电、通水、通路，而这一切都要在当地行政管理尚未完善的情况下完成，也没有省政府和中

---

① 1978年开始的家庭联产承包责任制增加了农村自由市场力量，扩大了自我经营的范围。实施包产到户，农民自主生产并以官方价格向国家出售一定量的产品。然后，他们可以自由地在市场上出售超出承包额的任何产品。关于华北农村改革的历史，参见爱德华·弗里德曼，保罗·皮科维奇，马克·塞尔登.中国农村的革命，抗争与改革.康涅狄格州纽黑文市：耶鲁大学出版社，2005。关于广东省的历史，参见萧凤霞.华南地区土地革命.康涅狄格州纽黑文市：耶鲁大学出版社，1989；陈佩华，乔纳森·昂格尔.陈村：从革命到全球化（第3版）.伯克利：加利福尼亚大学出版社，2009。1981年，包产到户的责任制扩大到大中型工业企业。关于家庭承包责任制的讨论，参见安德鲁·G.瓦尔德.过渡中的邹平县：中国北方农村改革的进程.马萨诸塞州剑桥市：哈佛大学出版社，1998；Derong Chen.中国企业在层级与市场之间：中国合同管理责任制.纽约：圣马丁出版公司，1995；安东尼·Y.古.家庭联产承包责任制：从计划经济向市场经济的转变.经济发展与文化变迁.1990，38（4）：797—820。

② 所有关于深圳的统计数据均可通过深圳市统计局网站http://www.sz.gov.cn/tjj/tjj/、深圳统计年鉴http://www.sz.gov.cn/cn/xxgk/获取。

央政府的督察。正因如此,与全国其他地区相比,深圳第一代领导在特区制度和规范的建立过程中享有更多的自主权,包括下级单位的自主权和决策权,这一点很关键。

在正式的政府机构和相关政策完善起来之前,像骆锦星这样的干部做事都是靠一事一议,通常是在得到工作单位领导默许的情况下进行的。单位领导看重的是结果。比如,1979年骆锦星被调到深圳,担任深圳市房管局副局长。骆锦星的任务是为深圳的工作单位的职工建设住房,包括市政府机关人员和市属企业职工的住房。当时中央政府下拨了3000万元来建市政基础设施,但是骆锦星估计开发4平方公里的土地需要10亿元。到了1980年,需要新的资金渠道这一问题变得更加明显。1980年1月8日,深圳成立了全国第一家房地产开发公司——深圳经济特区房地产公司,隶属深圳市房管局,骆锦星任经理。这家新成立的国有公司成立合资公司、租赁土地、开发房地产和管理投资基金。1980年1月1日,骆锦星和首个在深圳投资的香港投资人刘天就签订合同,共同开发中国首个商业住宅项目东湖丽苑。① 依照合约,深圳市将获得85%的利润,刘天就获得15%的利润。小区开发的第一期和第二期为特区政府赢得500万元。② 这件事尽管是在"改革"的名义下完成的,但在一个五六年前有人还因为养鸭养鹅被打成"走资派"的国家里,这也是一个大胆的举动。骆锦星同刘天就签约这件事是在特区政府成立之前完成的,当时梁湘还没有任深圳的市委书记和市长。因此,这就很能说明问

---

① 刘天就是妙丽女鞋的首席执行官。1979年6月16日,他在深圳进行了第一笔投资,当时他与深圳负责餐饮的相关管理部门签订合同,成立了竹园宾馆,迎合寻求投资机会和美食的香港旅客。
② 李静.拍卖打响土地改革的第一枪.深圳日报.2008-08-11[2013-01].

题了。①

梁湘上任以后很快就促成了一系列法律法规的出台，以保护从前那些超前的做法以及外商的权益。东湖丽苑的建设项目完工一年多之后的1982年11月，特区政府颁布了《深圳经济特区社会经济发展规划大纲》。《规划大纲》许可外商直接投资并且追溯保护三年以前已经立项的开发项目。《规划大纲》为这一非常大胆的举动提供了政治上的支持，梁湘称之为"蚂蚁理论"。蚂蚁觅食通常是由打头的蚂蚁先去侦察哪里有食物，其他的蚂蚁随后跟进。②换句话说，宽松的政策吸引资本主义"蚂蚁"前来觅食。就其本身来说，"蚂蚁理论"是成功的。1980年到1985年之间，深圳在城市基础设施上共投入了60亿元，包括道路、供水供电系统，将20多处居民区、商业区、工业开发区和旅游开发区连成一片。③

这段历史表明梁湘的魄力不但表现在他创新和吸收先进方法上，同时也表现在他愿意对那些已经突破禁区的做法提供政治上的支持。梁湘和深圳其他领导为了保护他人甘冒风险，这在"文革"刚刚结束的年代里显得尤为石破天惊。当梁湘把《规划大纲》提交上去的时候，没有人知道中央的领导会对深圳经济特区那些已经在实施的超出法律法规的做法作何反应。但是大家都知道，究竟要不要通过采取这些做法来刺激中国经济的发展，上面对此争论得非常厉害。并且分歧可能会导致个人的

---

① 1979年至1981年，张勋甫任深圳市委书记，1979年1月23日至1980年6月17日，贾华任深圳市市长。1980年6月到1981年2月，吴南生任深圳市委第一书记、市革命委员会主任。尽管如此，梁湘被公认为在深圳早期发展和精神塑造的过程中发挥了至关重要的作用。
② 著名的"蚂蚁理论"是梁湘当年用来形容新的经济形式的比喻，他也被尊称为"蚂蚁市长"。2012年4月4日，《晶报》刊登了缅怀梁湘的文章《深圳情怀：他们都走了，但血汗和灵魂还留在这里》，http://news.sznews.com/content/2012-04/04/content_6625284.htm。
③ 参见深圳市政府组织编制的《深圳经济特区总体规划》（1986年）第1页。

悲剧，对这一点，在"文革"刚刚结束的年代里，大家记忆犹新。邓小平本人就是因为坚持自己的经济发展观点而在20世纪60年代和70年代遭到多次批判。然而当时需要资金支持建设①，并且香港的投资人就近在咫尺，这就意味着多数务实的做法和资金都是从香港进来的。想当初邓小平决定把特区设在边境上也就是为了利用这一便利条件。梁湘愿意信任他的手下的这些做法并为之承担政治责任，彰显了特区早期领导的魄力和政策上的棘手。深圳基层干事的人由于领导能为他们的行为承担责任，于是就有了"胆量"超常规行事。当这样做事得到出人意料的成果时，全国媒体对于梁湘的卓越领导才干一片赞誉。1984年邓小平南方谈话肯定了梁湘的这些改革措施，梁湘的榜样地位此时达到了顶点。邓小平对于下属的支持与梁湘在深圳的做法如出一辙。

深入改革

蛇口工业区总指挥袁庚所进行的改革则呼应了民众对于经济和政治改革的要求。袁庚在蛇口倡导学习香港的一些先进做法，包括实行劳动合同制等。在特区，民意得到了充分表达。这些举措都是打着社会变革的旗号开展的，尽管它们的政治含义非常清楚，这一点非常重要。此外，在特区，"蛇口精神"有别于"深圳精神"，正是袁庚对民意表达的态度和对"社会变革"的呼吁才让全国人民认识到深圳改革开放的特殊意义。②

对于改革，袁庚比梁湘更加大刀阔斧，因为蛇口工业开发区

---

① 参见黄伟文所著本书第三章。
② 《蛇口风波》一文谈到了蛇口模式对改革开放时期的中国的重要性，见《中国季刊》1995年6月第142期第541—572页。

的政策目标比特区更具灵活性。尽管蛇口是在特区的范围之内，但是蛇口归交通部管辖，不在梁湘任职的特区政府的管辖之下。蛇口相对的独立性源于毛泽东时代建立起来的一套管理体系，在这个体系之下，管辖权首先属于中央部委，其次才是地方政府。简单说就是由中央部委监管诸如全国的运输体系的运作，地方政府对于特区这样的片区行使管辖权。如此一来，部委和地方政府之间若意见未能统一，将可能引发一些问题。①

对于袁庚来说，对社会主义制度的改革意味着领导干部再也不能高枕无忧了。这也是改革旧体制、树立新样板的又一个举措。袁庚认为，当时中国制造的产品质量不高的根本原因是人的素质有待提升，特别是领导干部的素养。②深圳与蛇口的模式差异不大，但是对于改革却非同小可，因为袁庚关注的不仅是提高打工者的素质，还有提高施政者的素质以及政府相关部门的服务质量，其目标是培养态度积极、热衷参与的中产阶级。因此袁庚对于地方和中央的最大挑战在于在干部任命、新闻出版自由及信息传播等方面树立和提倡什么样的典范。

例如，1980年国务院时任副总理谷牧批复袁庚的请示，准许招商局直接招聘员工，不用通过主管部门交通部来任命。按照中国的工作单位制度，交通部接受派来的干部，再派遣到下面的单位。干部的任命既要看政治表现，也要看专业技能。可是由于受到"文革"的影响，干部任免往往更看重政治表现，然后才是专业技能。相比之下，袁庚要雇佣具备专业技能和经验的人员，而不是那些只是政治上靠得住的人。这种让具有真才实干的人走上领导岗位的做法得到中国青年知识分子的拥戴。两年

---

① 参见梅森所著本书第九章。
② 陈禹山，陈少京.袁庚之谜.广州：花城出版社，2005：289—294.

后的1982年，袁庚将这一做法推广到政府行政部门。员工的雇佣通过申请和面试等比较透明的方式进行。袁庚及高层经理走访大学为招商局招募人才。重要的是，蛇口的做法所带来的影响是不可忽视的，可能会推动中国的政治体制改革，因此人们有不同的看法。

袁庚对行政管理体制提出挑战是在1983年，那一年蛇口工业区成立了管理委员会（简称"管委会"）。管委会的任务是管辖整个蛇口工业区，包括市政规划、教育、新闻出版和社会保障等方面。管委会的成员不是由上级任命而是通过选举产生。招商局的所有党员干部都可以参加每两年举行一次的竞选和对管委会成员的投票表决。蛇口工业区的正式职工虽然不能成为管委会的成员但是有权参加投票。参选的人必须是党员，这一点表明这一制度是党内改革，但是袁庚不再用政治标准来选拔干部，而是看专业技能和对于招商局的贡献。这意味着正式职工可以晋升为干部，这样基于他们在蛇口的工作，他们就有资格成为管委会的成员。这一工作单位内部的晋升制度让蛇口工业区一下子实现了民主化，因为在蛇口，所有人包括工厂的工人都是招商局的正式职工。袁庚原来计划将干部任免的普选制推广到整个深圳，将部委的改革引入到地方上来，但是中央领导做出了一个折中的方案，将招商局并入一个股份制公司，属于国有资产的招商局占有新的董事会里面的4席，余下的7席由蛇口工业区选举产生。重要的是，这个折中方案对于民营公司的内部制度改革意义深远，因为这实际上是借鉴了香港一些企业的经营方式。在这种方式下，国家委任企业的董事长，董事会成员由地方股东选举产生。

袁庚努力将蛇口的工人居民转变成具有投票权的市民，他领导组建的蛇口宣传处最能够说明这一点。

1985年,《蛇口通讯》收到并刊登了一封致总编辑的匿名信,这封信对袁庚的改革提出批评意见,指出蛇口建设中的一些问题,譬如开办公司过程中遭遇的官僚主义、蛇口外商质量低劣、人口迅速膨胀但城市设施跟不上等等。作者把袁庚的那句口号"时间就是金钱,效率就是生命"改成"效率就是生命,效率出自管理。如果工业区的管理跟不上,那就会失去生命力"。[①]这封信的作者援引管委会的民主管理体制,直接批评了袁庚和董事会。《蛇口通讯》编辑部三次将该信送袁庚审阅,以期得到批准刊载。袁庚不但同意刊载此文,同时还表示今后凡不涉及批评党的领导及其大政方针的文章的登载无须经过蛇口领导的批示,即使文章批评蛇口领导的工作也应如此对待。这一出人意料的开放举措促使《蛇口通讯》发起了"新闻沙龙",每周讨论蛇口工业区的民主与法制发展相关议题,而工业区是独立于当地政府、由国有企业管辖的一个区域。

深圳大学开拓未来

无论是从地理位置上讲还是从政治意义上讲,深圳大学都是处在外来投资建设的深圳新城与进行社会试验的蛇口工业区之间。与上述两者不同的是,深圳大学是一个学术机构,在20世纪80年代的深圳的政治环境之下,这一点为深圳大学开展社会和政治体制改革提供了保护伞。作为学术机构建立起来的深圳大学,其前校长罗征启在1987年至1988年秋季学期的开学典礼上为"深圳精神"给出了定义,那就是参与深圳的建设是自我奉献、爱国主义和高尚情操的体现:"同学们,你们来到了哪里?

---

① 鞠天相.争议与启示:袁庚在蛇口纪实.北京:中国青年出版社,1998:223—224.

这里是特区……现在你们来到这里加入到特区建设的大军里来,是建设深圳的一支生力军。从今天开始你们就是特区的建设者。"①

此外,罗征启1987年的讲话里明确表达了深圳的建设不仅仅是经济转型。他向同学们解释,办特区的目的是要通过培养新的公民来振兴社会主义,他说:"每年当新学生到达时,大学会给你们每个人四个观念,那就是实事求是、独立自主、宽容和创新……我刚才遇见四位本科和大专班高年级的学生,他们告诉我愿意去相当贫穷的企业去工作,这样他们才能够在工作岗位上得到真正的锻炼和考验。他们愿意去低薪的单位而不是去高薪单位。我感到他们有理想,我认为深圳大学的学生就应该这样。"

此时,毕业班的学生们即将步入他们在深圳学习的第五个年头,因为他们1983年被深圳大学录取时校园还没有建成,当时只有一块地以及梁湘的承诺。梁湘承诺深圳市将出资建设新校园,支付教职员工的工资并且为学生交学费,全部费用加起来超过了当时整个深圳市的财政预算。罗征启是学建筑学专业的,他带领学生们开始了他们五年的学业,除了上课以外,还设计和建造他们自己的校园。为了鼓励学生们树立竞争与责任等新的思想价值观念,罗征启将学生们编入不同的施工队,负责各个建筑的设计并且将他们的建设蓝图呈现给由校长和刚成立的建筑学院的教师们组成的评议组。胜出的建设方案由学校组织施工。换言之,深圳大学的建设本身就是一件富有寓意的事情:通过树立新的价值观来支持技术专家和思想开明的人来治国理政,振兴中华。

邓小平在他的第一次南方谈话中肯定了深圳大学的这一做

---

① 罗征启.1987年深圳大学新一届新生开学典礼讲话.(2008-10-19).http://mcs.szu.edu.cn/Forum/49742.

法。1984年邓小平的车队在前往蛇口时途经深大校园一开始大家不相信深大已经开学了，因为在枝叶繁茂的荔枝树下那些由临时建筑、简易房屋和塑料椅凳组成的教室实在让人看不出这是一所大学。但是当大家看到经过一年的建设初具雏形的大学校园建设工地时，据说邓小平夸赞道："这就是深圳速度！"的确，那批1983年入学的学生到了1988年毕业之际，已经参与设计和建造了一个功能齐全的大学校园，包括办公楼、教学楼和图书馆。他们还在依山靠水的地方设计建造了教工宿舍和学生宿舍、食堂、学生活动中心和招待所。学校的建筑格局反映了罗征启的想法。深圳大学与传统的中国大学校园不同，不是四周建起围墙，而是一个开放的校园，人们无须验证身份即可直接进入校园，到图书馆阅读（须办卡）或者在湖边散步。

深圳大学由自己的学生、教职员工和校长共同参与建设起来，昭示了特区精神的英雄气概并且为全国建设发展树立了新的榜样。深圳大学的这一知识分子群体形象同深圳特区和蛇口的建设者一样，都是在具有魄力的领导带领之下为实现建设目标付出巨大努力的一群人。就深圳大学来讲，这个目标就是大学的建设。这些目标不但被描述为落实改革开放政策的举措，并且被人们看成是改革开放获得巨大成功的标志。让学生们建筑自己的大学印证了特区精神的两个方面，一方面是具有魄力的人们的奉献，另一方面是中央领导确立的特区先行一步的政策。换句话说，深圳的英雄事迹既是在群众的参与下也是在中央政策的支持下产生的。同时，这一成果的取得与全国新闻媒体的广泛报道和赞誉是分不开的。

学生参与校园建设同时说明深圳在中央高层的改革分歧之争中所占的地位。大学生本身和建筑工人以及深圳的领导并不能够决定他们所做的工作的意义和价值，中央领导保留对改革开放举措的最终解释权。正因为如此,人们才以"勇于担当责任"作为评价改革带头人的行为准则,这样才能够让来自基层的作为在政治上变得可行。

戴维·格雷伯曾说过社会是一项正在进行中的工程(也许不止一项),"让行动者的行为在更广泛的现实或者想象中的社会环境里获得意义,从而决定他们的价值"。[①]在深圳,改革开放政策体现在实际的、可以评估的成绩中,包括生产力的提高、校园的建设和地区生产总值的增长。

出人意料的结果

1987年,锐意改革的胡耀邦辞职。反对资产阶级自由化运动表明了中国社会在多大程度上向西方思想开放,以及在多大程度上能够接受对既有体制的挑战。在这些问题上,中央领导的意见有分歧,但是深圳的领导一如既往地支持手下人采用大胆的改革措施。当时中国青年思想教育研究中心的李燕杰、曲啸和彭清一等人到深圳来考察,希望了解改革开放政策在务实和政治思想领域对年轻人的影响。他们来到蛇口,当地的党支部邀请他们与一群青年工人交流。那时候来访的大人物与当地领导以及工人群众的交流都是依照事先排练好的程序照本宣科进行的。这次一开始也照样由领导出面称赞改革开放政策之英明正确。

交流没有能够按照事先的计划进行,很快变成了争论"淘金者"的含义是什么。这个词是用来谴责那些为了个人利益而不是

---

① 戴维·格雷伯.人类学价值论:我们梦想的假象.伦敦:帕尔格雷夫·麦克米伦出版社,2001:254.

为国家和集体的利益而奋斗的人的。有些人声称为了追求个人的物质利益而奋斗是反动的，不利于中国的现代化，这遭到蛇口年轻人的反驳。他们认为蛇口的发展不只是由于人们的爱国主义情怀，而是他们想挣到工资。其次，这些年轻人说经验告诉他们，人人努力工作挣钱本身就是爱国主义的具体体现，因为他们的努力不断积累就能够改善社会环境。再次，年轻人指出，在蛇口，贫富不均已经显而易见。他们强调自己就是为了挣钱才来蛇口工作的，因为工地上的工棚和工厂宿舍的条件比全国其他城市里的工作单位的条件要差。①

考察团回到北京以后，其中的一个团员郭海燕写了一篇文章分析"宣传的方式"，将考察团视为老师，蛇口的青年被看成是不礼貌的学生。对此《蛇口通讯》刊载了一篇文章驳斥这一观点，认为把这种宣传看成是上下级之间的对话是老套的做法。对于他们来说，国家更需要人与人之间的平等对话。《人民日报》的实习生曾宪斌采访了参加对话的人并且在报上刊载了采访的内容，结果，这次"蛇口风波"变成了全国性的事件。改革开放究竟向何处去，人们在这些采访对话中各抒己见。这篇文章支持蛇口青年的观点，那就是个人为了工资和奖金努力工作，其结果是大家都为社会做出贡献。

蛇口工业区总指挥袁庚在回应曾宪斌的文章时同其他的被采访人不一样，他没有理会这些讨论的内容，只是谈了他对讨论形式的看法，说明他不但清楚"蛇口风波"的意义，同时也知道他要对由此引起的讨论负责。首先，袁庚明确，在蛇口，民主讨论已渐成风气，那种把宣传教育当成对话的模式是无法吸引青年人的。其次，他强调，在蛇口，"言者无罪"，他认为年轻人即

---

① 蛇口风波.中国季刊，1995-06，(142)：543—544.

使说的观点不正确也可以被允许,宪法赋予公民持有不同观点的权利。作为蛇口的领导,他要提供这样一个环境,这是他的责任。《人民日报》的一位编辑指出:"所谓'蛇口风波'不仅仅是在蛇口这个小地方发生的一个事件,这反映了思想政治领域里的全国大辩论,这是迟早要发生的事情。"[1]

坚持党的领导

1992年,邓小平再次来到深圳。深圳国贸大厦的建设曾创造三天一层的纪录,邓小平称赞此为"深圳速度"。不仅如此,他还在国贸大厦的顶层,面对蓬勃发展的都市,强调要贯彻1978年中共十一届三中全会[2]所制定的路线方针和政策。

1978年十一届三中全会提出的基本路线是"一个中心,两个基本点",就是要以经济建设为中心,坚持四项基本原则和坚持改革开放。以经济建设为中心就是要改变以"阶级斗争"为纲的立场。这就是为什么要在"蛇口风波"中淡化阶级差异这一议题。坚持四项基本原则则明确表明改革不但要让中国富强昌盛,而且要在共产党的领导下来实现这一目标。

2012年年末,习近平当选为新一届中共中央总书记,重新举起深圳改革大旗,推动反腐倡廉。特区改革先锋以及他们的成就再次登上中国政治舞台。习近平在担任总书记后的第一次讲话里引用了一句话:"空谈误国,实干兴邦。"袁庚也曾引用过这句话。接下来,习近平作为总书记第一次离京视察就来到深圳。他不但沿着邓小平1984年和1992年南方谈话的主要路线进行了考

---

[1] 蛇口风波.中国季刊, 1995-06, (142): 545.
[2] 这次会议确立了邓小平在中共的领导地位以及进行改革促进经济和社会发展的必要性。

察，还去了两个具有特殊意义的地方，前海深港现代服务业合作区和腾讯公司。值得注意的是，这次中央领导人又到深圳来，将之视为全国的示范城市。特区早期的建设成绩之一就是让中国人与全球经济能够逐步融合到一起。总书记视察前海深港现代服务业合作区强调了深圳与香港经济合作（起码是在基础设施建设方面）的重要性，这方面的合作将在华南开创新的社会局面。同样，视察腾讯强调特区政策如何通过改变经济面貌使社会繁荣起来。20年前邓小平赞扬补偿贸易的做法，与之相比，对腾讯的考察强调了深圳新兴高新技术产业所发挥的作用。

第三章
深圳溯源：北京、香港和宝安

黄伟文

黄伟文，未来+学院联合创始人，城市研究者和城市设计工具开发者，曾任原深圳市城市规划与国土资源委员会副总规划师、深圳公共艺术中心和深圳城市设计促进中心主任，2009年至2010年是哈佛大学设计研究院Loeb访问学者。自2005年起，他是深港城市\建筑双城双年展（UABB）的主要策划者和推动者、土木再生城乡研究所联合发起者和推动者。

深圳速度

原宝安县毗邻香港北部，1979年升格为深圳市。1980年深圳经济特区建立，成为全国改革开放政策的窗口和试验区。接下来的30年，深圳人口激增，年增长率达到12%。例如，1980年，深圳的人口为34万；2010年，官方普查人口达1036万，而管理人口已经增至1400万。同一时期，深圳市生产总值从最初的4290万美元增长到2012年的1520亿美元，平均年增长率高达30%。具体来讲，1980到1995年，深圳市生产总值以平均年增长率47%的速度增长，1996至2010年，深圳市生产总值以每年19%的速率稳定增长。① 但是,最能代表深圳速度的其实是建筑业的建设速度。过去,人们用"深圳速度"来形容深圳国际贸易中心大厦的建设,工人们每三天建一层楼,仅用了三年一个月的时间就建好了这座53层的摩天大楼。② 总而言之,被计划经济和极左路线抑制多年的社会经济生产力在这里得到了释放,深圳"爆炸式"地发展起来。③

"时空压缩"这一概念恰当地概括了深圳繁荣的总体过程,即工业化、机械化和技术进步等社会过程缩短了生产、物流和信息传递所需的时间。④ 事实上,正像世界其他工业资本主义制度下繁荣的城市所经历的那样,实现深圳速度靠的是城市人口流动、出口产品生产和电信基础设施建设;但是深圳发展的与众不同之处在于其发展的规模和为中国其他地区带来的示范效应。与此同时,深圳基础设施的迅速发展,使其比较优势在20世纪80年代出现的经济全球化过程中变得举足轻重,全球经济

---

① 相关数据可通过深圳市统计局网站查询。
② 参见本书第二章有关"深圳速度"来源的另一种说法。
③ 深圳市政府(及其下属机构)为使政策决定更加透明,已经将统计文件和规划文件上传到各自的网站。如需查阅统计数据,请登录深圳市统计局网站;如需查阅城市规划地图,请登录城市规划署网站(http://www.sz.gov.cn/cn/xxgk/jqgh);如需查阅城市规划分析,请登录深圳市城市规划设计研究院网站(http://www.upr.cn)。1984年邓小平视察南方时确认了计划经济转变为市场经济的价值,关于深圳的研究一直都是有关经济、社会和文化改革方面的中国思维。除了国家级和省级有关研究深圳经验的活动外,深圳大学为了研究和传播深圳相关信息,成立了深圳大学特区台港澳经济研究所(2000年更名为"深圳大学中国经济特区研究中心"——编注)。早期关于深圳的研究不仅信息丰富,而且充满了对特区的热情,代表文本包括:陆振华.深圳.北京:中国海洋出版社,1985;倪元铬,等.深圳:迈向社会主义市场经济.北京:人民出版社,1999。
④ 现今有关时空压缩的经典讨论,请参见戴维·哈维.后现代条件:对文化变迁起源的探究.马萨诸塞州剑桥市:布莱克韦尔出版社,1990。关于空间的社会生产的早期论述,请参考亨利·勒贲布尔.空间生产.牛津:布莱克韦尔出版社,1991;马克·戈特迪纳.城市空间的社会生产.奥斯汀:德克萨斯大学出版社,1994。

发展的重心也随之从美国转移到了东亚地区。①深圳建设的速度意味着每次城市总体规划的出台都为重新定位其经济发展，并根据城市发展变化对城市布局做出相应调整提供了机会。1982年，深圳的城市规划提出了带状组团式发展，各区之间相互连接但各自的功能相对独立；1986年的规划提出建设一个以工业制造为中心的综合性、现代化特区城市；1996年的规划拓展了深圳早期的目标，要把深圳打造成一个现代化经济特区和国际化城市；而2010年的规划则期望深圳成为在IT、金融和生命科学等产业中具有高附加值的城市。总体规划每一次更新换代都代表了深圳在重新调整，引领这座城市实现其社会和经济发展的目标。另外，总体规划强调了城市规划在城市发展及与之相伴的城市形态的形成中的重要性。

有意思的是，尽管深圳城市大规模地快速发展，但却没有出现住房短缺，或者在为公众提供基础设施方面出现严重问题，也没有出现大城市典型的穷人聚居区。而在过去的30年里一些老工业城市常常人去楼空，世界各地发展起来的新都市如孟买、里约热内卢和太子港都出现了贫民窟。城市发展无视贫民窟，那里没有水电等基础设施，成为"孤岛"。世界各地的贫民窟都是这样的情况，居民们没有干净的饮用水、享受不到卫生服务和健康的社区环境，尽管他们的居所和城里的有钱人生活的深宅大院也就一墙之隔。在发展过程中，深圳这座城市分享经济现代化带来的便利，同时并没有出现任何上述的这些老

---

① 介绍全球资本主义中心正向东转移这一观点的著作包括乔凡尼·阿里吉.东亚在世界历史上的崛起.纽约州宾厄姆顿：费尔南多布罗代尔经济、历史系统和文明研究中心，1996；阿里夫·迪里克.后革命氛围：走向全球资本主义.新罕布什尔州汉诺威：维思大学出版社，1994；参见阿里夫·迪里克，编.环亚太经济圈之反思.马里兰州兰哈姆：罗曼和利特菲尔德出版社，1998。关于深圳这类经济特区如何影响当下全球变局，请参见本书第一章巴赫的分析。

问题，令世人刮目相看。在国内，深圳作为花园城市和模范城市获得了广泛赞誉，并获得了众多奖项。国际上，1992年联合国授予深圳市住宅局"联合国人居奖"，1999年世界建筑师协会（UIA）授予深圳"阿伯克隆比爵士奖"荣誉提名奖。深圳的发展不仅影响了整个中国城市化的规模和速度，也成为其他城市发展学习的典范。

本章所要回答的问题是："深圳的高速发展和城市化进程的成功是通过什么样的机制和思维方式实现的？"人们或许可以通过调查经济特区早期历史中交织在一起的政治、经济和本土因素来找到问题的答案。值得一提的是，在当地的城市发展和（特别是在经济地理方面的）学术辩论中，人们试图用地图上的变化把这些影响力的源头表现出来，或者说这是一种想象。例如，"北京"代表国家权力，"香港"代表境外资本和自由经济的思想观念，来自香港及海外的因素对于深圳有很大的影响，而"宝安"则是代表特区建立之前的本地居民和农村集体经济制度。换句话说，就像我们所看到的破除宝安旧的体制、规划深圳的发展以及应对世界体系的变化等等，深圳的城市建设是一个复杂的过程，人们不禁要问，深圳模式究竟在多大程度上能够套用到全国其他地区的城市发展中去。

重新划定行政区划

中央在深圳建立经济特区是为了实现其政治和经济发展的目标，为此要对当时的农村集体经济做出调整，借鉴香港的发展模式。例如，对于中央来说，撤销原宝安县改设深圳市，就是为了改造计划经济体制，组成一个更高效、更具生产力的行政区。这种做法不仅实现了国家目标，同时也确保了改革开放后共产党的领导地位。①对香港来说,这一地区过去在集体经济体制下经济水平落后,现在深圳对外来投资和国际贸易重新开放,曾经在经济上有着千丝万缕联系的珠江三角洲将重新崛起,成为全球经济的一个重要节点。把中央和香港对这一地区的态度进行对比,突显了利益攸关方的多样性和对深圳发展历史沿革的不同看法。

1898年,清政府和英国官员将深圳河作为新安县(1914年更名为宝安县,深圳建市之前的名称)和英国殖民统治下实行自由贸易和市场经济的香港之间的边界。(图3)香港成为转口贸易港后,不仅加强了过去以广州为中心的本地市场和商品生产,而且更便于英国人从中获得剩余价值。但是,1949年中华人民共

图3　1819年新安县地图,出自《新安县志》;五角星标注的位置是坐落在珠江畔城市西部的新安县早期的县城。

---

① 请参考本书第二章马立安有关政治家如何利用深圳推进国有企业改革的论述。

和国成立后,深圳河两岸的经济形势变得截然不同。河的一侧是英国殖民统治下的香港,另一侧是中国计划经济体制下实施农业和渔业集体化的宝安县。冷战时期的全球经济扩张带来香港经济的繁荣,而当时的中国建立了社会主义制度,施行中央计划经济政策,并且在早期还经历了"大跃进"。虽然架设了铁丝网,但这并没有完全把两地隔离开。中央通过一些跨境项目将深圳和香港的基础设施连接到一起。例如,1963年周恩来总理特批建设东深供水工程。

然而,香港对于宝安县的居民来说,诱惑力太大了。当时香港人的收入是宝安人的100多倍,这一落差造成在过去30年间,为了享受香港相对富裕的生活,100多万南方人冒着种种风险偷渡到香港。当地一些有关深圳崛起的故事中描述,特区建立之前,年轻力壮的男人为了挣大钱都跑到香港去了,破败的村庄里只剩下了女人和孩子。事实上,宝安有几处村子,例如,马料村、径肚村、高岭村等,因为村民集体跑去香港而成了"鬼村"。

邓小平指出,逃港问题是错误路线所导致的,依赖边境管控和军事措施是解决不了的。作为一个务实的政治家,他也意识到中国和发达国家之间的经济差距会带来越来越多的政治风险。1978年,中国实施改革开放政策。之后宝安县被选为中国改革开放的试验"窗口",吸收香港的资金、技术和管理经验。1979年,宝安县升为深圳市。1982年设立了长达84.6公里的特区管理线,俗称"二线",将深圳市划分为占地327.5平方公里的经济特区和关外地区。1981年重新设立了宝安县。重要的是,原宝安县最初的改造并非建立深圳经济特区,早在特区建立数月之前,这里就设立了招商局的蛇口工业开发区。从下面列出的时间线,我们可以看到1979年至1981年期间深圳市的设立及此后深圳经济特区和新的宝安县的重新划分,它展现了城乡二元经济的模式和特征。1980年8月26日,《广东省经济特区条例》获得全国人大常委会通过,这一天也就成了深圳经济特区的生日,1982年,深圳市编制了《深圳经济特区社会经济发展规划大纲》。

1979年至1981年:深圳市,深圳经济特区,新的宝安县

1979年3月,宝安县改设为深圳市;

1979年7月,成立蛇口工业区,受交通部下属企业招商局管辖;

1980年8月,建立深圳经济特区(约327.5平方公里),包括深圳、沙头角、附城、福田、南头和蛇口等公社;

1981年10月,恢复宝安县(约1625平方公里),作为深圳市下辖的一个行政区;深圳包含17个公社:大鹏、葵涌、坪山、龙岗、坪地、横岗、平湖、布吉、观澜、龙华、十堰、西乡、沙井、福永、松岗、公明和光明华侨畜牧场。

1979年宝安县改设为深圳市,1981年恢复宝安县,辖深圳经济特区外原宝安县区域,这对深圳城市化进程有着举足轻重的意义。尽管政治体制改革使地方获得更多的权利,但是一些当地社区的村民自治并没有获得认可,无论是历史悠久的老村子还是建筑工地和工业园附近形成的新社区。第一,把深圳市划分为经济特区和新的宝安县是延续了毛泽东时代的做法,是把城市的运作机构和乡村的合作社作为行政管理基本单位的二元结构。第二,中央政府动员全国尤其各省级部门对特区投资,忽略了新宝安县的发展。这些国有企业享受国家的投资、专业技术支持和自然资源,在经济特区内实施改革开放,实际上

削弱了新宝安县后来的城市化进程。第三，由于缺乏国内投资，宝安县和经济特区为了企业的快速发展开始寻找国际资本和技术投入。早年间，大部分的外来投资来自或经过香港。所以，"深圳速度"不单单是因为政治上放宽了对各行业的限制，允许农村参与工业生产（之前工业生产只能在城市进行）从而释放了生产力。准确地说，曾经导致内地和香港分隔的那些限制也被移除了，农村与城市的企业家及他们的企业在"新宝安县"和"经济特区"重新融合在一起。深圳市宝安县和经济特区的划分迫使城市发展规划做出改革户籍制度的尝试。自20世纪50年代起，户籍制度为中央政府实施全国人口规划与管理提供了制度支持，限制了城乡人口流动。政府根据人们的法定地址供给食物、工作、教育和医疗服务，从而实现有效的管理。比如说，一个有宝安户口的人，可以在当地有一套房子，可以得到分配的粮食、食用油和酱油等必需品，可以在公社或工作队里获得一份工作，可以在当地的诊所或医院享受医疗服务。然而城市的住房、食品、就业、教育和医疗质量明显高于宝安县等农村地区；户籍制度促进了国家的经济规划，却导致了中国社会的城乡差别。换句话说，深圳市划分为特区和宝安县的这种做法延续了城乡差别。值得一提的是，虽然深圳现有的户籍制度是全国最先进的，原宝安县居民也已经获得深圳户口，但是城乡差别依然表明，在深圳的城市规划（和管理）中，乡村城市化进程虽然进展迅猛，但是这一进程中仍存在不平等现象。

北京：边界的划定和组团式发展模式

1992年，一首歌颂邓小平南方视察的歌曲《春天的故事》传遍大江南北，讴歌了他对经济特区建立的支持。歌词中唱道，

"有一位老人在中国的南海边画了一个圈",这条特区边界俗称"二线",不是深圳与香港之间的"一线"。1978年11月,袁庚在北京向时任国家副主席李先念汇报工作,请他批准招商局在蛇口(深圳)创建工业区。袁庚描述道,他向李先念展示了香港地图,并指出地图的边缘就是蛇口,这里是南头半岛南部的一个港口。李先念拿出笔,画了一条线,说:"就给你这个半岛吧!"这个地区的面积超过了80平方公里,袁庚评估了一下现实条件和风险,继而画了一个较小的圆圈,从此他就担起了开发蛇口的责任,这个半岛临海处是港口,原本只有2.14平方公里的面积。这幅地图作为文物仍然保存在蛇口工业区的档案中,在北京画的两个圆圈仍然很明显,记录了中国第一个改革开放试验区——招商局蛇口工业开发区的诞生。[1](图4)

《春天的故事》这首歌曲和建立蛇口工业开发区的故事展示了国内媒体如何描绘深圳的重新规划。地方主政者和城市规划者的工作就是规划和建设这片被中央以及地方领导画了圈的土地。先画圈后将相应的土地分配给各部和国企,甚至商业地产开发商,这样一个模式是为了吸引资本并快速得到回报。在某些情况下,政府委托企业和商业开发机构实施公共管理和服务,在中国其他地方,这一职能显然是由政府承担的。深圳的经济不断蓬勃发展,中国媒体的宣传抚今追昔,歌颂当年画的圆圈是一种高瞻远瞩的政策决断,邓小平被尊奉为深圳经济特区发展的总设计师。

除了蛇口工业区和由"二线"圈出的经济特区,深圳还有不少类似的圈起来的地段,规模各异,地区密度也不尽相同。以深

---

[1] 有关蛇口改革模式的详细记述,请参考涂俏.袁庚传:改革现场1978—1984.北京:作家出版社, 2008。

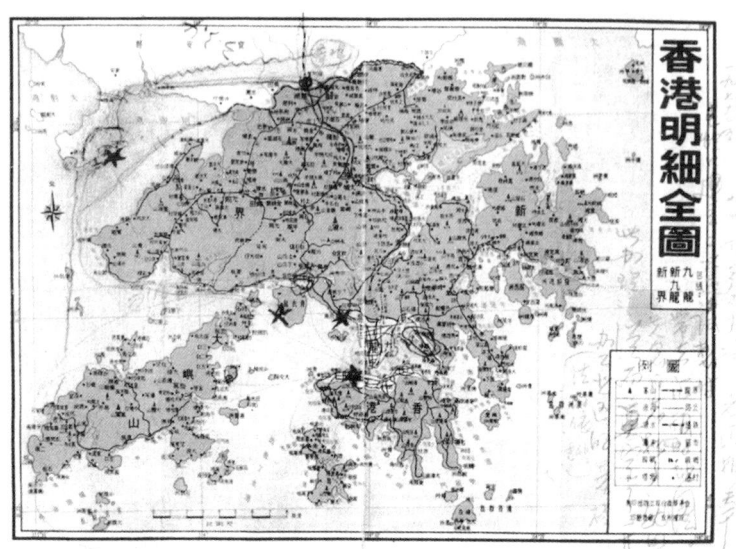

图4 1978年使用的香港地图,包括了九龙和新界。地图上有用红色蜡笔、黑色钢笔和铅笔手绘的记号,是李先念和袁庚所做的标记,由此确定了"蛇口工业区"的位置。(经招商局历史博物馆许可转载)

圳西部紧邻珠江的南头半岛的发展历史为例,蛇口位于南头半岛最南端。1979年,招商局在这里圈了一片不大的区域,形成一个以工业、住宅和商业为一体的综合区。1983年,南头半岛与陆地相连的一侧划拨给深圳大学,占地面积2.9平方公里。1984年,合资企业南海石油深圳开发服务总公司成立,政府将蛇口和深大之间约23平方公里的土地交由其进行综合开发建设和经营管理。南油开发区显得比较混乱,没有一个与四周相连的交通网络。1989年,一堵墙和几个大门将深圳大学与周围隔离的同时,也使南头半岛变得更加孤立。

我们考察特区其他地段的发展,发现整个深圳都在复制南头半岛的组团式开发模式。从深圳大学的北门出来,我们便从南头半岛深入到城市腹地。1985年深圳科技园成立,占地10平方公里[①],坐落于深圳大学以东。该园区计划主要用于支持高科技产品的研发,其地势开阔,人口密度较低,有宽阔的道路,绿树成荫。设立科技园那一年,科技园东边与之相邻的占地12平方公里的沙河华侨农场划分出占地5平方公里的华侨城,后又有占地7平方公里的白石洲。白石洲成为深圳最大的几个城中村之一,而华侨城则开发成了商业地产。华侨城和白石洲被进一步划分为主题公园、住宅区、小型工业区等其他较小的区块,所以这里也在重现组团式的开发模式。

深圳其他划定的地段包括20世纪80年代初由原国家电子工业部、航空工业部等开发的上步工业区,以及同年由本地工程公司开发的八卦岭工业园。除此之外,还有国家政府资助的园岭(1983年)、白沙岭(1987年)和滨河社区(1989年)等大型住宅小区的开发。自1987年深圳举行首次土地拍卖以来,房地产开发公司开发了许多有围墙或不对外开放的楼盘。1989年,一家香港的合资企业开发了天安工业园,1991年起福田划出一片面积为1.4平方公里的土地用于保税区的开发。1992年邓小平南方谈话后,政府继续投资深圳,划定了莲花一村和莲花二村(1992年)、莲花北村(1993年)、益田村(1996年)和梅林村(1998年)。

深圳的每个开发区或者工业园都是独立规划和开发的,所以它们的规划目标、作用、规模和形态各式各样,这些丰富多样的资源和发展战略促进了深圳的快速发展。然而随着时间的推移,这些自成一体的开发园区同城市总体规划相抵触的情况

[①] 原文如此。另据《晶报》2019年8月5日的文章《34年前,深圳开工建设的这个"科技园"非同寻常》,1985年1月,深圳市委常委会讨论通过了科技园地址,规划面积为3.2平方公里。1996年,经当时的国家科学技术委员会批准,深圳市政府将包括科技园在内的多家工业园整合成面积约为11.5平方公里的"深圳高新技术产业园区"。——编注

变得愈加明显。例如，这些园区往往拥有自己的交通道路，从一个园区到另一个园区或者在园区内穿行都变得很困难，这让园区变得越发孤立，导致人们对机动车辆和高速公路的依赖性增强，虽然居民也会寻求通过园区之间的小路直达目的地。政府不得不又再推进连接各个园区的道路的建设。例如，深圳市规划并实施了旨在促进机动车道畅通无阻的"七横十三纵"干线路网的建设。但是，考虑到园区的内部布局，高速公路和立交桥系统其实将城市切割成了更小的地块。最明显的例子就是将这座城市与海岸线隔离开的滨海高速公路。

户籍制度依靠这种组团式发展战略，同时也对其起了加强作用。深圳的官方人口是以户籍制度为基础的；表面上，城市规划只为了有深圳户口的居民。在官方规划中，人口统计基于现有户籍人数和预期户籍人数，但是，事实上深圳官员知道特区未登记的居民人数远超过已有的深户居民人数。户籍人口与实际人口数据之间的差异突出了具有抽象性、规范性特点的中央规划在深圳城市化进程中（更不用说新宝安县的情况了）所遇到的问题。例如，城市建设和操作工厂设备需要大量从农村来到城市的农民工，这一人群十分庞大，有好几百万人，但他们没有本地户口，这就是深圳要面对的一个紧迫的问题——他们不是在册的"本地人"，但是这座城市仍要为他们提供生活所需的衣食住行。

此外，深圳以往出台的城市总体规划甚少涉及当地"农村"（包括新宝安县和许多新村）和没有深圳户口的外来农民工。事实上，1982年和1986年的总体规划只涉及特区内的地区，甚至特区内的城中村由于属于"农村"，其人口（以及村民手中的土地）也未被包括在这些城市总体规划中。（图5）官方统计数据与实际的人口数量和土地面积之间有很大差距，因为统计数据仅代表城市人口和土地面积的一小部分,这使得城市整体规划及其实施变得异常困难,需要不断做出调整和修改。即使把新宝安县重新划分为深圳市的宝安和龙岗两个下辖城区后,这种不够重视"农村"的做法仍在继续。例如,在深圳改革的第一个和第二个十年间,预期户籍人口与实际人口数量相差甚大。1985年预计2000年特区的户籍人口为110万,1996年预计2000年深圳市户籍人数将达到400万、2010年特区的户籍人口将增至430万。但是,2000年人口普查数据显示关内人口为256万,宝安区和龙岗区人口为706万。带状形、组团式开发模式和户籍制度为深圳带来的社会难题是,越来越多的土地被隔离开供少数人使用,同时越来越多的外来人口不得不在日益变小的城中村暂时栖身。

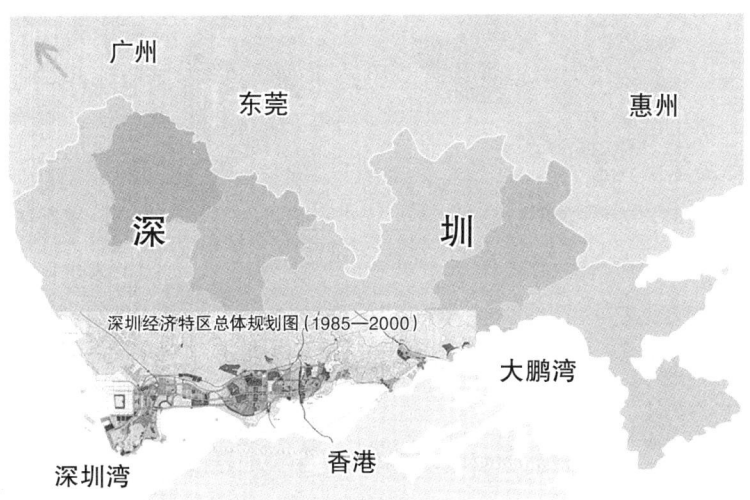

图5 深圳经济特区总体规划图(1985—2000)与深圳版图。由图可见,1986年,深圳大部分地区尚未在特区规划范围之内。图片由黄伟文合成。

深圳的封闭式社区起源于二十世纪五六十年代建设的居民区和单位大院,是计划经济时代遗留下来的产物。重要的是,住宅区和工作单位职能单一,住在里面的清一色都是本单位的人,同外界没有什么交往。因为没有足够多的居住人口,周边缺乏配套的商业设施和便利的路网,因此难以建立起城市街区生活。1984年,在编制深圳首个总体规划时,中国城市规划设计研究院的规划师提出深圳经济特区城市结构的带状形、组团式发展模式。事实上,这个模式是另一种画圈子的形式。城市带状形、组团式发展模式的根源可以追溯到1958年,当时北京的总体规划采用了"分散集团式",使用大型绿化带划分出不同的开发团块。使用绿化带的目的就是为了使快速扩张的城市能够空气畅通,有足够的植被覆盖,以及在出现灾害时提供城市应急空间。2005年,深圳的所有绿化带成为一个大生态保护圈的控制线,覆盖了全市1952.84平方公里面积的一半。画定这个生态控制线、整合全市的土地资源需要勇气和远见,因为这些地方原来都归各级政府部门和企业管辖。另外,就深圳土地资源的开发和快速消耗而言,这个生态圈有着巨大的价值。深圳的土地开发利用除了按照城市总体规划进行之外还有一种形式,那就是新村的出现。这部分会在本书第三部分中深入讨论。这里需要指出的是,这种带状形、组团式开发模式的顶层设计与深圳的实际人口和基础设施需求之间存在着巨大差异。

香港:有选择地放宽限制

追溯深圳以往的城市发展,我们发现深圳与香港的关系一直是其最具决定性的地理因素之一。事实上,任何在二十世纪八九十年代抵达深圳的人都能感受到香港对深圳人日常生活的影响之深。不能够拿到香港旅游签证的外来工可以在当地派出所申请特别通行证进入深圳东部沙头角的中英街。中英街顾名思义就是中国内地与当时英国殖民统治下的香港的分界，人们在那里可以买到内地买不到的东西，体验一下香港生活。20世纪80年代的中国内地还相对比较落后和孤立，深圳日常生活的"香港化"既刺激也令人担忧。这也是深圳学习香港普遍商业惯例的产物，例如合资企业、股权、股权交换、工程项目招标、计件奖励、有偿使用土地和此后实行的公开招聘等。

随着蛇口工业开发区和深圳经济特区的建立，香港和其他发达地区常见的经济活动的规则和政府管理的制度成为深圳大规模社会试验的对象。为了让市场经济制度下的做法在深圳合法化，政治上放宽了对以下五个主要方面的管制。第一，实行家庭联产承包责任制，允许农民自主耕种土地并在市场上销售农产品。这一政策还使得原本在家里务农的农民可以出来打工。第二，工厂实行联产计酬奖励制度，对工人的报酬上不封顶。第三，允许企业家组织生产和扩大生产规模以满足市场需求。第四，开放相对自由的贸易、产品或消费品定价权和土地使用权转让等，使市场行为更灵活。第五，放宽资本限制，投资不再被视为剥削。随着政策限制的放宽，从前被抑制的经济和社会能量被释放到生产中来。与此同时，借助香港积累的资本和技术，中国内地大量的廉价劳动力和土地资源被吸纳到全球经济中来。从这个意义上讲，中国被抑制的生产力首先在深圳找到了面向全球的释放口。

例如，在放宽的过程中，经济特区引入了新的生产和管理模式，如"三来一补"，这个模式强调的是深圳在全球加工链和分散投资策略中起到的中介作用。"三来"指的是来料加工、来样加工和来件装配，这些生产活动要从国外大量进口全部或部分所需原辅材料、零部件、配件和包装材料,加工或组装后再将产品出口。"一补"指的是补偿贸易,即投资产生的利润可以用于偿还外商的投资。在全球化生产中,中国从亚洲周边国家(通过深圳)进口半成品,然后将加工好的成品(通过香港)出口到北美和欧盟。"三来一补"代表了中国引入"雁行"资本积累策略。[1]在日本的经济扩张中,"雁行"指的是对东亚经济体进行分级整合,并以日本经济(头雁)为首,排位顺序为韩国、中国台湾地区、新加坡和中国香港的公司。东亚雁行模式使深圳得以借鉴其他地区成功的生产方式,大大降低反复试验所需要的成本。由于国土狭小,日本的投资策略是外向型的。与此不同,中国让深圳加入全球生产链,并在国内建立类似的生产链,将深圳当作中国内地的头雁。然而,针对改革开放初期的这种扩张,用中国自己的话说,深圳是"窗口"或"试验区",这个说法省略了日本模式中阶层的划分,强调了"开启"一扇窗和"进行"试验。

乡镇企业早早在深圳(特别是在新宝安县)出现,后来遍及全国。蛇口工业开发区和特区的"三来一补"在三个方面发挥了重要作用。首先,加工贸易和组装生产相对简单,因此工业生产可以轻易复制。20世纪80年代,国有企业也在蛇口和特区建立了"三来一补"的工业园区,邻近的乡村(仍然是农村的生产队或者生产小组)也利用他们的土地吸引投资建立"三来一补"工业园。其次,1992年邓小平南方谈话后,经济改革在全国展开,"三来一补"制造业是最容易输出的"改革"措施,因为它需要的是相对较小的资本投资、简单的非技术工人,以及深圳和香

---

[1] 马丁·哈特-兰兹伯格,保罗·伯克特.东亚资本工业化的矛盾:"雁行"发展理论的批判.经济地理杂志,1998,74(2):87—100.

港的集装箱码头。乡镇企业的建设多是沿着连接深圳和香港港口的公路和铁路，以及将要兴建这些设施的地段。事实上，新宝安县布吉镇是深圳早期最大的一片生产区域，地处深圳与香港接壤的罗湖的北方，布吉镇及其各个村庄有铁路和公路与香港的港口衔接。最后，随着深圳经济结构的升级，金融、通信技术和生物技术等行业为生产附加值更高的产品提供了保障，大部分低端制造业进一步北移到东莞。乡镇企业在这里伴随着不断扩张的交通网络和深圳港口体系而日益繁荣起来，与香港竞争从该地区出口制成品到世界各地的物流控制权。

人们常常会问，其他地方是否可以复制"深圳奇迹"，答案是"不能"。深圳的发展依托的是天时、地利、人和，在当代中国或世界其他地方都无法同时满足所有这些条件。成就"深圳奇迹"的天时是全球生产分工和中国改革开放政策实施的共同作用。由于历史原因，原宝安县与毗邻的香港在社会经济制度上产生了巨大的差异。特区与新宝安县之间的经济发展水平也有差别；同样，深圳与东莞之间也存在着差异，并且这些差异形成了相对的生产优势，只是这种差异远远未达到原宝安县与香港之间差异之巨大。另外，"深圳奇迹"中人的因素也非常重要。20世纪70年代末，中国有一批经历过"文化大革命"但怀有理想的领导人，他们渴望为社会转型做出贡献。在当地，宝安农民支持市政府以较低价格征用他们的土地。此外，中国也有大量体力劳动者和训练有素的技术工人，包括工程队等，他们渴望来深圳工作。尽管他们在国际市场上很"廉价"，但是他们的工资水平是当时中国最高的。就深圳的微观社会形态而言，当地出现了多种多样的（通常是不受管制的）"试验区"，散布于国有企业、政府工业园或乡镇企业区内。

中央决定建立深圳经济特区，有序地通过香港与全球交换资源、商品、信息和思想，这不仅在中国体制内造成冲击，产生了深远的影响，为中国经济增添了活力和发展潜力，同时也让市场经济在中国落地生根。因此而诞生的深圳经济特区应该被视为一个开放的、非平衡态的"耗散系统"①。正如早期对经济特区发展的可行性研究中强调的那样，香港与深圳有着共同的贸易网络、文化和历史渊源，香港将会影响深圳的发展。英国的殖民统治导致一个地缘政治实体分裂成两个不同的地区，冷战时期，两地继续分离，地区不平等加剧，导致宝安县人跑到香港。但是建立经济特区允许两种社会有选择地融合，立即出现了新的转机。从外商投资到制造业从新界迁到特区等，香港的经济要素被直接引入到深圳。此外，特区还采纳了香港的贸易模式、生产技术、管理经验和行政管理手段。随着香港的资源不断回流内地，曾经涌入香港的人们不再代表资源的耗散而是转变为新的经济发展动力，推动特区快速发展和持续增长。②

人们很少能看到一个城市内有两重边界线，但是深圳曾经就是如此——"一线"将深圳与香港隔开，"二线"将深圳经济特区与中国其他地区隔开。如何对跨越这两条边界线的各种各样的人流、物流、信息流和资本流进行管理和规范是深圳城市化发展的前提和基础。我在2007年撰写的一篇关于深港边界的文章里，用一个水力发电厂来形象地比喻跨境流动，因为"一条河流的落差越大，它所产生的能量转换成的电力就越大"。③我

---

① 耗散系统本义是指一个远离热力学平衡状态的开放系统，通过与外部环境交换能量、物质和熵而维持平衡。——编注
② 请参考陈文鸿,等.深圳剖析.香港：克里奥咨询公司,1985.,该文本记述了有关香港与深圳早期的资源共享与差异。
③ 黄伟文.说界.城市中国,2007(24), http://www.china-up.com/newsdisplay.php?id=1441954&sib=1&unam=.

们可以将特区看作是运河里的梯级水闸中的一个,所有的人流、物流、水流以及任何可以在有落差的"地势"里流动的东西都能够通过"一线"关闸和"二线"关闸。如果能够有"一线"关闸和"二线"关闸的横切面,我们就可以清楚地看到通过这两条边界的流量。"一线"边界上有17个检查站,一年过境人数有1.67亿人次,车辆过境1537万辆次,其中包括半挂车和货船。在"二线"关闸,一年有4亿人次和1.25亿车次过境。深圳和香港之间的皇岗口岸是中国最大的陆路口岸,每天人进人出,车水马龙,24小时开放,就像一条永不停息的河流。同时,"一线"关闸的存在也为海关、代理商、停车场、加油站和大型服务行业提供了大量的商机。

从文化地理角度考察深圳的布局时,我们可以清楚地看到深圳和香港之间熵流和能耗的痕迹。人们从深圳到香港旅游、做生意、上学、购买名牌商品、分娩、看电影、乘坐国际航班等。从香港到深圳,人们跨境投资、工作、唱戏、返乡、购买书籍和蔬菜、享受夜生活等。此外,深港交通、资源和能源的分布决定了深圳各个发展时期的核心区域和热点地区。例如,20世纪80年代初期,深圳主要的发展区域包括紧靠广九铁路线的罗湖、连接深港居民区的蛇口和位于中英街的沙头角。20世纪90年代以来,这种发展模式一直延续着。主要繁华区域包括:皇岗口岸所在的福田区,这里拥有中国最大的陆路口岸和连接两地的铁路;龙华区处于城市规划的外围,在广深港高速铁路线上;后海靠近深圳湾西部通道大桥及其检查站;前海是深港机场连接处和深港现代服务业合作区的规划所在地。这些地方都处于内地连接香港的运输和物流网络线上,诠释着深圳发展中的每个阶段以及土地使用的变化。

新宝安：村民自治

深圳市利用城市规划、土地征用和回迁等方法推进各区及全市的带状形、组团式发展。这种做法的目的是确保土地可以交到政府批准的开发商手中。尽管如此，这种第三方开发模式并没有将当地居民拥有的所有土地移交到市政府手中。分散于特区和新宝安县的大约2000个村落居民点，在规划之外建立起来的新村，以及村庄中尚未被征用的土地，这些空间夹杂在规划开发的各团块之间，并不在城市的总规划内。当地村民、一些来自宝安各公社的农民工和各种劳动者，甚至还有一些外来工人，开始在规划之外"开发"这些地方，自发形成了深圳的另一种圈子——城中村。①

深圳城中村的特点如下：居民就是开发商，每户的土地开发面积约为100平方米，通常建设两三层的家庭住宅（20世纪80年代）或6至8层（有时甚至更高）的商业租赁房屋（20世纪90年代）。每栋建筑之间的距离在1米至8米之间，形成了密度很大的独立式建筑群。同时，农村集体开发工业园区和商业区，且集体拥有这些出租物业。城中村的高密度结构与依照城市规划实行带状形、组团式发展的现代化城市或超大规模空间形成鲜明对比。城中村单独发展，市政不参与规划、设计和建筑审批、质量控制、财产登记或其他任何监管程序的管理。与官方同意建设的房屋相比，城中村的房屋租金更便宜，吸引了低收入家庭、农民工以及低成本商业、娱乐和休闲服务行业。作为转型的一部分，农村集体通过重组转为股份制公司，负责建设和维护基础设施，提供水、电、气和公共安全服务。总之，这些城中村在很

---

① 马立安在本书第五章中详述了深圳城中村的乡土地理。

大程度上脱离市政管理自主运作。

深圳城中村是"放松管制"的又一表现。然而,关键的区别在于,城中村的出现并非源于政府或政策。相反,它的出现是当地村民根据自己的利益行事,积极参与并受益于深圳城市发展的结果。中国的土地制度有两个明确的特征:(1)未被政府征用的集体土地,只有在转为国有土地后才能合法开发;(2)村民手中土地面积有限的宅基地的开发只能用于一些规定范围之内的用途。例如,根据深圳初期的法规,不论宅基地以及相关的附属建筑地处何处,建筑总面积必须限制在240平方米之内,1999年这一面积增加到480平方米。尽管如此,当地村民意识到征地补偿价格与土地新开发房地产的市场价格之间的差距后,他们决定根据市场价格充分利用剩余的土地。如果既有的政策仍然限制他们的发展,他们不仅不会理睬,还会根据市场需求增加房屋密度,提高当地的经济活力。像蔡屋围或岗厦村等城中村就都位居城市最高的摩天大楼附近或最贵的地产周围。

深圳市原有320个行政村,人口约33万,其住宅占地面积不到深圳总建筑用地面积的10%(约93平方公里)。尽管如此,根据2007年的统计,深圳1300万居民[①]中有一半以上居住在这些地区,人口密度约为每平方公里7万人。实际上,深圳的城中村已经成为城市低收入者的聚居地。因为乡村建设的支出成本很低,他们既不用支付土地使用费,也不用支付任何相关的注册费,所以村里的房租很便宜。更重要的是,村与村之间的距离很近,步行可达。由于它们的地理位置大都处于市政府批准的商圈附近,人们住在城中村可以实现传统农业生活中的走路上下班。几

---

① 原文如此。另据深圳市统计局数据,2007年年末,深圳市常住人口为861.55万人。——编注

乎每个商业区、工业园或新中心周围都有城中村,人们可以过低成本的生活,轻松地上班。此外,城中村填补了城市规划明显忽略的内容:低收入人群和外来人口的住房问题。城中村的存在加速了深圳的发展。首先,它们为农民工提供了足够的住房。其次,城中村的位置意味着农民工可以在工作地点附近生活,减少了市政对交通基础设施进行大规模投资的需求。

城中村的发展弥补了城市规划中的盲点,为管理迅速增多的人口提供了相应的基础设施。反过来,城中村又改善了城市土地的功能和利用率,提供了一个自给自足的低收入住房系统,为公众提供了丰富的城市服务,降低了服务成本和创业成本。深圳的城中村可以被看作是促进城市高效运转的自我调节机制,或者简单看成是城市的一种基础设施。遗憾的是,规划者并没有充分、客观地了解城中村在深圳发展中的重要作用。相反,他们关注的是密度、卫生和美学等问题。这些问题加上对持续盈利土地的需求,导致几个城中村被重建为昂贵的房地产商圈。村里的大队通常会得到满意的赔偿,事实上很多人成了亿万富翁。然而从低收入人群的权利到经济适用房和创造不同的城市生活、历史、文化、空间和社区等方面考虑,改造城中村这一决定忽视了城中村在深圳社会内部起到的不可替代的社会功能。

居住在福田村、上沙村和下沙村等城中村的人们对华强北和车公庙的商业和制造业的繁荣做出了极大的贡献,但是这些贡献对于街边或人行天桥上熙熙攘攘的人群来讲并不是显而易见的。城市规划者和开发商往往忽视了这样一个重要的社会事实,即自发形成的城中村本身就是城市对廉价住房和便宜消费品的需求的一种反应。不仅如此,这些城中村为城市结构的可持续性、社会生态的异质性以及连接深圳各个区域的廉价公共交通运输的建设做出了贡献。越来越多的城中村被改造,其结果是高度自我维持、自然低碳的"低收入和中等收入住房"的格局正在被削弱和瓦解。作为一个阶层,外出务工人员被迫离市中心越来越远。他们正沿着原"二线关"涌向梅林、布吉和其他原检查站周边等地。反过来,这些地区的计划外人口的迅速增长导致了环境退化和工人生活质量降低。尽管深圳市回应会为此加大对公共交通的投入,但这些新措施并不能替代城中村过去提供的城市功能。城市主义者约翰·弗里德曼访问深圳时提出,他认为与城市总体规划中那些干净却没有烟火气的地方相比,实际上,城中村的繁荣生活是深圳城市特色的最佳代表。

结 论

国家的政策、香港在全球资本主义体系中的地位以及原来的宝安县村镇网络,所有的这些都加速了深圳的快速发展。这些因素为研究深圳在全球经济结构调整过程中的发展提供了一种视角和支撑,对未来而言,这三个因素将继续影响深圳的定位及其可能的城市化方向。

1980年,特殊的(免税)政策和随后的(制定地方法规)权力下放创造了深圳经济特区。30年后,原特区周边地区也出现了很多享受特殊政策的地方。例如,前海深港现代服务业合作区被赋予全国新一轮改革开放的试验示范区,这表明中央对特区的特殊政策一如既往地支持。同时,从某种意义上说,深圳效仿香港,但它也影响着香港的经济发展和相应的城市布局,后者更是积极配合前海和落马洲河套地区的建设。城中村的命运相比之下却不那么乐观。如果不能引入另一种合作发展模式,城中村的数量将在高档房地产开发的影响下继续缩减。截至本文撰写之时，不管发生什么情况，城市处理余下的城中村的方式将对改变其城市结构和其公民的身份产生深刻影响。因此，人们需要认真研究和评估城中村在过去30年城市高速发展中的作用。事实上，如果城市规划人员仍然无法向城中村这种自生空间学习，不能结合并包容这些地方，那么这个城市将很难发展成为一个灵活多样和宜居的城市。

第四章
如何做一个深圳人：
深圳发展第二个十年中的外来工

艾瑞克·佛罗伦斯

艾瑞克·佛罗伦斯，香港中国当代研究法国中心主任，比利时列日大学助理教授。他的研究成果包括《珠三角漂泊异乡的外来工》，载于H.恩琴格等所编的《国家与市场之间的迁移》（阿什盖特出版社，2004年）；《珠三角的外来工：工作的奋争》，载于凡妮莎·方和雷切尔·墨菲所编的《21世纪中国的媒体、身份与奋斗》（劳特利奇出版社，2009年）；以及与皮埃尔·德弗赖恩共同编著的《21世纪中国的新发展模式：经济、社会与政治》（劳特利奇出版社，2012年）。

我们已经踏上打工之路，深圳是青春的驿站，要让青春在这里绽放，这才是无悔的青春与无畏的追求。

——《深圳特区报》，1994年3月25日

他们没有做出惊天动地的事业，仅仅是将他们的青春默默地奉献给中国人民……昨天，他们的脚步唤醒深圳，创造了中国的奇迹。今天，他们跨进了新的世纪，开启了一个更加璀璨辉煌的明天。

——《深圳特区报》，1998年3月29日

深圳精神：改革开放新楷模

在20世纪80年代，深圳宣传改革开放的重点是特区的领导，但是在邓小平1992年南方谈话之后，树立社会主义新公民形象的任务就落到从内地来到特区的打工者身上了。本章所分析的内容就是人们如何通过鼓励深圳的外来打工者在报刊上发表他们的事迹，来凸显他们参与深圳的建设发展。

本文通过仔细阅读1994年、1998年和1999年深圳出版发行的报纸杂志，研究深圳如何用"深圳精神"这一概念来诠释模范打工者。1994年，官方的宣传报道突出了深圳外来打工者自强不息的精神，这与毛泽东时代所提倡的自我牺牲精神有所不同。[1]然而，到了20世纪90年代，随着深圳越来越融入世界经济，人们也越来越多地把特区和年轻人联系在一起。本文回顾了十五大（1997年）之后，深入贯彻时任中共中央总书记江泽民重视经济发展和发挥市场经济作用的思想，分析了1998年到1999年深圳报刊如何在深圳面对挑战与机遇共存的竞争环境下塑造模范外来务工者形象。这一模范形象倡导外来务工者解放思想，发挥个人才干，实现个人的理想和奋斗目标。

和80年代树立改革开放的模范形象一样，90年代对外来务工者形象的宣传也包含了一系列的核心价值观，这些价值观让人们看到从毛泽东时代到改革开放时期价值观的转变。在20

---

[1] 在本章中，笔者没有研究农民工在他们的日常生活中如何践行这些官方倡议的价值观和行为。有关这方面的研究，请参阅塔玛拉·杰卡:中国城市中的农村妇女：性别、移民和社会变革.纽约：M.E.夏普出版社，2006；孙皖宁.底层中国：农民工、媒体与文化实践.马里兰州拉纳姆：罗曼和利特菲尔德出版社，2014；艾瑞克·佛罗伦斯.珠江三角洲的外来工：奋斗的话语和叙事.亚洲批评研究，2007，39（1）：121—151.

世纪90年代,深圳提倡的劳动模范的价值观从过去一贯倡导的"自我牺牲"和"奉献",转变为"自强"与"竞争"。这些价值观树立之后通过"深圳精神"大加弘扬,同时这也是"物质文明和精神文明一起抓"的国家政策在本地的具体体现。"深圳精神"是在80年代末形成的,到90年代为官方所倡导。"拓荒牛"的开拓精神一直以来就是深圳发展的象征。1987年,在深圳举办的一次深圳市思想政治工作会议上,人们将"开拓""创新"和"奉献"也列入核心价值观。① "拓荒"与"开拓"本身也包含为了特区建设的需要而"自我牺牲"和"奉献自己一生",这些毛泽东时代提倡的精神要求个人利益服从建设社会主义的集体利益。

在深圳,这一新的集体利益表现为特区的经济建设与繁荣,这就要求人们具有新的理想,成为"能够改造自身和改造社会的新人"。② 深圳人要具有新的创造力,这一观念源于特区自身就是一个新生事物,与之前落后的经济形成了鲜明的反差。在构建深圳的核心价值观这一问题上,人们不再强调自我牺牲和集体主义,而是倡导开拓与创新。③ 1990年,中共深圳市委常委会又在此前提倡的核心价值观中加入"团结",于是这些内容就构成了"深圳精神",并且得到江泽民的赞许。这样一来,"深圳精神"倡导的价值观便包括自立、自强、自主、竞争、敢冒风险,还有平等、效率和法治等概念。④

---

① 厉有为,等,主编.深圳经济特区的探索之路.广州:广东人民出版社,1995:232—234.
② 马立安.社会转型和自我转变的不确定性.戏剧评论,2006,50(4):97.
③ 乔治·T.克兰.特事特办:国民经济的性质和中国经济特区.澳大利亚中国事务杂志,1994,(32):76,83,89.
④ 原文如此。另据《光明日报》2018年7月13日的文章《"拓荒牛精神"是深圳奋进的不竭动力》,1987年深圳将特区建设的"拓荒牛精神"概括为"开拓、创新、献身",1990年提炼出以"开拓、创新、团结、奉献"为核心的深圳精神,2002年将其扩充为"开拓创新、诚信守法、务实高效、团结奉献"。——编注

"深圳精神"被看作改革开放时期社会发展建设非常重要的内容。深圳的精神文明建设为塑造新时代社会主义劳动者开辟了新天地,让他们具备新的价值观、行为规范和劳动态度。① 邓小平1992年南方谈话更加巩固了"两个文明"与"深圳精神"之间的联系。物质文明指的是经济发展方面的建设,而精神文明指的是文化、科学和思想方面的发展建设。实际上,无论是1995年出版的时任深圳市委书记厉有为的著作还是2000年深圳官方资助的回顾深圳20年发展历史的著作都强调,邓小平在1992年南方谈话中指出,"具有中国特色的社会主义"制度同其他政治制度不同,因为在中国,物质文明和精神文明都有待进一步发展。② 人们经常用"两手都要抓,两手都要硬"来说明精神文明建设和物质文明建设的关系。物质文明的发展目标很明确——发展中国的经济。但是精神文明的发展目标就没有那么明确了,因为这意味着要塑造新的一代劳动者,"四有新人",即"有理想、有文化、有道德、有纪律的新人"③。这一模式在很大程度上将促进生产力发展与发展市场经济联系在一起。市场经济"不能被视为一种自然形态,而是要当作一种制度和创新,需要人们积极努力创造和培育"。④ 换言之,深圳的外来务工者要被塑造成

---

① 由于篇幅限制,本文的分析仅探讨了20世纪80年代和90年代共产党在深圳精神文明建设工作中营造的培养深圳"新人"的积极的价值观。但是,倡导精神文明、树立理想的外来工新形象这一过程,同时也在抵制和排斥那些人们认为不文明的人和不应该倡导的行为。

② 这种对精神文明的关注实际上是邓小平、胡耀邦和其他中共领导人在20世纪80年代和90年代初让经济改革合法化的主要方式。物质(经济)领域的发展必须通过不断强调"精神文明"来加以检验,该精神文明指的是道德和社会秩序,以及共产党倡议的中国社会各类群体的行为规范。参见博奇·巴肯.模范社会.牛津:牛津大学出版社,2000。

③ 倪元铬,彭立勋,沈元章,主编.深圳:迈向社会主义市场经济.北京:人民出版社,1999:234.

④ 严海蓉.新自由主义治理和新人文主义:通过劳动招聘网提供素质/价值流.文化人类学,2003,18(4):492.

新的劳动者,他们在成为深圳人的同时,也为全国其他地区树立了榜样。

西方理论中的中国"外来工"

大批农村劳动力来到深圳的工厂打工,不但对中国构建改革开放时期的劳动力市场和劳动者范式产生了影响,同时也影响到研究这一时期中国出现的用工模式的西方理论。中国农村的劳动力通过参与深圳的改革开放成为"劳动密集型发展策略"的核心要素。[1]同时,过去国营企业的员工丢掉了他们的"铁饭碗"以及相关的各项社会福利。这些因素一起形成了李静君所说的中国城市劳动者转型的"三个模式",即"农民工的出现""国营企业工人的转型"和"失业者的再就业"。[2]

与此同时,珠江三角洲地区各地方政府不再依靠国家计划开展生产活动,而是相互竞争,给投资者提供土地、基础设施和劳动力,深圳也充分利用了这一社会经济改革所赋予的选择权。[3]地区间的关系从融合变为竞争,因此在用工问题上都各自

---

[1] 伊莱·弗里德曼,李静君.重塑中国劳动人民的世界:30年回顾.英国劳资关系杂志,2010, 48(3):507—533.

[2] 李静君.中国工人阶级的三种转型模式//琼·路易斯·罗卡,弗朗索瓦·蒙金,主编.中国的政治.纽约:帕尔格雷夫·麦克米伦出版社,2002:62—92.

[3] Yuen-Fong Woon.改革开放时期的循环流动:珠江三角洲开平县的人口流动.国际移民评论,1993, 27(3):578—604;Shen Tan.珠江三角洲的外企、当地政府和女性务工人员的关系//A.韦斯特·洛兰,赵耀辉,编.中国农村劳动力流动.伯克利:加利福尼亚大学出版社,2000:292—309.从1980年代开始,珠江三角洲掀起投资热,且劳动力市场放开,外商投资和外来工人数发生了前所未有的增长。1987年,持有深圳暂住证的人口比常住人口多51.8%,到1994年,这一比例达到72%。2004年深圳市总人口597.55万人中,有432.42万人持暂住证,参见深圳市统计局,编.深圳统计年鉴—2004.北京:中国统计出版社,2005。

采取灵活的政策,即使和东南亚国家相比较,这里的工资水平都是较低的。①

如何做一个深圳人:深圳的用工模式

在进行中国特色社会主义的试验过程中,我们应该如何塑造深圳人的面貌?

——《深圳晚报》,1994年3月17日

在20世纪80年代末期和90年代初期,中国报刊对于外来工的报道大部分是负面的描述。②从农村来到城市谋生的农民大多被说成是涌入城市的"盲流"。这些报道采用一种简单的报道方式来对这一现象做出解释,认为贫困迫使这些人背井离乡,"盲目涌入"城市,扰乱了城市的社会治安,呼吁城市相关部门严控涌入的"盲流"。这些报道很少谈论农民工的人格问题,或者没有把他们当作是具有思想意识的个体,而是将其描写成一个全然为了谋求生计的群体,认为他们这种动机会导致他们走上犯罪道路。③总体上说,写新闻报道的人几乎不会去采访这些"盲流",让他们表达他们个人或者集体的诉求。深圳的报纸同样将农民工描述成这样一个毫无个性可言的群体。同北京相比,深圳当

---

① 参见陈佩华.中国工人的挑战:全球工厂中的罢工与变化的劳工体制.阿宾登:劳特利奇出版社,2010.同时,面对日益复杂的劳资关系,政府制定了一整套法律法规,例如1994年出台《劳动法》,1999年出台《合同法》,2007年公布《劳动争议调解仲裁法》。
② 本章中所参考的报纸包括《深圳特区报》《深圳晚报》《深圳法制报》。以上报纸在1989年、1990年、1994年和1998年至1999年间所有有关外来工的文章都经过了系统地分析(每年1月、2月、3月和8月)。
③ 参见迪莉娅·德温.当代中国的内迁.纽约:圣马丁出版公司,1999;艾瑞克·佛罗伦斯.珠江三角洲的外来工:奋斗的话语和叙事.亚洲批评研究,2007,39(1):121—151。

时专门为农民工创办的报刊数量不多,内容也没有那么激昂。

20世纪80年代末和90年代初,深圳出现了几本专门为打工者创办的杂志,包括《大鹏湾》《打工妹》和《外来工》。从更广泛的层面来讲,由新闻工作者和打工者自己讲述打工经历的报刊文章越来越多。① 这些专门为打工者创办的杂志鼓励打工者写文章、诗歌、短篇或者长篇小说来讲述他们的打工生活。②

在这些杂志和深圳官方的媒体上,对于大批涌入广东省的"盲流"的描述渐渐让位于新闻工作者对于个别打工者的采访。这一变化在媒体所采用的图片上也能反映出来,过去的图片多是一群一群的"盲流",后来则更多是农民工们的笑脸。这种变化到了2000年之后在全国的报刊上都能看到,但是在珠三角地区早在1994年就已经见诸报端,在《羊城晚报》《南方日报》《深圳特区报》和《深圳晚报》上都有这类报道。从这一变化可以看出外来工在深圳和其他经济特区所占据的重要地位。此外,20世纪90年代大量外资的涌入也迫使当地政府必须吸引更多青壮劳力到深圳来参与当地的发展建设。在珠三角地区,人们很早就认识到打工者是国家经济改革不可或缺的要素。让深圳呈现一种吸引人的形象和让深圳的劳动者队伍具有勤劳且高素质的形象变得越来越重要。③这些

---

① 从20世纪90年代中期开始,中国这类杂志的数量有所增加。其中一些可能与主流报纸或政党机关有联系,有的则没有联系。
② 这些作家中第一位受到关注的是安子。1987年,她开始在《特区企业文化》杂志社工作。她的第一本书《青春驿站——深圳打工妹写真》于1992年出版。
③ 请参考马立安.社会转型和自我转变的不确定性.戏剧评论,2006,50(4):96—119. 实际上,深圳的报纸在关于清除"三无"人员的报道中,反复强调了保护投资环境的必要性。所以,当地政府需要呈现自己能够维护这一环境的形象。安·阿纳格诺斯特在她的《人口素质》一文中提出了这样一个论点:于她而言,整个关于"文明"和农村人口素质低下的讨论,以如何实现从落后走向文明为方向,为党提供了一个正当理由,使其成为可以帮助农村群众提高自身素质、走向文明的角色。安·阿纳格诺斯特.当代中国的叙事、表达与权利.达勒姆:杜克大学出版社,1997.

变化表明了官方对于从农村到城市的人口流动的看法的转变。[1]

1994年，深圳市委发起了"如何做一个深圳人"的讨论。实际上，这一活动是精神文明建设的一个组成部分，目的是要"动员人们参与深圳建设，提高人们的思想道德觉悟"。[2]起初计划开展四个月，但是因为出人意料的成功，于是决定再进行五个月。这次活动的主要形式是在报刊登载读者来信、制作广播电视节目以及在工作单位开展活动。地方官员和白领工人是这次讨论的主要参与者。打工者中参与讨论的人很少。而实际参与讨论的打工者对于他们自身在城市里的地位也表达了他们的无奈。克拉克这样写道："这次讨论的结果并不是官方所期待的深圳人的身份集体意识的涌现，而是让人们意识到：在城市里出现了一大批'社区'[3]，它们依照阶层、教育程度、户籍地和追求目标来划分。"

1994年，中共深圳市委将这次"如何做一个深圳人"活动与邓小平的中国特色社会主义理论以及党的基本方针路线结合，在此基础上以"深圳市民行为道德规范"为题，面向全体市民出台了一项决定。其所倡议的行为准则包括"热爱祖国""建设深圳""开拓创新""团结奉献""敬业尽职""服务公众""遵纪守法""公平竞争""文明礼貌"和"爱护环境"等。[4]

---

[1] 多萝西·索林杰.中国城市中有争议的公民身份：农民工、国家和市场逻辑.伯克利：加利福尼亚大学出版社,1999.

[2] 康斯坦斯·克拉克.中国深圳经济特区的建立.伯克利大学环境规划学刊,1998(4)：104.

[3] 康斯坦斯·克拉克.中国深圳经济特区的建立.伯克利大学环境规划学刊,1998(4)：103—125.要认识深圳实际上既是城市又有乡村，是一个充满了复杂性和矛盾性的城市，参见本书巴赫所著第七章。

[4] 康斯坦斯·克拉克.中国深圳经济特区的建立.伯克利大学环境规划学刊,1998(4)：238—239.

深圳的核心价值观的许多内容是从1994年3月的那场讨论中产生出来的，又被反复用来描述外来工。这里提到的"奉献"又是源自80年代的说法，当时的深圳被描述成一个荒凉的地方，人们来到这里是为了建设经济特区。强调这些早年来到这里的"建设者"们的无私奉献精神是为了将他们同"淘金者"区别开来。① 但是接下来则不断强调"面向未来"和"抓住机遇"，以及"需要适应竞争环境"，这些内容构成90年代后半期的主题。"抓住机遇"才能不被淘汰的说法让人想到改革开放初期人们为什么坚持经济改革，并且这成为让一部分人先富裕起来的主要依据。②

打工世界

1994年1月，特区的一份主要报纸《深圳特区报》开始用一整版来报道外来务工者，这个版面叫做"打工世界"，上面刊载关于打工者的报道，他们创作的散文、诗歌和图片。从1994年到1999年，《打工世界》将打工仔呈现为深圳人的一分子，弘扬了"深圳精神"。"打工仔"一词出自粤语，20世纪60年代以来用来称呼那些到香港找工作的劳动力。然而，通过《打工世界》，赋予个体劳动力以商业价值将成为一种新的、有价值的社会认同。1994年1月7日首刊的《打工世界》的"编者按"里写道："千百万打工人创造了'深圳神话'，并且我们最终拥有了一个

---

① 参见本书马立安所著第二章。
② 20世纪70年代末，有人对于此前的中国社会持强烈批判的态度，并且以此作为摆脱其影响的手段。莉萨·托费尔写道："经济改革也是一种最具想象力的空间。"见莉萨·托费尔.他类现代性，中国改革开放后的性别意识.伯克利：加利福尼亚大学出版社，1999：29, 98。

属于自己的世界……打工人原本是对体力劳动者的称呼,但是今天却带给人们更多的联想。蓝领工人是打工人,白领工人也是打工人,所有辛勤劳作的人都是打工人。今天为了这群不断壮大的打工人,我们庄严宣告创刊《打工世界》专版,在这个世界里,你会看到为深圳建设默默奉献的一个群体。"①

这段"编者按"同时也指出"打工者"(打工人)包含了更广泛的劳动群体。1994年的这一说法可以被解读为对打工者这一阶层劳动状况的美化,但也可以看成是席卷20世纪90年代后半期的改善劳动者工作环境行动的号角。②《打工世界》在其刊行的五年里一直在为劳动者唱赞歌,不断刊载当时深圳媒体宣传的观点和价值观念,倡导"打工者"应该包括所有劳动者,不论有无深圳户口。《打工世界》所塑造的打工者形象最常见的就是为特区建设做出贡献者。③这些报道常常为打工者贴上"特区建设者"④的标签。打工者对于城市运作所发挥的作用也经常用这样的语言来描述:"没有这些打工者,深圳将会变成一座空城",以及"正是这些打工者建设起我们今天居住的城市"。⑤

---

① 《深圳特区报》,1994年1月7日,第6版。
② 值得注意的是,从1999年到2010年,笔者在珠江三角洲采访的绝大多数农民工明确表示,他们希望与"白领"区分开来,他们的工作特征是辛苦和不稳定。他们中的一些人说,实际上他们应该被称为"黑领"。出自笔者的实地调查笔记(1999年,2001年,2003年,2006年,2008年,2010年)。
③ 请参考《深圳特区报》,1994年1月7日,第6版;《深圳特区报》,1994年1月14日,第6版;《深圳特区报》,1994年1月28日,第6版;《深圳晚报》,1994年2月13日,第3版;《深圳晚报》,1994年2月21日,第1版;以及《广州日报》,1994年2月4日,第1版。
④ 在"蛇口风波"有关深圳社会价值的辩论中,"特区建设者"一词的使用与"淘金者"一词相对立。马立安强调,深圳大学前校长罗征启认为参与建筑物的建设是爱国主义和自我奉献精神的表现,他说这是"知识生活的最高表现"。
⑤ 更多例子参见《深圳晚报》,1994年2月2日,第3版;《深圳晚报》,1998年3月29日,第6版。

在这些报道中,《打工世界》把打工者的努力与奉献同他们所获得的工作机遇以及生活水平的改善联系起来。有时候这种获得感还包括一种"归属感"和"以深圳为家的自豪感"。这些文章通常认为打工者很难改变其身份成为深圳法定常住人口,但强调打工者通过为深圳做出贡献可以感到深圳属于他们并且为此而感到骄傲。打工者的优秀品格和他们的付出,他们用"汗水""泪水"和"心血"建造了这座城市,这些会让他们感到骄傲和具有一种归属感,让他们克服工作中遇到的艰难困苦。

需要指出的是,这些文章中强调的在深圳"安居乐业"的获得感是同深圳市政府在"深圳精神文明"建设中所表达的关切有关的。2000年,深圳官方统计的人口数量约为400万,其中大约有三分之二的人持有暂住证。让这些人"在心理上感到安居乐业"是非常重要的,因为一旦工作结束他们就得返回乡下。①《打工世界》选中这一主题,倡导工人利用和培养劳动技能,"因为一个人可以没有深圳的'绿卡'②,但是不能没有信念与理想、没有知识与技能和没有尊严"。③

在这些文章中,跟品格与奉献紧密相连的还有"付出血汗",这一点也被大书特书。这一说法曾被用来描绘当时"上山下乡"的知识青年,他们被派遣到农村接受贫下中农再教育。这些

---

① 参见白天,主编.走向现代化:深圳20年探索.深圳:海天出版社,2000。这部著作还考虑到如何解决外来工的教育和管理问题,对于深圳市的领导来说这也是一个重要问题。这部著作中写道:"很多外来工的素质比较低,在激烈的竞争环境中,他们往往承受着沉重的心理压力。因此,他们大多数人所需要的就是精神上的安慰。"如果他们缺乏这种安慰或没有人提供安慰,他们"可以很轻易地从宗教或各种小型的非正式组织中得到这种宽慰"。
② 这个说法实际上是指那些有条件并且有能力申请蓝印户口的人(20世纪90年代一种介于正式户口与暂住户口之间的户籍)。在这篇文章中使用"绿卡"一词让人感到很别扭,但可能与早年深圳作为一个"移民城市"对美国的关注有关。
③ 参见《深圳特区报》,1999年3月8日,第9版。

知青满怀激情离开城市,"将自己的青春年华奉献给国家"。人们对打工者奉献青春进行了热情歌颂,尤其是在1998年,人们用充满诗意的文字来赞美这种思想:

为什么生产线显得那样美丽,是否因为它有青春的陪伴?坐在生产线旁的一排排年轻人,他们就像湖畔的花草一般争奇斗艳?……青春的价值在生产线上流过,我把自己融入生产线,不骄不躁,全神贯注……我的手和眼睛伴随着组装线的韵律在舞动,我心中感到无比自豪……更让我开心的是我每天都在为"零差错"而奋斗,在风中飘荡的红旗映衬着我考勤簿上闪耀的"红星"。①

在这一段文字里,那些歌颂社会主义的语汇又被用来颂扬改革开放政策。重要的一点是,在这两个不同的时期,农村的人口都被号召来为城市发展做贡献,然而这两个时期的不同更能够说明深圳是如何改变旧有的用工制度的。在改革开放之前,农民被束缚在土地上,他们除了参与农村集体(农村合作社和后来的人民公社)劳动之外没有其他选择,因为整个经济都是在中央的计划下运转的。同时,个体劳动者都要服从党中央制定的集体目标,这些目标被视为体现人民的共同意志。与之相比,改革开放时期农村的劳动力可以进城了,他们从乡下来到深圳。接下来,人们在这些打工者身上看到了他们的自强不息,以及为实现国家制定的融入世界经济大潮的宏伟目标做出了怎样的贡献。

---

① 参见《深圳特区报》,1999年3月8日,第6版。

深圳这片热土，打工者的梦想

到了90年代末，来深圳实现梦想愈加成为外来工的追求。在本地的媒体上，人们越来越多地把深圳同外来工的独立自主和自强不息联系到一起。这些报道经常把深圳乃至华南（尤指珠三角）地区同内地相比较。[1]深圳报刊和打工文学常常用"深圳这片热土"这一说法来彰显深圳的活力、竞争、挑战与机遇。人们把深圳当作某种乌托邦来歌颂，农村和内地的落后与慵懒更衬托出深圳的一枝独秀。[2]2000年以后，深圳在公众话语中已经成为外来工实现梦想和人生追求的好地方。[3]

这种在深圳实现人生追求和梦想的思想又和青春紧紧地联系在一起。[4]例如在1998年2月发表的一篇文章中就把深圳的高楼广厦和宽阔的街道同"青春气息、奋斗以及敢为天下先的精神"联系在一起。[5]1998年3月刊登在《深圳特区报》上的一篇文章中，一位打工妹形容她梦想在深圳"越来越辉煌"，"就像长了翅膀一样飞翔在深圳的蓝天之上"。[6]总之，深圳意在吸引不安于现状的年轻人，他们告别家乡父老奔向深圳实现自己的梦想。把成功与个人奋斗联系起来，这种思想在珠三角地区

---

[1] 参见本书巴赫所著第七章，从城乡对比看深圳的叙事建构。
[2] 严海蓉曾提出农村是经济发展价值较低的空间，农村人往往称农村为死亡空间，详见其著作《新主人，新仆人：中国的移民、发展和女工》（杜克大学出版社，2008年）。曾经，随着农村人口转移到城市，个人想要在农村实现其个体解放变得越来越难。
[3] 参见本书黄韵然所著第八章。
[4] 把深圳同青春相联系，参见霞光.深圳夜空不寂寞.深圳：海天出版社，1999：1—47。
[5] 《深圳特区报》，1998年2月15日，第6版。
[6] 《深圳特区报》，1998年3月8日，第6版。

的工厂里非常普遍①,但是在深圳,这种认识渗透了社会各个阶层。因此,深圳媒体所报道的模范外来工不仅仅有工厂的工人,还包括大城市来的医生、教师和受过高等教育且年富力强的人们。②

降低期待,融入社会

在深圳,除了强调外来工要不断学习、提高技能之外,这种提高个人素质的诉求还要求来自农村和其他城市的外来务工人员树立正确的工作态度。《打工世界》在刊行的最后一年里,邀请国企失业工人、本地待业者以及那些找不到满意工作和不愿从事低级工作的人,为讲述再就业经历的新专栏撰稿。专栏在前言里开门见山地指出劳动者首先要面对"如何提高自身素质和如何改变工作观念"的问题。③在这些文章当中,常常用"内地"来与深圳对比,"内地"不再只是指农村,还包括那些破产的国有企业,那里的工人也都下岗了。

这些专栏文章鼓励下岗工人培养新的劳动观念,这样他们才能够在新的社会工作环境中找到自己的位置。文章指出,那些下岗和待业人员要看清自身的不足,降低对工作和薪酬的期望

---

① 潘毅曾写道,打工妹是全球资本、国家社会主义与家长制三重力量下的产物,笔者从其描述中得到了启发。参见潘毅所著《中国制造》第四章。根据2010年在富士康的几家工厂里所进行的调查显示,工厂的墙上挂着"奔向伟大的梦想""要想富先吃苦""你的梦想将从这里启航"等标语。参见《富士康——两岸高校调查研究报告》(未出版报告,2010年)。笔者在《珠江三角洲的外来工:奋斗的话语和叙事》(博士论文,列日大学,2008年)中进一步阐述了有关打工者为什么离开他们的乡村的理由,从而进一步发展了这一观点。参见http://hdl.handle.net/2268/109931。

② 参见本书梅森所著第九章。

③ 《深圳特区报》,1998年3月15日,第6版。

值,强调可以通过自主学习(而非学校教育)和"从自身经验中学习"来完善自己。培养正确的态度、面对现实将会让他们感到充实和得到回报,也就是说这样他们才能够重新就业。①之所以这样说,是因为有的下岗工人并不适合来深圳工作,或者他们根本就看不上提供给他们的就业机会。持这种观点的人认为一些下岗工人目光狭隘,过于挑剔,在深圳的劳动力市场上不敢大胆尝试新的工作岗位。为了能够在特区找到一份工作,这些人要降低他们的要求,"从零开始"。②

这个专栏还报道了刚毕业的大学生如何通过放低身段并勤奋努力取得事业的成功。例如,有一篇文章讲述了一个大学毕业生如何放低身段从酒店的招待员做起,做招待员这种事显然不是一个受过大学教育的人最理想的职业。他说:"半个月后我去酒店当招待员……我辛辛苦苦读完大学,但是现在我再也不敢在他人面前显摆我的大学文凭……在那段时间里,我拎着桶去打扫卫生间,低声下气地听从他人使唤,只能强忍住泪水不把自己当成一个大学毕业生。我把自己当成一个什么都不懂的学徒工。"③

他的这种工作态度让他得到回报。他很快被升为带班的组长,有人告诉他说,正是因为他能够放下大学生的架子,"愿意成为一个'小学生'",他才能得到晋升。④在这篇文章中,"从零开始"指的就是一个受过高等教育的人不得不重新调整他对职业的期望值,从低处起步,例如像文中的主角一样去做一个酒店的招待生。在另外一篇文章里,一个女工无偿地在医院的洗衣房里勤勤恳恳地干活,后来终于得到一份工作。这篇文章的最

---

① 《深圳特区报》,1998年2月15日,第6版;《深圳特区报》,1998年3月8日,第6版;《深圳特区报》,1999年1月17日,第6版;《深圳特区报》,1999年3月28日,第6版。
② 《深圳特区报》,1999年1月31日,第6版。
③④ 《深圳特区报》,1999年3月28日,第6版。

后说出了这个故事的道理:"最能够帮助你的是你自己。"① 不断刊载的这些文章劝告外来务工者不要放弃寻找工作,要保持信心并且不要对工作挑肥拣瘦。1998年至1999年《打工世界》专版上出现的关键词,包括"充实自己""给自己充电""重新认识自己""给自己定位""重新发现自己"以及"寻找自己的价值"等等,都强调态度对于就业至关重要。1999年刊登的一些文章更是直接给国有企业职工和下岗工人提出了忠告,明白地告诉人们:那些不去积极寻找工作,或者不愿自主学习新知识、掌握新技能的人最有可能下岗,或者无法在深圳就业市场上找到工作。

下面这几段话最能够体现这种忠告:

当你感到失落,不要忘记:生活不相信眼泪,只有那些意志坚定的人才有希望到达胜利的彼岸。②

她在这期间没有止步不前,通过自主学习获得了技工文凭。这是因为她意识到在一个充满竞争的社会里,只有那些不断充实自己的人才能够不断进步,否则将会被淘汰。③

给国有企业职工的忠告,有时候会比较委婉一些,但是意思也是说每个人都应该降低自己对工作的期望值以适应深圳劳动力市场的变化。

---

① 《深圳特区报》,1999年3月28日,第6版。
② 《深圳特区报》,1999年1月31日,第6版。
③ 《深圳特区报》,1999年3月28日,第6版。这一版中有三篇文章表达了极其相似的忠告。

树立打工者的模范形象

在深圳发展的第二个十年里,外来打工者代表了深圳精神,构建了特区人的身份特征。在深圳打工的年轻人身上体现出来的价值观和态度可以被归纳为两类:一类是属于毛泽东时代的观念,比如,为深圳经济特区和国家的经济发展建设"奉献终身""做出牺牲"等;另一类价值观念更多是同劳动力商品化发展联系在一起的,包括"适应竞争""自信""自主"等。

中国流动务工人员身上所表现出来的品格与世界上其他地方在形成民族国家的过程中流动人口所表现出来的特征有许多相似之处。特别是当国家权力、资本和其他社会群体之间的关系产生变化之际,外来人口可以在经济发展过程中发挥作用,因此可以在宣传上被赋予新的形象。中国的农民工和下岗工人身上的那些特征同世界其他地方的流动务工人员别无二致,他们受欢迎但是也"难以管理与合法化"①。正如巴赫在本书第一章中所讲的那样,深圳市政府对于乡村社区的管理采取了一种不干涉政策与不定期社会治安整治相结合的办法,这样就"使得人口的流动成为可能,但是这些人又不在管辖范围之内"。深圳同许多西方国家的城市一样,在社会经济发展过程中,"正式的"与"非正式的"之间、"合法的"与"合法外的"之间尚未成熟的界限,以及不同的经济目标和各个阶层的外来打工者的社会地位都有利于国家间或行使权力,有针对性地对劳

---

① 姬蒂·卡拉维塔.意大利和新移民局//韦恩·科尼利厄斯,菲利普·马丁,詹姆斯·霍利菲尔德,主编.移民的控制.加利福尼亚州斯坦福:斯坦福大学出版社,2004:319.

动力实施管理。① 深圳和其他地方相比,"有时候国家权力显得非常威严和强大,有时候又显得非常疲软和迟缓"。②

在整个90年代,来自农村的外来务工人员在深圳经济特区的经济增长中发挥越来越重要的作用。并且,让农民工进城到国有企业就业,农民工的质朴形象及其"从零开始"的标签可以让那些来自城里的求职者降低他们的期待。的确,上面分析过的那些树立深圳新形象的报道稀释了深圳劳资纠纷过程中的阶层对立。正如潘毅所说的那样,"人们不再提阶级斗争",这样才能为经济发展让路,"人们开始强调个人奋斗、职业精神、机会均等和市场竞争"。③ 换句话说,对外来务工人员和打工文化的构建,彰显了政府能够把全球资本主义下的经济发展用其特有的方式和语言加以宣传,并且只有将打工与国家正统的思想教育结合起来才能做到这一点。

20世纪90年代,深圳在精神层面上被构建成那些来自乡村和城市里的年轻人远离家乡实现梦想的地方。农民工相对弱势的社会地位被引用到对"深圳精神"的阐释中,这样既可以激励农民工奋发上进,也能够用来教育城里再就业者不要有太高的期望。然而,1994年深圳官方媒体宣传的自强不息等价值观念现在都已经成为举国宣传的核心价值观,因为国家需要全国人民都努力奋斗,只有这样才能谋求自己的幸福生活,也就是告诉人们要采取务实的态度。

---

① 例如,一个众所周知的事实是,20世纪80年代末和90年代初,在深圳分散的劳动力市场中发展起来一个庞大的灰色劳动力市场,很多工人都是非法的"三无"人员。据刘开明的记述,在宝安和龙岗两大工业区的乡镇企业中,只有50%的农民工进行了临时登记,这些人在很大程度上助力了深圳的经济发展,见刘开明.边缘人.北京:新华出版社,2003:62—63。
② 迈克尔·R.特鲁约.全球化时代的国家人类学.现代人类学,2001,42(1):126.
③ 参见潘毅所著《中国制造》第十一章。

深圳的农民工在20世纪90年代被当作理想的宣传载体，他们的品德被树立为所有来深圳的外来务工人员学习的榜样。农民工之所以能够成为自强不息的榜样，离不开在户籍管理制度下，他们的地位不如城里的下岗工人这个原因。农民工靠自己的劳动的确使自身生活得到了改善，因为国家没有像对待城里的下岗工人那样，给他们提供食品、就业和其他各项福利。相比之下，城市里下岗的外来务工人员，只有通过接受教育，才能够认识到他们面对的市场竞争。从这个意义上说，深圳官方媒体上宣传的外来务工者的模范形象应该被看成是为此后的全国人民树立起来的榜样，他们身上集中地体现了改革开放时期社会经济变革对人们的思想和价值观念所带来的影响。广泛的劳动力商品化将会触及上上下下所有阶层。因此，这一章所讨论的问题涉及如何为新的社会结构找出一个合理的运行模式，这是当时中国所面临的核心问题。

第二部分 突破（1992—2004）

第五章
深圳乡村的发展:城市包围农村

马立安

2004年,深圳成为中国第一座彻底没有农村的城市。从法律的角度来看,深圳不再有农村了,这是一个值得人们思考的问题。截至2016年,深圳市设立了四级行政单位,包括市、市区(新区)、街道和社区。本章概述了在深圳市区不断扩大的过程中,城中村是如何形成的。除此之外,本章介绍了深圳行政区划的历史渊源,其变化如何促进城中村的崛起,以及城中村虽然有争议却以合法的形式在城市里保留下来的现象。[①](图6)

当年,在中国共产党和毛泽东的领导下,农村成为中国革命的根据地。"农村包围城市"是为革命性变革所采取的一种明确

---

① 有关调整地理边界以缩小深圳城乡差距的详细论述,参见马欣和布莱克韦尔所著的本书第六章。有关社会主义制度下城乡局势的详细论述,参见莫里斯·J.梅斯纳.毛泽东主义中的乌托邦社会主义论题:城乡关系.马克思主义、毛泽东主义与乌托邦主义.麦迪逊:威斯康星大学出版社,1982: 28—75。

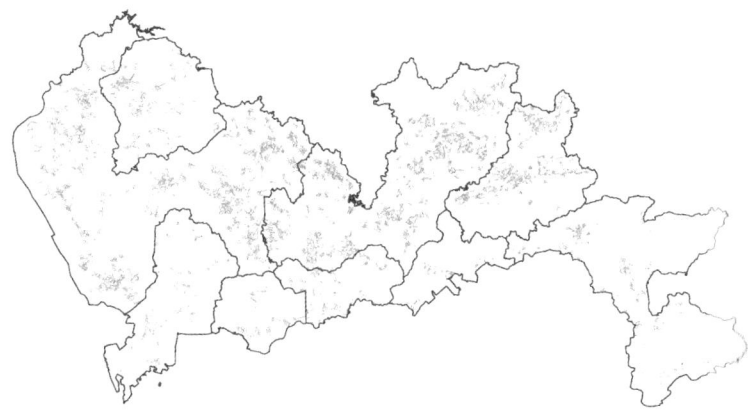

图6 2000年,深圳城中村的地理分布以及各个村的大致边界。图片由马立安标注加工。

的政治、经济和社会策略。[1]在汉语里,"包围"可以理解为"围绕",强调了中国革命以农村为基础的特点。早期中国共产党人曾效仿苏联,在城市组织工人运动。然而,蒋介石领导的国民党军队暴力镇压中国城市中的共产党组织,迫使共产党人撤退至农村。此外,中国共产党人和当地群众认为,在上海和广州等通商口岸,到处都是汉奸、不法商人和腐败官僚。虽然马克思声称乡村的城市化构成了现代史,但中国革命却尝试团结农村的人民群众,发挥农村的重要性,重新夺取和改造城市。1927年至1949年,中国共产党在农村地区与日本侵略者和国民党军队进行了顽强斗争,实行农村包围城市,武装夺取政权的策略。

历史上,深圳的村是合法的行政单位。深圳经济特区的

---

[1] 有关农民及农村革命与中国的现代化建设,参见刘昶.中国农村的农民与革命:华北平原和长江三角洲的农村政治改革.纽约:劳特利奇出版社,2007;高峥.从乡村革命到城市革命:鲁中南个案研究.当代中国研究期刊,2001,10(27):233—252;费里曼,等.社会主义制度下的中国乡村.康涅狄格州纽黑文市:耶鲁大学出版社,1991;苏拉米・海因斯・波特.中国农民:革命的人类学.剑桥:剑桥大学出版社,1990;萧凤霞.华南的能动者与牺牲品:中国农村革命的共谋.康涅狄格州纽黑文市:耶鲁大学出版社,1989。

建立标志着中国历史上一个新时期的开端,即"城市包围农村"①。在毛泽东时代,全国土地大致分为农村地区和城市地区。在农村地区,村子被编入生产队,由公社进行管理。公社必须完成定量的农业生产配额,这些配额为工业城市化以及社会福利政策("非农"领域)提供经济保障。重要的是"户口"决定了人的地位——食品、住房、工作以及社会福利都通过户籍身份进行分配。例如,食品券和粮票是根据城市分配的,上海的肉票不能在附近城市使用,更不用说在北京使用了。然而在毛泽东时代,农村地区的公社和生产队既不为社员提供食品券也不提供住房,社员自己生产粮食(通常要满足生产配额以后才可获得多出的粮食),并且自己建造住房或者宿舍。②

把宝安县升为深圳市使社会主义中国萌发了一个不同的局面,因为将深圳分为经济特区和非经济特区的做法只是为了改革开放时期经济措施的合法化。然而,它并没有将一直以来属于生产大队和生产队的土地所有权转移到新的市政府手中。而新到特区的开发商,其首要任务是通过协商将归集体所有的土地合理纳入到城市管理中。该任务是为了确保来自农村的居民能够继续拥有土地使用权以保障住房并维持生计。从古至今,农民的诉求就是土地。理论上,开发商与农村集体的领导班子协商,将农村的土地管理权纳入城市管理体系。同时,生产队继续为新的城市地区生产粮食。实际上,生产队的领导班子代表农村和村民,坚定维护村民的权益,并未完全满足国家体制中对土地

---

① 1995年至1998年实地调查显示,深圳首次将宝安县纳入(1996年)城市总体规划时,城市规划人员及学者用该说法来形容农村革命方式在深圳发生的转变。《深圳市城市总体规划(1996—2010)》可在以下网站查询:http://www.szpl.gov.cn/main/csgh/ztgh/plan/plan.htm.关于农村在深圳城市建设中发挥作用的详细内容,参见黄伟文所著本书第三章。
② 有关该复杂制度的简要回顾,参见王飞凌.中国户籍制度及其演变.新西兰:当代中国研究中心,2009。

管理的要求。

　　历史上，深圳由农村变为城市经历了四个重要时期。1979年宝安县改设为深圳市。当时深圳市共有30多万居民，大多数居民都被纳入公社中，总共有21个公社，下辖207个生产队。尽管建立了户口制度，但是将农村集体所有制整合的任务仍未完成，村民仍旧保留了传统的农民身份。

　　1980年，中央政府进一步放宽经济政策，在邻接香港的地区建立深圳经济特区。特区与特区之外的内地的分界线被称作"二线"，以区别于深圳与香港之间的"一线"①。经济特区的建立使其工业生产和外来投资（主要来自香港）合法化。在"二线"外，深圳重新设立宝安县，其下辖的村镇依然是农村，属于集体经济。"二线"以内的区域被称为"关内"，宝安县属于"关外"。

　　1982年，中国重新修订《中华人民共和国宪法》，对于分属城市和农村的管辖权做了正式的规定。《宪法》第八条规定："农村人民公社、农业生产合作社和其他生产、供销、信用、消费等各种形式的合作经济，是社会主义劳动群众集体所有制经济。参加农村集体经济组织的劳动者，有权在法律规定的范围内经营自留地、自留山、家庭副业和饲养自留畜。城镇中的手工业、工业、建筑业、运输业、商业、服务业等行业的各种形式的合作经济，都是社会主义劳动群众集体所有制经济。国家保护城乡集体经济组织的合法的权利和利益，鼓励、指导和帮助集体经济的发展。"②

　　相比之下，该版《宪法》第十条规定："城市的土地属于国家所有。农村和城市郊区的土地，除由法律规定属于国家所有的以

---

① 参见马欣和布莱克韦尔所著本书第六章。
② 引自1982年12月4日通过的《中华人民共和国宪法》。

外,属于集体所有;宅基地和自留地、自留山,也属于集体所有。国家为了公共利益的需要,可以依照法律规定对土地实行征用。任何组织或者个人不得侵占、买卖、出租或者以其他形式非法转让土地。一切使用土地的组织和个人必须合理地利用土地。"[①]尽管1982年版的《宪法》和1986年颁布的《中华人民共和国土地管理法》(简称《土地法》)都规定农村土地属于集体所有,但至今未有任何文件明确解释法律中"集体"的含义,因此法律对国家管理体制中农村集体的身份和传统意义上的农村集体身份没有严格的界定。

1986年10月,深圳市把毛泽东时代的公社和大队重新命名为乡镇和村。这意味着城市中的"新村"实际上包含曾经相邻却彼此独立的数个村落。一个行政村包含三个甚至五到六个传统意义上的村庄,随着时间的推移,这些村庄还将被重新规划。

城乡物权的差异成为毛泽东时代结束后改革的基础,改革首先在深圳进行,之后遍及全国。此外,深圳的乡村不再是法定的行政单位,这与当地官员和村民对乡村拥有土地所有权及自身社会身份的认知相互矛盾,因此成为当地官员所面临的一个重大挑战,是"正常"城市化须面对的问题。通过《深圳市城市总体规划》,当地官员已对"正常"城市化做出明确阐释。目前,该规划已完成了四期(1982年、1986年、1996年和2010年)。(图7)换言之,"正常"城市化指的是法律所承认的在城市规划内或规划外产生的城市化成果。相比之下,深圳当地村民修建出租房以容纳数量激增的外来打工者,甚至发展企业工业园区、休闲娱乐中心和商业街,因此在城市规划之外出现城中村。截至2015年1月,深圳约有50%的人口居住在城中村,当时的官方统计人口为

---

① 引自1982年12月4日通过的《中华人民共和国宪法》。

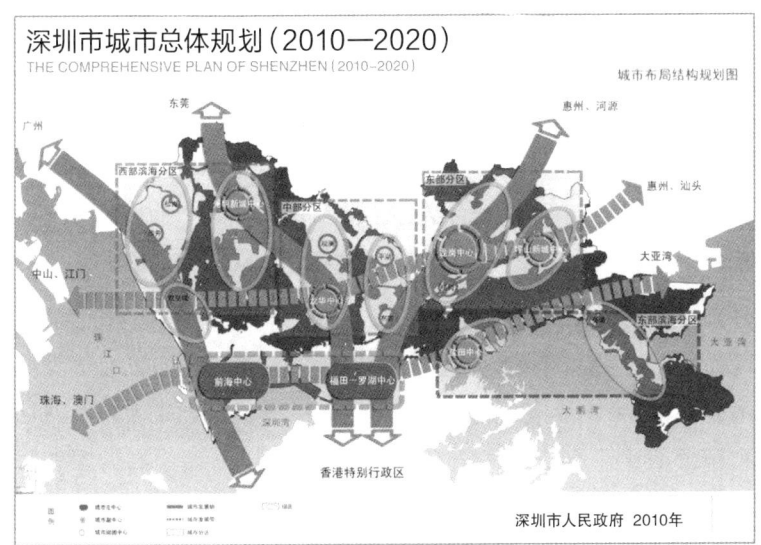

图7　深圳市城市总体规划(2010—2020)之城市布局结构规划图。

1100万左右。但2016年1月,时任深圳市委书记马兴瑞证实,当时深圳的"常住人口含户籍人口1077万,管理人员2000万"。[1]

在深圳,城中村让外来打工者以及一些社会地位低下的村民在城市里有了归属感。[2]这些村落人口密集,为如计件制造、

---

[1] 深圳的户籍人口数量与常住人口数量相差甚远。2015年1月,深圳市决定将户籍人口数量从280万增加到400万。针对这项政策,笔者采访了拥有和没有深圳户口的居民,发现他们普遍认为这项政策不能解决问题,并没有改善外来人口的生活条件。符合落户条件的人并不需要深圳户口,而需要深圳户口的人却不符合落户条件。2016年,时任深圳市委书记马兴瑞公开呼吁,要进一步妥善管理人力资源。他指出,深圳当前所管理的人口达2000万(摘自腾讯·大粤网,网址:http://gd.qq.com/a/20160130/009936.htm)。

[2] 有关1992年邓小平南方谈话后农村人员涌入城市打工的概况,参见张鹂.城市里的陌生人:中国流动人口的空间、权力和社会网络的重构.加利福尼亚州斯坦福:斯坦福大学出版社,2001;多萝西·索林杰.中国城市中有争议的公民身份:农民工、国家和市场逻辑.伯克利:加利福尼亚大学出版社,1999.有关深圳外来人口如何从农民转变为工人的详细论述,参见佛罗伦斯所著本书第四章.陈佩华和乔纳森·昂格尔就流动人口汇款回乡如何重塑深圳农村腹地进行了讨论,参见陈佩华,乔纳森·昂格尔.陈村:从革命到全球化(第3版).伯克利:加利福尼亚大学出版社,2009.

美容按摩以及廉价消费品贸易等提供基础设施。重要的是这些不在城市规划中的农村地区的发展,有的是通过与市政府的协商,有些是干脆无视城市发展规划而产生。一方面,深圳的城中村在城市规划外产生的城市化,没有出现其他许多城镇在城市化进程中出现的更为严重的现象。譬如,不同于巴西的棚户区,深圳的城中村并非位于城市的边缘地区,而是遍布整座城市,许多城中村占据黄金地段。因此,深圳的城中村融入了城市的基础设施中,享有自来水和电力供应,公共交通十分方便且收费低廉。此外,深圳放宽户籍准入标准,城中村成为外来人口获得社会服务(包括子女入学和医疗)的载体。因此,城中村为深圳城市化所需要的条件提供了规划之外的解决方法。另一方面,城中村及其居民缺乏正式的法律地位,使得居住在中心地带的低收入居民无法享受城市的福利条件。事实上,2007年深圳市政府计划改造城中村,城中村的模糊地位变得尤为棘手。有人认为,政府出台此计划的目的是利用城中村的土地价值以获取利益。平心而论,深圳市的城市改造对本地村民是有补偿的,但它忽视了外来人口在此安居的需求。50%以上的深圳人口的居住状况成了人们热议的话题。显然城中村是在城市规划外产生的,但城中村已成为深圳繁荣发展的基础之一。

  本章以下各节探讨了宝安县改设为深圳市之后,在城市规划外所产生的城市化的方式以及产生的社会矛盾。就近代中国历史而言,该特例的目的在于凸显国家领导人如何在深圳重塑毛泽东领导下的农村革命。在研究当代超大城市方面,本章分析了建筑形式如何促进城市的发展。[1]

---

[1] 以全球其他地区的城市化进程为背景来看深圳的发展历程,参见萨斯基亚·萨森.全球经济中的城市(第4版).加利福尼亚州千橡城:SAGE出版社,2011.

南头半岛：土地分布概况

深圳的地理变化沿革与至少五种不同的历史制度有关：国家食盐专营制、明清时期的乡村宗族家长制、香港的资本主义制度、农村集体经济以及改革开放所带来的市场经济。[1]对南头半岛的分析能够解释这些制度是如何建立的、它们相互之间的影响以及给当地带来的发展变化。在当代，这些历史通过深圳的地名以及聚居模式展现出来。这些模式的作用在南头半岛尤为明显。在南头半岛的边缘老区，新的聚居区已经形成，而旧的聚居区逐渐落后，转变成低收入居民区。

考古证据显示，2000多年来珠江东岸地区盛产海盐。公元前116年，汉代官府垄断了盐的生产，并在广州地区（含今东莞、深圳和香港）的东部设立了朝廷盐务的官方机构。东莞盐区位于南头半岛，拥有经珠江通往广州的港口和通道。东莞衙门建立在南头寨城。几个世纪以来，由于天津和四川建立了规模更大、生产效率更高的盐场，东莞盐区海盐产量下降。各个时期的海洋禁运给盐田造成了极大破坏（1371年，明朝开始发布禁令，并持续到康熙皇帝在位时期，当时康熙皇帝迫使沿海农民迁至内陆地区）。尽管如此，直至明朝，该地区都因盛产牡蛎、珍珠、荔枝和香木而闻名。此外，珠江东岸港口的水深情况比西岸港口的好得多，因此广州成为连接中外的通道。在古代，通向中国南

---

① 《新安县志》记录了自1819年起新安县的发展历程（彼得·Y.L.吴的英译本1983年由香港大学出版社出版）。对于这段历史的介绍，参见科大卫,萧凤霞.植根乡土：华南社会的地域联系.加利福尼亚州斯坦福：斯坦福大学出版社，1995。关于转型的文化意义，参见科大卫.皇帝和祖宗：华南的国家与宗族.加利福尼亚州斯坦福：斯坦福大学出版社，2007。

海的海上通道经过虎门和南头。尽管明朝实行海禁政策,广州仍然是中国的南大门,珠江东岸的港口更为国外商人所觊觎。①

明万历元年(1573年),东莞分为二,设立东莞县和新安县。新安县包括现今的深圳和香港。新安县地处南头古城。(图3)18世纪晚期,广州成为重要的金融中心及鸦片贸易中心。林则徐把英国商人的鸦片销毁,抛进珠江,英国借机发动第一次鸦片战争。这些商人成功迫使英国政府使用武力获取赔偿。当时的清政府在鸦片战争中战败,英国开始对新安县南部(包括香港岛、九龙半岛和新界)进行殖民统治。划定的中英边界沿深圳河,经过深圳墟的南部。1913年,广九铁路的铺设使物流和人口从南头转至香港。南头在区域政治经济中不再占据主要地位,但珠江流域的聚居地之间的小规模交易仍在继续。而深圳墟位于广九铁路的边境站,成为新安县的政治经济中心。民国初期,新安县更名为宝安县。②事实上,深圳经济特区的建立借鉴了香港的经验,中国政府对香港恢复行使主权成为经济政策放宽的主要政治推动力之一。譬如,在毛泽东时代,南头的现代化包括建设一条双车道公路(今南新路),该公路与旧时的南门路平行,将南头半岛的村庄与国家铁路及公路系统连接起来。而毛泽东时代结束后,国有投资的目标不只是把农村的聚居区纳入国家管理体系中,更要促进该地区的城市化。珠江沿岸地区的土地开垦明确显示出这些计划的规模和目标——在华南地区的国际贸易中取代香港甚至广州。(图8)

---

① 有关明朝海禁政策及其对广东省沿海地区的影响,参见杰夫·韦德.15世纪的中国和东南亚.东方经济与社会历史,2008(51):578—638。
② 笔者认为,人们所经历的变迁使得该叙述受到了文化层面上的影响。早期来深圳的人与当地人谈到香港的过去,都认为深圳若不采用社会主义制度,就会跟香港一样。参见马立安.成为香港,拉拢宝安,保护新安:深圳经济特区城市化民族志研究.文化研究,2001,15(3/4):419—443。

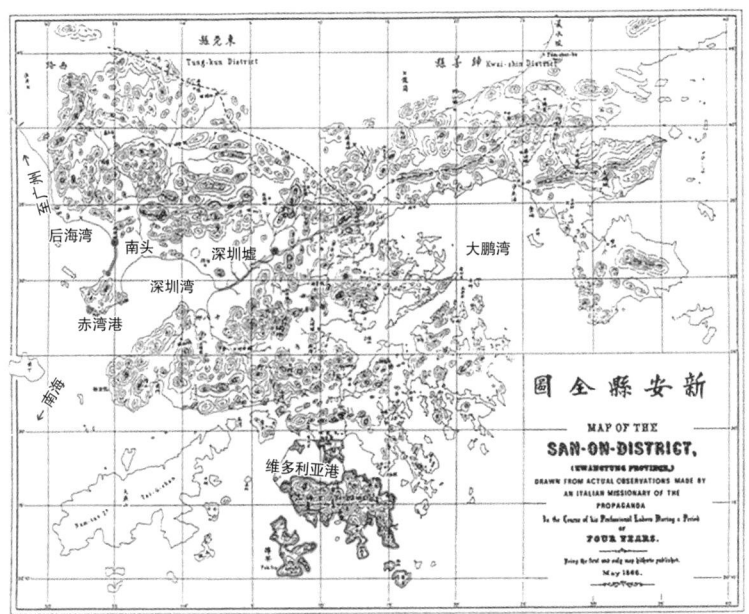

图8 《新安县全图》由意大利传教士佛伦特里于1866年绘制。该地图结合了中国和西方的地图符号,表明了南头新安县的地理位置。1898年之后,香港被从新安县划出。1913年深圳成为广九铁路的边境站。图中黑体字地名为马立安标注。

改革开放时期南头半岛的变化展示了"城市包围农村"的框架及产生的社会矛盾。明朝时南头被坚固的城墙环绕,但第一次鸦片战争结束后,城墙土崩瓦解,成为一片废墟,仅南面和东面的城门仍然屹立。在破败的南门前,一条公路纵向延伸,最终到达位于南山脚下的南山村。南头古城和南山村之间有六个村庄,分别为关口村、涌下村、田厦村、向南村、北头村和南园村,这些村庄覆盖了珠江口部分土地、南新路的一段(人们把这段路称为"老街")以及向内陆扩展的农田。然而土地的开发以及双向四车道和双向六车道的公路(如前海路)的布局使得深圳的乡村被包围,南新路的居民区也被隔开。(图9)

图9　南头半岛土地分布示意图。图中阴影部分是土地开发区域。前海的高速公路和南新路之间的虚线为连接南头古城（前新安县）与其他村庄的道路。图片由马立安于2013年绘制。

罗湖与东门

　　历史上，宝安县城位于珠江口附近的南头古城。1953年，宝安县政府迁往蔡屋围。蔡屋围毗邻罗湖老街和罗湖出入境边防检查站。迁址原因有经济和政治两方面的因素。经济上，计划经济将中国传统的小农经济转变为现代化经济，大量的货物和人口流动需要依靠四通八达的铁路系统。深圳火车站把宝安县与全国铁路系统相连。此外，迁移还促进了当地食品加工业的发展，这些食品销往香港以换取外汇。（图10）政治上，深圳老城位于深港边界，英国加入联合国军（以美军为主）并卷入朝鲜战争后，中国军队驻扎于此。罗湖桥是进入内地的南通道。自1955年起，有100万至250万内地人通过宝安进入香港，1957年、1962年、1972年和1979年都出现过大规模的"逃港潮"。

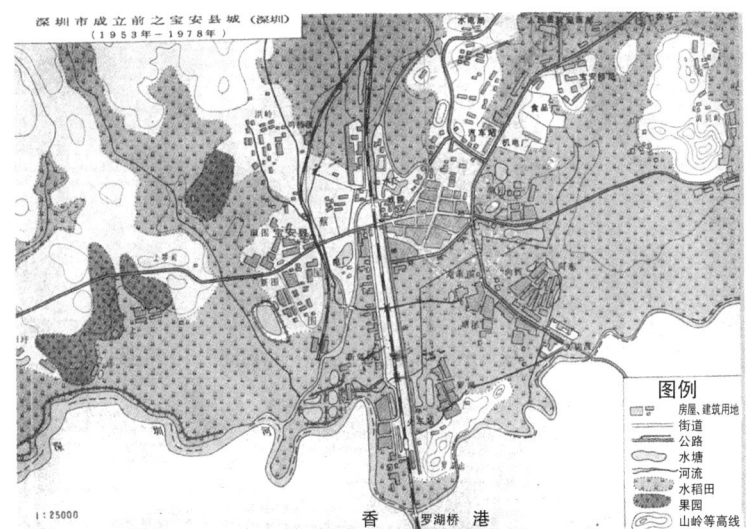

图10　1953年至1978年深圳市成立前之宝安县城（深圳）地图，参见《深圳经济特区年鉴（1985）》。1953年之前，该地区为深圳老城的所在地，为利用铁路枢纽的优势，1953年升为宝安县。

  1980年深圳经济特区的建立同样是为了发挥毗邻香港的优势，促进国民经济发展。深圳经济特区的早期规划是开发广九铁路东西向延伸50平方公里的区域，改造现存道路，开发县政府中心区、老城商业区以及现存村庄周围的稻田和荔枝园。最重要的决定之一是重新规划该区的交通系统。首先，横贯县城中心的铁轨被移除，沿铁路延长线和北部路段建立了工业园区。其次，该区的主要道路解放路向西扩建至县城中心区以外，向东扩建至黄贝岭附近，横贯老城的那段解放路继续使用。基建工程兵在老城南部周围铺设了一条通往东门的新路，连接西延的解放路和该区最大的市场。这条新路被称为深南大道，此后深圳的城市化发展基本上是沿着这条道路进行的。随后的道路扩建沿着轨道路线向北修至布吉镇，向西经过深南大道直达广州市。

改革开放初期,当地村民利用农村的土地集体所有制,使紧邻罗湖桥、文锦渡、县城中心和广九铁路的农村生产队都蓬勃发展起来。1980年,当地生产队的主要收入来源包括农村土地集体所有权变更为国家土地所有权获得的现金补偿、向外来人口出售农产品和出租房屋等。不久,村民还专门为香港一日游的旅客建造了休闲娱乐设施和商业区,这些旅客以低于香港的价格享受服务、购买物品。事实上,1984年邓小平视察深圳经济特区时,罗湖村的生产队已成为"小康"生活的代表,物质水平、家具质量和个人收入甚至已超过国有企业的员工,更不用说与其他企业的员工相比了。

罗湖区最有名的生产队是渔民村生产队,其在深圳本地乃至全国都拥有十分重要的象征性地位。这有三个原因。第一,"渔民"这个词表明了当地渔民不平等地位的改善,他们开始逐步融入宝安县并进一步融入深圳市。旧时,渔民村的村民被称为"疍家","疍家"泛指中国沿海地区的水上居民,他们没有陆地居住权。历史上,当地政府一度不允许疍家人上岸时穿鞋,不允许他们在婚庆仪式上使用红灯笼,疍家不可以与陆上村民结婚,也不允许参加科举考试。毛泽东时代,疍家人获得蔡屋围下辖生产队的土地(位于宝安县的中心地区),迁至陆上建设家园。[1]

第二,渔民村最早受益于改革开放政策的实施。甚至是在经济特区正式建立之前的1979年,时任渔民村主任邓志标组织购买推土机,将所有闲置土地改造成了鱼塘,扩大养鱼规模,鱼塘从几亩增加到一百多亩[2]。据邓志标计算,当时一亩鱼塘的产

---

[1] 有关疍家文化以及我们要如何关注边缘地区的详细论述,参见华德英.香港的渔民:"社会认知模型"的研究文集.香港:香港中文大学出版社,1985。

[2] 1亩约等于666.67平方米。——编注

量折合人民币达几千元。一年之内,村里已拥有足够的收入为村民建造起两三层的小洋楼和厂房了。渔民村因此成为全国第一个万元户村。1984年邓小平视察深圳时,参观了一幢带现代会客厅的小楼,村里为每家每户建造了这样的小楼,家里配有电视机、窗帘和新家具。在1984年邓小平南方谈话的相关新闻报道中,渔民村村民被当作深圳的"原住民",在此后对深圳的报道中便出现深圳曾是小渔村的故事。

第三,渔民村的地理位置十分有利于当地村民出租房屋,为大量涌入深圳的外来打工者提供住所。即使1984年国家决定进一步开放14个沿海城市,1986年,深圳的集体所有制土地在城市发展规划中依然被认定为"农村"。因为渔民村处于火车站旁,位置优越,村民便拆除原来的私人住宅,建造了楼间距非常紧密的6到8层的"握手楼",充分发展房屋租赁业务。2000年,罗湖区与渔民村进行房屋改造协商,村民要价非常高昂。2004年改造结束,渔民村被重建成高档住宅区,属渔民村的物业管理公司所有。新住宅区包括11栋12层的公寓楼和一栋20层多功能大厦。渔民村成为村办股份有限公司。

渔民村只是罗湖区众多村落之一,蔡屋围、湖贝村和西乡(宝安区)等村镇也经历了类似的转变。不像渔民村,蔡屋围、湖贝村和西乡的历史可以追溯到明清时期,这意味着它们所持有的土地比渔民村更多,也使得它们与政府机构协商时处于更加强势的位置。2007年以来,城中村是城市改造的重点,罗湖区各个村镇抵制声音最为强烈,原因有两点。首先,截至2013年,这些村庄依然是市中心低收入打工者最为便宜且便利的住房选择。其次,村庄的旧格局反映了古代以及当代深圳的历史变迁。特区成立30多年后,罗湖成为许多早期外来打工者、第二代深圳人和年轻工作者怀旧的对象。一方面,村民看好他们房产的升值空间,另一方面,低收入家庭把住在城中村视为他们今后改善生活条件和购买正规房产的必由之路。

107国道:城市发展规划外郊区的发展

深圳关外的乡镇企业迅速借助改革开放政策谋求发展。[1] 截至1985年,农村的村组、乡镇的生产大队和重新设立的宝安县政府已经注册了50多个工业园区。这些工业园区都是在关外地区,尽管当时政府已经出台了城市总体规划,但也对此鞭长莫及。首先,城市规划之外的关外总面积是关内城区面积的4倍多。其次,关外地区的城市化发展并未列入城市发展规划之中。在1986年的城市总体规划中看不到107国道沿线密集的工业园。事实上,直到1996年的城市总体规划出台后,关外地区才作为城市规划的对象列入官方蓝图。再次,关外地区的发展规模表明农村的组织化程度很高。规划外的城市化发展并非偶发现象,而是由于乡镇企业的重新规划才产生的。这不仅体现了集体经济的益处,也反映了当地乡村和村民的传统文化与基层民众所发挥的重要作用。

除了乡镇企业,关外地区同样见证了私人股份制公司的发展。这些公司由当地村民与香港投资者或海外华人联合成立。尽管公司的所有权不同,但这些企业都属于低端科技行业或劳动密集型的装配制造业。工厂都是一排排混凝土建筑,有4到6

---

[1] 乡镇企业是改革开放的产物,也体现了该政策的卓越成效。关于改革开放对广东省的影响,参见傅高义.先行一步:改革中的广东.马萨诸塞州剑桥市:哈佛大学出版社,1989.有关乡镇企业的案例研究,参见丹尼尔·巴克.构建中国的市场经济:上海及其乡镇企业.纽约:帕尔格雷夫·麦克米伦出版社,2012;凯文·陈.中国乡镇企业的工作、社区和政策.马萨诸塞州剑桥市:哈佛大学亚洲中心,2008;陈宏毅.中国乡镇企业的制度转变.奥尔德肖特:阿什盖特出版社,2000。

层楼高,可以接通水电。根据装配的复杂程度,不同的工种有独立的工作台。乡镇企业与外部公司签订合同,按照说明书组装产品,早期产品包括纺织品、玩具和廉价电子产品。这些早期的工业园区还建有4到6层高的宿舍楼,为外来打工者提供住宿。宿舍的房间狭窄,每间配有4张双层床。房门正对着一个小窗户,双层床两两相对,靠两侧墙壁放置,这样双层床之间就有足够的空间让人上下床。人们可以坐在床上或坐在外面的草坪上聊天。这些工厂建在107国道或铁路沿线,货物沿线运送到香港港口,然后运往海外。1992年的宝安县城区地图显示,当时关外地区是发展较缓慢的工业园区。该地图上标示,新的宝安县"至南头1公里,至蛇口9公里,至深圳23公里"(图11)。远离深圳经济特区的感受也成为人们热议的话题。宝安区、龙岗区甚至南山区的居民通常都说"去深圳",而罗湖区和福田区的居民在表述地理位置上说得更加精确,他们会说"去东门"。

图11 宝安县城区图(图中信息截至1992年)。此图表明了当时关外地区(包括新的宝安县)是发展较迟缓的工业园区。地图上标示,新的宝安县"至南头1公里,至蛇口9公里,至深圳23公里"。

107国道沿线的发展说明户籍制度不仅影响人口的迁徙,并且影响了深圳的城市形态。20世纪80年代早期,深圳的乡镇企业兴起。当时农民工的户口仍归集体管辖,他们必须完成规定的农业生产配额,其实他们也找不到什么制造行业的工作。由于农民工实际上被排除在雇佣劳动力之外,深圳的乡镇企业可以在广东省和周边省份雇佣到剩余的劳动力。利用这些机会的外来打工者使得深圳的人口数量激增,让形势从三个方面发生了转变。第一,愈来愈多的打工者来到深圳,人数超过提供的工作岗位和宿舍床位的数量,对房屋租赁的迫切需求急剧增加。第二,人口不断增长使得食品和社会服务的供给出现短缺,为外来打工者创造了更多的就业岗位,这些岗位主要集中在建筑业和服务业。第三,该地区的城市化建设大部分都未列入城市发展规划。1992年,深圳市撤销宝安县,设立宝安区和龙岗区,当地的集体企业实际上已经成为关外地区的城市规划者。此外,在人口和土地方面,关外地区的城市化成为深圳城市拓展的主要内容。到20世纪90年代中期,国内外许多企业开始向集体企业租用土地使用权,在关外地区建设工厂,特别是在靠近铁路线的龙岗区。实际上,两家世界闻名的电子产品制造商,即富士康和华为都把工厂建于"二线"附近的坂田。

　　土地所有权界限模糊决定了关外地区城市化发展的无序性。事实上,村领导是否有远见以及村民是否愿意协调发展决定了他们的生活质量能够改善与否。20世纪50年代,农业社会主义改造之后,土地所有权归集体所有,而土地使用权仍归农民个人所有。这种差异使得村民有机会从事个体经营活动。然而,最成功的是县级企业、乡镇企业以及拥有并利用土地所有权的集体组织。深圳市政府和城中村的矛盾实际上是土地所有权与土地使用权的分离所导致的。1992年,深圳市得到关内土地所有权。2004

年，深圳市得到关外土地所有权。至此，深圳市界内的所有土地全部收归国有。然而，集体企业仍然行使住房和工业园区的土地使用权。事实上，自从1992年和2004年这些政策出台以后，关内外的乡镇及其企业一直就转让土地使用权所涉及的补偿问题与深圳市政府进行磋商，政府则依据城市发展总体规划逐步推进此项工作。

白石洲：低收入群体的家园

2015年，白石洲是深圳关内最大的城中村。就整个深圳而言，白石洲位于深南中路的南北两侧，在罗湖以西，南头半岛以北，此处有关内位置最中心的交通枢纽之一。[1]截至2013年，白石洲的总面积达7.4平方公里，约有14万居民，其中约2万人拥有深圳户口，1880人为本村人。深圳市的平均人口密度为每平方公里7500人，白石洲的人口密度大约是深圳市平均人口密度的2.5倍，即每平方公里1.89万人，这个数字也使得深圳在2012年成为世界人口密度排名第五的城市。白石洲拥有2340座中低层建筑，共约3.5万个单元，当时月租金为700元到3000元不等，比邻近的华侨城及附近其他地方的房屋的租金便宜很多。同期附近相对便宜的公寓每月租金仍高达4000元，相当于华侨城创意文化园中许多年轻建筑师、平面设计师或其他技术工人的起薪了。（图12）

---

[1] 原文如此，疑为作者笔误。根据深圳地图，白石洲位于深南大道南北两侧，在罗湖以西，南头半岛以东。——编注

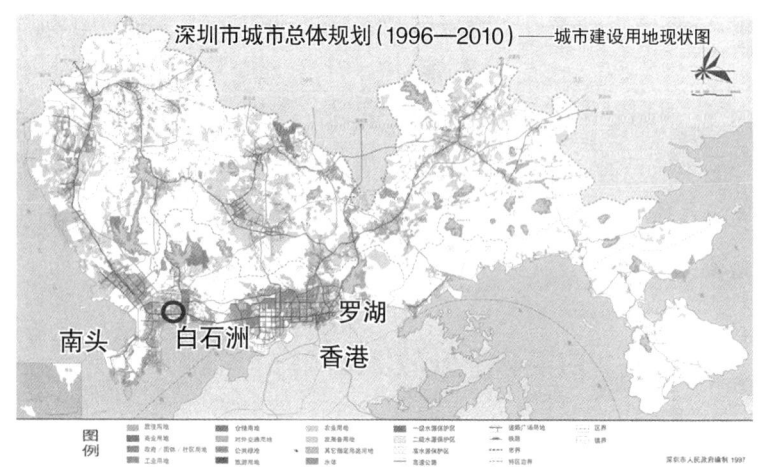

图12 深圳市城市总体规划（1996—2010）中强调了白石洲的位置。图中圆圈及地名为马立安标注。

截至2014年1月，许多废品回收人员仍住在白石洲最便宜的出租屋里，这些房屋原是毛泽东时代的农民工宿舍。三名工人共用一间30平方米的宿舍，每人每月200元租金，水电费另收。老蔡接受采访时已经65岁了，每个月的退休金只有40元，但他和妻子每年的花销有2万元，平均每月近1700元，所以他退休后来到深圳。在白石洲，他以回收纸箱和其他废品为生。老蔡说尽管收入微薄，但他可以省钱养活自己，并且春节的时候带一点钱回家。宿舍不能居住了，老蔡就搬到附近一座握手楼中，和其他两名废品回收人员共用一间更小的屋子。白石洲的居民来自各行各业，有20多年前搬来深圳的工薪家庭，还有自食其力的年轻家庭。例如，来自四川的一家人租了一套60平方米的两居室公寓，每月租金1700元，夫妻、岳母和两个孩子共同居住。白天，夫妻二人在华侨城工作，岳母照顾孩子并操持家务。华侨城创意文化园有很多创意公司，许多在此工作的年轻设计师和建筑师都住在条件较好的握手楼中,有些握手楼还带有停车位。

除房屋租赁以外,白石洲大部分建筑的一楼通常用于商业用途。该片区拥有多条商业街和数家夜市及娱乐场所,还有个体商贩的小店和木匠、五金加工及手艺人的作坊。这里还有一所小学和三家托儿所。此外,富有创业精神的白石洲人模仿东门步行街,在沙河工业园区的两个废弃工厂之间建立了白石洲商业步行街,大排档、玩具摊和儿童游乐设施应有尽有。

显然,用"乡村"这个词来描述人口密度大且多元化的白石洲是有误导性的。白石洲是一个充满活力的城市片区,包括白石洲、上白石、下白石、新塘和塘头五个自然村。毛泽东时代,这五个村庄组成了一个国营的集体农场,名为"沙河农场",是广东省深圳市政府侨务办公室成立的光明华侨农场的一个分场。20世纪80年代初期,占地面积12.5平方公里的沙河农场被划分为两个企业区——东部的华侨城集团和西部的沙河工业区。20世纪80年代中期,华侨城和沙河纷纷建立装配生产线,其管理团队和投资渠道却大不一样。华侨城集团是国有企业,其团队的管理人员是来自中国各大城市的专业精英,而沙河工业区的管理人员是过去集体企业的领导。20世纪80年代以后,深圳的低端科技产业和低成本制造业不再像80年代那样利润丰厚,华侨城开始建造主题公园以促进发展,包括锦绣中华、世界之窗和欢乐谷等主题公园。这些投资也抬升了该地区的租金,推动了前工业园区的改造,使其成为类似北京798艺术区的创意园区。

乡土化:不同的思想观念

本章的讨论旨在揭示深圳城中村的演变过程。毛泽东时代中国农村实行了集体化,这一时代结束以后,农村的城市化迅速发展，原来的村庄也都演变成今天城市里的居民区。不过，这些居民区依然被称为"某某镇""某某村"，成为旧城改造的目标。人们要求拆除这些杂乱的居民区，建设高级、中高级住宅和商业区。近年来，蔡屋围被拆除，京基100大厦建成；大冲村被拆除，建成了集办公楼、商场和高端公寓为一体的华润城；作为罗湖区的旧商业中心，湖贝村成为下一个拆除的目标[①]。2017年6月15日，原深圳市规划和国土资源委员会南山管理局公布了《关于南山区沙河街道沙河五村城市更新单元规划（草案）》，即白石洲片区旧改草案，计划将白石洲打造成为高端的城市中心区。

在深圳，乡土化主要是一种理念。出于这种理念，人们守护着他们的家园，抵抗都市化发展的渗透，并且让从事低水平劳动的人和低收入家庭在城市里有了一片立足之地。这种理念认为：这些从乡村演变而来的城中村，不是无序发展的结果，而是乡村历史的继续，这与"城市包围农村"的深圳历史发展观是不同的。事实上，深圳留下来的村庄已经很少了。官方把20世纪80年代中期至2005年之间建造的、未列入城市发展规划的住宅区和工业园区作为城市改造的目标。此一阶段深圳市政府才着手积极开展遏制非法的建设开发。

---

① 湖贝村已于2017年年末开始拆迁。——编注

第六章
深圳"一线"和"二线"的政策设计

马欣　阿德里安·布莱克韦尔

马欣，加拿大滑铁卢大学建筑学硕士。她的有关"二线"的研究分析了深圳经济特区边界的社会和城市形态。她目前在多伦多市做实习建筑师。

阿德里安·布莱克韦尔，加拿大滑铁卢大学建筑学院副教授和哈佛大学客座教授，杂志《替罪羊：建筑/景观/政治经济》的创办者和编辑。他同时也是艺术家和城市研究者，其研究内容主要是都市空间与政治和经济力量之间的互动关系。他当下的研究是把深圳作为一项个案来检视新自由主义都市化的问题。他这项研究的成果载于《城市中国》《构筑城市》《网络文化》和《建筑与理念》。

构筑差异，带来流动

边界的功能是保持相邻地域之间的差异。人们有时候无法通过文化惯性或空间距离来维持那些重要的政治经济差异，这就需要依靠建立边界来做到。边界是一种屏障，但实质上边界也是促进地区发展的强大动力。差异的存在会带来资本和劳动人口的流动，甚至包括土地这样的固定资本。深圳"二线关"是在1982年设立的,2010年正式取消①。"二线"将深圳经济特区与内地其他地区隔开。本章将通过考察深圳"二线"设立以来构建和保留的差异以及这些差异带来的资源流动,探讨设立"二线"给深圳带来的影响。(图13)

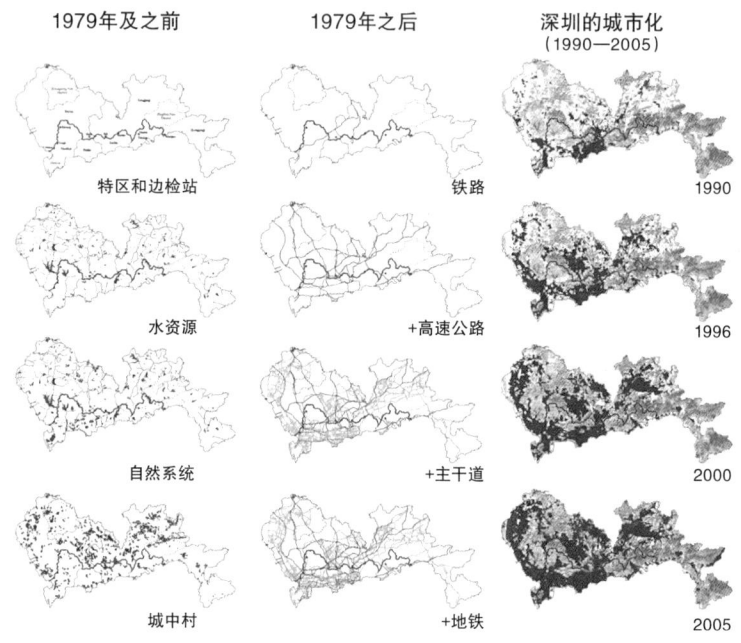

图13　1979年至2005年,深圳"二线"与深圳的城市化。马欣绘制。

在本书前几章中,作者展示了深圳早期如何通过划定边界的试验区发展起来。②在深圳"二线"存在期间(1982—2010)不断有新的区域出现——从深圳经济特区内的经济开发区到不同行政区划之间的社会经济区分,再到某些城中村、住宅区和工

---

① 2010年,深圳经济特区内外一体化方案获得国务院批准。2018年1月15日,国务院同意撤销深圳经济特区管理线。——编注
② 见本书马立安所著第二章和黄伟文所著第三章内容。

业区。正如马立安和黄伟文所指出的,蛇口工业区和华侨城都是在边界模糊的区域上发展起来的,这样的区域往往起初并没有明确画定的边界。本章将研究这些试验区是如何依赖行政或区域规划发展起来的。这类区域的画定依靠两种固定的边界:一种是深港边界,俗称"一线";另一种是深圳经济特区的行政管理线,俗称"二线"。虽然中国从东亚其他国家借鉴了对外自由贸易区的经验,促进了深圳的发展,但本章对"一线"和"二线"的研究将主要着眼于珠江三角洲的历史发展。

深港边界

珠三角地区土地分割由来已久,这为深圳经济特区如今的发展提供了舞台。晚清时期,现在的深圳和香港合起来被称为"新安县"。该地区主要从事农业生产,村落间零星分布着一些集镇,包括南头和深圳。[1]1840年第一次鸦片战争爆发,1842年中英签订《南京条约》,香港岛从新安县行政区南端分离出来,置于英国的管辖之下。1860年和1898年又签订了《北京条约》和《展拓香港界址专条》,清政府割让九龙和新界,香港与内地的边界也因此北移。[2]中国一度政治动荡,因此在1957年、1962年、1972年和1979年分别发生了大规模的人口迁移,许多人穿过宝安来到香港[3],许多家庭的成员因此分居两地,隔河相望。[4](图14)

---

[1] 王宽耀,编著.深圳经济特区:中国实现现代化的试验场.香港:大道出版社,1982:16—19.
[2] 曾锐生.政府与政策:香港历史纪实.香港:香港大学出版社,1995.
[3] 余咏恩.70年代内地逃港者讲述他们的故事.南华早报,[2013-01-06].
[4] 何慧峰.被遗忘的逃港潮.南华早报,[2013-01-13].

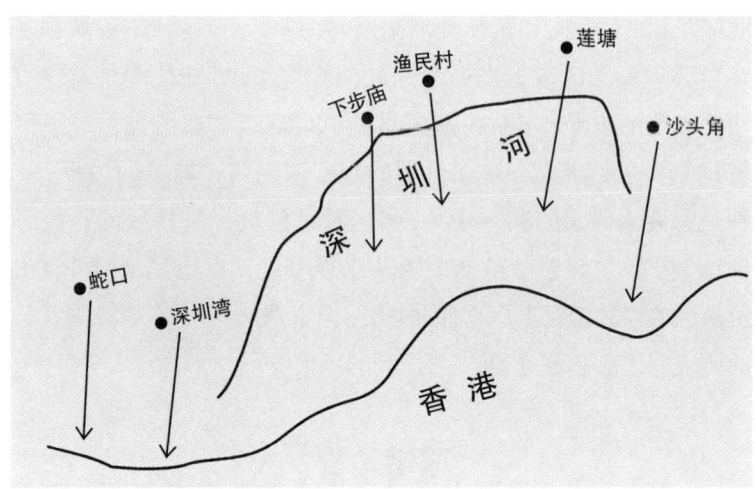

图14　改革开放前,偷渡香港的主要路线(手绘图)。参见陈宏所著《1979—2000深圳重大决策和事件民间观察》(长江文艺出版社,2006年5月)。

　　一些非法移民穿过边界,逃至九龙寨城。九龙寨城位于香港新界,占地2万多平方米,是清朝军事据点的遗址。清政府在1860年和1898年签订的条约中并未将该地区割让给英国。因此九龙寨城作为非法移民最中意的定居之所逐渐发展成自治飞地。据估计,该地区的人口密度在当时排世界第一。1984年中英发表联合声明,宣布1997年英国将归还香港主权给中国。1993年至1994年港英政府开始通力起诉、驱逐非法移民并最终拆除九龙寨城,直至中国政府基于深圳发展的成功经验将香港设为首个特别行政区,这项工作仍在继续。1995年九龙寨城不复存在,取而代之的是九龙寨城公园,用于展示大规模人类聚居地背后的清朝军事据点遗址。曾经被强制疏散的社区,如今已没有任何公开痕迹表明它的存在。人们将这个特殊地区设为九龙寨城公园,用来纪念它悠久的历史。有关非法移民在此定居的微观历史也在边界的一次次画定中被抹去。

深圳市（1979年）和深圳经济特区（1980年）的建立既是中英关系调整政策的一部分，也是政府重新划定地缘政治边界的结果。然而像其他地方一样，深圳在改革开放初期的情况导致甚至迫使人们对边界做出一些调整。例如，时任深圳市委书记吴南生发现深港边界两侧有两个村庄，虽然都叫"罗芳村"，但深圳这一侧的村民收入却只有香港一侧村民的千分之一。他介绍这两个村庄时将其中一个罗芳村说成对照试验中的一个试验组，这使选择性拆除边界成为可能。①

九龙寨城和香港罗芳村都是通过非官方认可的方式发展起来的特殊区域。相比之下，经济特区（包括特区里的蛇口工业区）的建立则是将这种画定特殊区域作为一种发展策略，并且在法理上予以确认。②宝安县毗邻香港并且与政治中心首都北京的文化距离较远。它与世界各地贸易往来的历史可以追溯到明代，所以国家决定在宝安县建立经济特区。边界的画定有利于该地区汇聚独特的国外资本、前沿技术和管理人才。得天独厚的地理位置也为该地区提供了大量廉价劳动力和土地，因此深圳的发展成本远低于香港。③不过，"一线"与"二线"的一个很大区别是，"一线"是大英帝国通过殖民掠夺从外部强加给中国的，而"二线"是中国政府画定的，用于试验在融入全球市场经济的同时保持自身的独立。

深圳经济特区建立后，中国政府为了促进资源从香港流动到深圳，出台了一项政策，支持香港企业家到深圳发展。相反，

---

① 吴南生显然已经注意到罗芳村深圳一侧的村民年收入仅134元，而香港一侧的村民年收入达到了13万元。参见陈宏.1979—2000深圳重大决策和事件民间观察.武汉：长江文艺出版社，2006：8。
② 见本书马立安所著第二章。
③ 约翰·弗里德曼.中国的城市变迁.明尼阿波利斯：明尼苏达大学出版社，2005：28.

深圳居民很难获准访问香港。2000年之前，对中国公民而言，深港边界仍像国界一样难以跨越。[1]正如傅高义在本书的序言中详述的那样，起初人们只能通过步行穿过罗湖桥前往香港。

1980年，前往香港的旅客只能走罗湖口岸，进出口商品则走文锦渡口岸。为了满足日益增长的交通运输需求，中国政府于1985年加开了沙头角口岸供旅客通行，1989年加开皇岗口岸（对应香港的落马洲口岸）供运输货物。到了1995年，85%的往来深港人员走的都是罗湖口岸。为了便于游客出入香港和缓解交通拥堵，2003年港铁建东铁线支线到落马洲（对接深圳的福田口岸），2007年又开通深圳湾口岸。[2]香港早期许多特殊区段（如九龙寨城和罗芳村）都是通过非官方途径形成的。深圳经济特区建立以来，情况恰好反了过来——深港边界的深圳一侧出现了许多香港消费者购物区。很多口岸附近的城中村也通过自我完善来满足香港游客的消费需求。例如，罗湖口岸就有几家购物中心将香港游客作为目标消费者，以销售高仿名品、肖像摄影和定制产品（如定制窗帘、定制服装）而闻名。

一些深圳人虽然无法进入香港，但他们的购物需求可在中英街得到满足。中英街位于沙头角，该街从1898年开始就一直跨越边界。其中的一个街区有半条街在内地一侧，另外半条街在香港一侧。这条街曾是非法入境的主要路线。[3]20世纪90年代，深圳人开始在那里挑选和购买香港或外国的商品。

对这些区域的描述说明特区建立前后，特殊区域的形成是深港边界的基本特征，不管这种做法是否得到官方的认可。

---

[1] 罗伯特·克林伯格.中国向世界开发：外资的试验.科罗拉多州博尔德：西景出版社，1990：77.

[2] 见本书赫什所著第十章.

[3] 陈宏.1979—2000深圳重大决策和事件民间观察.武汉：长江文艺出版社，2006：5.

实际上，当年这种为了满足消费者需求画出一块地盘的做法在1997年之后的香港得到了延续，开辟了专为内地消费者服务的特殊消费区域或渠道。例如，2008年政府发行"迪士尼乐园"签证，允许深圳居民组团游览香港迪士尼乐园（不包括香港的其他地方）。特殊区域的形成让人们体验了截然不同，甚至是想象中的经济生活。它们是"世界之窗"在空间上的表现，为"二线"的设定开辟了先例，也使之成为可能。

"二线"的设立和管理

政府曾经派了几架直升机在宝安县上空进行空中调查，目的是准确按照地图上的标注画出经济特区边界。[①]起初划定的面积为327.5平方公里，后来增加到约396平方公里。[②]1982年，"二线"的最终划定方案获得国务院批准，并于下半年开工建设。"二线关"和口岸的主体工程在1983年完工，之后"二线"内的一些区段开始着手打造区域特色。1984年配套的基础设施和公用设施投入使用。1985年"二线关"已经能够充分发挥各种行政功能，其最终建设成本为1.38亿元。

为了经济特区的发展，宝安起伏的地形和一些农田（尤其是沿海部分）被改为平地。政府保留了大部分内陆地理特征，为公园和娱乐设施的建设奠定了基础。"二线"在战略上利用梧桐山—羊台山脉作为天然的地理屏障，那些企图非法入境的人很难翻越高高的山脉。随着时间的推移，这条边界的位置也发生了许多变化。例如，银湖最初在"二线"之外，但后来作为旅游景

---

① 见本书黄伟文所著第三章。
② 深圳"二线关"是怎么来的？. (2010-06-08).http://jt.sz.bendibao.com/news/201068/210926.htm.

点又被划入边界内。①

在施工的准备阶段,工程队花了两天半时间对"二线"的整条线路进行勘察。为进一步了解情况,施工队在地形复杂的路段上安装防护栏,并在精确选址后建设瞭望塔。测量员意外地发现许多村庄横跨"二线",地图上的抽象规划和空中勘测都没考虑到当地农民。②被纳入经济特区的村庄不仅地价会升高,还能享受经济特区带来的好处,村民们对此洞若观火。因此政府根据不同村庄的具体情况和村民们协商,将一部分村庄划入线内,剩余的划在线外。和村民的现场谈判不断改变着"二线"的实际位置,"二线"逐渐偏离中央政府规划的位置。这些村庄此后也对"二线关"的建设产生了一些影响,并且带动了深圳合法以及合法外的经济活动。

尽管政府对边界的具体位置做了许多临时修改,最终仍建成了一道坚固的边境线。"二线"上共开设了8个口岸(此后增加到15个,包括蛇口口岸),混凝土柱子和铁栅栏围成口岸之间的边界线。边防巡逻路由鹅卵石铺就,长90.2公里,中间设立了163个瞭望塔。每个瞭望塔都有一名武警驻守,负责监管特定边界段和防止人们非法过关。③

"二线"的管理工作由广东边防总队第七支队负责。人们通过几个主要关口出入深圳,每个进入特区的人(除少数特例)都须接受检查,并出示个人身份证和通行证。早期,通行证办理程序复杂,个人审查通常要历时数月,审查内容包括就业证明、政治面貌、个人资产和是否收到经济特区内的邀请。彼时进出深圳

---

①②③ 深圳"二线关"是怎么来的?.(2010-06-08).http://jt.sz.bendibao.com/news/201068/210926.htm.

经济特区的程序和跨境程序十分相似。①

边检站内设有通往行政主楼的人行道和车辆通道,每个相邻通道间都有相应的检查窗口。边防队的训练场、宿舍楼等配套设施也在边界的发展计划内。为防止人们非法入关,边检站在附近边界的围栏处还安排了武警进行巡逻。②

"二线"上的辅助通道

边界围栏横穿许多村庄,村民们无法直接跨过围栏,几个主要关口又相距甚远,往来十分不便。村民们往返边检站路途遥远,而且过关须排长队、接受多次审查,这些使通关更为不便。为解决这一问题,政府在边界上加开了许多24小时工作的"过境耕作口"(又称"小关口"),方便村民出入。③边界村庄的村民们可在主要边检站办理特有的过境耕作证,凭证出入小关口。每个小关口由两三名武警驻守,负责审查过境耕作人员。加设一定数量的小关口可以缓解过关拥堵现象,减少当地务农人员日常不必要的等待时间,而且政府根据农耕特点将小关口的开放时间设置为24小时。这是把农村视为城市政策的特例的又一例证。④

---

① 欧宁.边界计划.(2017-12-13).http://www.china-up.com/special/wenhua/exhibit/pdf/边界计划.pdf;老沈.深圳生日:"二线关".(2010-09-09).http://www.360doc.com/content/10/0909/15/22953_52389176.shtml.
② 主要的边检站有南头关、同乐关、白芒关、梅林关、布吉关、沙湾关、盐田(以区名命名)关和背仔角关。
③ 主要"小关口"分别位于荔山、留仙洞、牛城、白芒、大王坑、麻勘、大勘、大勘东、福林村、长岭陂、长岭陂东、布吉鸡场、樟鳖口、新屋吓、新村果园、大望、新田仔、横排岭、西坑、坜背、小三洲、大水坑、安乐口和安乐涌。
④ 深圳"二线关"是怎么来的?.(2010-06-08).http://jt.sz.bendibao.com/news/201068/210926.htm.

对于工作和生活在深圳的人来说,房屋租金和就业机会方面的地区差异,让一些人每天都要在关内和关外之间奔波。关内的经济和工业的发展大大增加了该区域的就业机会,然而,经济特区的底层从业人员却负担不起关内高昂的房价,不得不住在关外,因为那里的房租价格较为便宜。这些人和其他通勤者每天都要跨越"二线"。特区内外路途遥远,骑自行车和步行上班都来不及,而且当时私家车在中国还未普及,所以许多中下层劳动者依靠公共交通工具上下班。"二线"存在期间,汽车司机和乘客须在口岸下车、排队等候、逐个接受边防警卫检查。过了口岸后,乘客可以选择乘坐之前的公交车或换乘别的公共交通工具前往目的地。这些务工者每天至少过关两次,非常耽误时间(尤其是在高峰时段),这也引发了当地一些人的不满和抗议。①

政府在一市之内实施两套法律法规进一步引发争议。特区内外采用不同政策表明,政府在实施城市管理时针对两者采用不同的行政管理方法,分地而治的思想观念也在实践中渗透了整个城市。例如,关内城市密度更高、行政管理更严,所以关内闯红灯的罚款额也明显高于关外。此外,出租车被分成两种,分别涂有红色喷漆和绿色喷漆。关内出租车喷红漆并且司机配有经济特区通行证,主要服务"二线"内的乘客,但也可以穿越"二线"。关外出租车喷绿漆,只服务关外地区的乘客,不能进入特区。特区外只有少数地区得到发展且相距较远,这让开绿色出租车的司机明显处于劣势。在完全城市化的背景下,这些行政上的和事实上的分隔线加深了城乡之间长期存在的隔阂。②

---

① 朱健国.关于深圳经济特区"二线关"的疑问.中国改革,2002(5):21—22.
② 深圳"特区范围延伸"方案上报国务院:关内关外合一.人民日报,2009-11-18[2013-01-29].http://www.szol.net/vip/article/2009-11-18/24040-1.htm.

中央政府通过设立"二线",不仅划分出一个个区域作为改革开放试点,并且示范了设立内部边界的合理性。"二线"使该地区呈现出不同程度的开发状态。"二线"在时间上是国家在改革总进程中采取的迂回策略,在空间上将经济特区与内地其他地区区分开。20世纪90年代,中国开始全面实行社会主义市场经济时,"二线"已经给深圳带来了翻天覆地的变化,将这一中国内地城市转变成了发展新前沿。改革者们提到20世纪20年代列宁在苏联实施的新经济政策,将它视为社会主义市场经济的先例,它给人们的启发是,国家需在经济发展到一定阶段后才能建立更加公正完善的社会主义经济制度。①

"二线"上的无人监管地段

深圳经济特区是一块试验田,缺乏经验和明确的法律法规,因此"二线"沿线的一些特殊地段被人们加以利用。"二线"设立时(尤其是在1982年到1984年这段时间),其确切位置有待商榷,这为"二线"沿线地区带来很大的不确定性。边界线穿过村庄,因此一些村民的居住地被划分在边界的两侧。村民们自然会利用他们在边界另一侧的土地使用权,尽量在边界两侧都占据一席之地,这样他们就可以避开边境的管制了。

在"二线"外占有土地的农民会在协商中要求将自己的土地划入经济特区。如果协商成功,政府将切实改变"二线"的具体位置,土地占有者将从中获益,实现财产增值。这些做法不断影响着"二线"的具体地理位置、涵盖的土地以及可能出现的漏

---

① 傅高义.先行一步:改革中的广东.马萨诸塞州剑桥市:哈佛大学出版社,1989:128.

洞，这一情况一直延续到2004年。①

最具代表性的变动发生在"二线"从村庄穿过的地段。这些地区被称为"插花地"或"插花村"。它们就坐落在边界上或边界旁边，是城中村中的特例。村民们把居住地扩大到边界另一边，"二线"横跨村民居住地，村民们也因此可以在特区内找到立足地。梅林关和布吉关附近聚集了大量这样的村庄。②

这些不受管控的地段之所以产生是因为当时尚未有相应的法律法规来规范这些做法。村民们的策略导致"二线"的实际位置越发偏离原来行政规划的边界线。实际上，通过频繁改变边界位置，村民们创造出了许多自治空间，因为这些地段可以避开经济特区政府或特区外政府（包括后来的宝安县政府）的管辖。然而这些村庄也因此需要自己建立社会服务机构，包括学校、诊所、公用事业管线和卫生服务机构。该地区最有利可图之处是早前设立的非正式边检口——当地村民通过利用这些边检口协助非法入关行为获取利益。通过这样的办法，一些非法入关的人得以进入特区，在工厂中找份工作，另一些非法滞留人员也得以在未接受关检的情况下离开特区。

2003年到2004年间，深圳市政府开始认定"插花地"是行政管理体系中的"盲点"或"黑洞"，并依法对相关违法行为进行处罚，例如村民庇护非法入关人员、转移基础设施、建设不合标准的住房、为孩子创办"黑学校"③等。政府在与村民交涉的过程中特别提到了"三不管"这个词。当年港英政府拆除九龙寨城、强制疏散相关人员时，就曾引用"三不管"一词来证明决策的合理性，"三不管"虽然表面上指卖淫、赌博和贩卖毒品，实

---

① 黄伟文语，出自2012年他与笔者进行的讨论。
②③ 罗湖全权接管"二线关"："插花地"三不管时代终结.南方都市报，2003-10-08. http://www.szlh.gov.cn/icatalog/a/2003/j08/a1187_587401.shtml.

质上代表的是行政管理体系的缺陷。

2004年9月，深圳市政府发起彻底清除"插花地"的动员工作，整改步骤包括彻底拆除非法建筑、疏散相关人员、追究行政人员的管理失职行为并给予相应的纪律处分，加强管理，鼓励人们遵守新的法律法规，促进参与管理村庄的各方的合作。①深圳市中心的非法开发行为交由罗湖区政府处理。罗湖区政府必须担负起责任，给予行政上和物质上的支持以提高人民的生活质量和守法意识，并弥补发展上的疏忽。作为政府工作的一部分，他们还对该地区的所有学校进行评估，关闭低于办学标准的学校，并将学生分配到周围的公立学校。②

"二线"的遗留问题

政府关注"插花地"问题并认定其违法，这是政府对"二线"去留问题争论的一部分。正如巴赫在本书第七章中详述的：到2004年，深圳不再有任何官方"农村"。因此，深圳的集体（农村）财产和国有（城市）财产之间不再需要"二线"加以区分。2003年，有关部门对特区边防检查制度做出调整，"二线关"的检查日趋放松。2005年之后，边防证逐渐退出历史。

1998年深圳召开"两会"期间，有代表首次公开提出"二线"问题。一直以来深圳的治理采用"一城两制"，会上，与会代表对这一政策所带来的影响提出质疑，认为"二线"将深圳一分为二，阻碍了深圳发展的整体性。批评者认为，深圳发展一分为

---

① 冯怡驹.深圳市全面清理"二线""插花地"违法建筑.深圳特区报，2004-09-02. http://www.southcn.com/news/dishi/shenzhen/shizheng/200409020325.htm.
② 罗湖全权接管"二线关"："插花地"三不管时代终结.南方都市报，2003-10-08. http://www.szlh.gov.cn/icatalog/a/2003/j08/a1187_587401.shtml.

二,特区将无法进一步实现城市化和进一步发展经济。但2000年6月,中央政府对深圳做了调查,结论是"二线"并没有阻碍深圳的经济和城市发展。2003年,在全国"两会"上,这一矛盾达到了高潮,主要争论点直指南头、同乐、梅林和布吉这几个繁忙片区的交通拥堵问题。有人认为,问题主要出在边检系统上,因为边检站是出入特区的唯一通道。撤掉边检站,省去人们接受关检的时间,问题就解决了。而且有关人员也注意到,"二线"每年的管理和维护费用高达数千万元。深圳虽隶属广东省,在经济上却归中央政府直辖,所以深圳的这一城市运营成本给国家财政预算带来了消极影响。但是到了2008年,国务院调查后决定:2017年香港特首换届前不废除"二线",即政府决定"二线"至少再保留十年。[1]"二线"问题被暂时搁置。

但与此同时,人们进入经济特区明显比以前容易多了。2003年,内地游客在边界附近花2元买个通行证,就能在特区内逗留一周。在过关高峰期,为简化手续,特区工作人员出示暂住证、其他人员出示政府签发的个人身份证即可。到了2005年,连临时通行费也不收了,管理越来越松。居民和游客出入特区只须出示个人身份证。2010年,政府最终决定撤掉边检站。

2009年,政府审议《深圳市综合配套改革总体方案》,认为"二线"影响深圳的"发展规模、用地和财政状况",且上述每一项都有待进一步调查。在深圳从中国的一个经济特区迈向国际大都市的过程中,关外地区城市化速度相对落后,导致深圳在全国和国际上都缺乏竞争力。最终,政府批准废除"二线"的决定。原先宝安区和龙岗区地处特区之外,2010年,政府从宝安

---

[1] 深圳经济特区拟撤关扩大,面积将接近两个香港.齐鲁晚报,2009-05-21.http://news.sina.com.cn/c/2009-05-21/072315660067s.shtml.

区和龙岗区中分出了光明和坪山两个新区，一起并入经济特区。此前特区占地395平方公里，四个区（新区）并入后，特区面积扩大至1948平方公里①，相当于香港面积的近两倍。根据2009年的"总体方案"，政府计划将"二线"整体北移至宝安区、龙岗区与邻市东莞、惠州之间。虽然移动后的"二线"是一条刚性行政边界，但没有修建任何围栏或边检站。②

截至2014年，政府在处理"二线"旧址时仍面临一些实际问题，政府只拆除了一部分边检站的基础设施和围栏，还剩一些。许多边检站仍是公交总站，因为公交车的原定路线可以方便乘客在边界一边下车，通过边检，再在边界另一边换乘公交。2010年新建成的地铁是深圳统一公共交通系统的重要一步，因为新地铁径直穿过"二线"，中途不停车。但出租车和其他地面交通系统受"二线"影响，有待整合。深圳为顺应转变，首先拆除了边检站附近的限速指示牌。2013年，中国政府计划将9.1万平方米的布吉边检站改建成一个多用途住宅区，包括一个2300平方米的广场和一个5000平方米的公交车、火车联运站。③"二线"给城市和社会带来的许多问题仍待解决，例如交通堵塞、城区与郊区的差别以及"插花村"现象。

"二线"作为特区边界，拥有独特的地位。就这一点而言，"二线"的设立符合经济特区的试验性质：通过划分出一个做经济试验的地区，中央政府在特区边界的设立和运行上进行了

---

① 原文如此。另据《深圳统计年鉴.2011》（中国统计出版社，2011），2010年深圳市全市土地面积为1991.64平方公里。——编注

② 欧宁.深圳"插花地"与"二线关".欧宁的博客，2005-11-18.http://www.alternativearchive.com/ouning/article.asp?id=34；深圳经济特区拟撤关扩大，面积将接近两个香港.齐鲁晚报，2009-05-21。

③ 谢丽雯.梅林关检查通道设施近期将拆除 布吉关拟改造.晶报，2013-07-11.

前所未有的尝试,以期产生不同的经济价值。一旦人们接受了这条边界,伴随边界而来的一系列更微妙的设界形式就可以被整合到政府新的管理模式中。尽管人们设立"特区"边界时,几乎无法预见它的未来,但它还是成了中国国家战略边界的重要组成部分,帮助国家建立了一个个相似且相对完整的"特区"——经济特区、沿海开放城市、经济开发区、直辖市、特别行政区和自治区。[1]"二线"的设立确实是座丰碑,它帮助国家隔离出一块独具竞争力的特殊地带,并验证了这一做法的合理性。因此,它象征着中国改革在土地使用上的创新:通过为与外国市场的交流提供一个可控地带,政府将与周边地区的资本、土地和劳动力的差异加以转化,以促进经济的长久增长,持续时间之久,在中国经济史上不多见。然而,人们事后反思,发现一些不法行为和"插花村"现象的产生避无可避,这些例外也为深圳改革带来了一些偶然性,使发生在深圳这片土地上的试验越发错综复杂,不断深化。

---

[1] 见本书巴赫所著第一章。

第七章
"他们来时是农民,离开时是市民":
城中村与深圳的发展

乔纳森·巴赫

　　黄昏下的中国深圳,华灯初上。高楼顶端的霓虹灯熠熠生辉,点缀着雾气笼罩下的城市。在这座梦幻般的大都市放眼望去,目光所及的是打工者聚居区成片的屋檐之上鳞次栉比的高楼大厦,夹在其中的是城市中产阶级人士居住的中高层建筑,看上去就像舞动的群龙,又像桂林蜿蜒起伏的峰峦,而这些"峰峦"之下,遍布着密密麻麻、杂乱无章、低矮拥挤的"城中村"。站在69层的高楼顶层往下看,雾气腾腾、车水马龙、行人如织,远处香港新界墨一般漆黑的夜空更让深圳显得光彩夺目,气吞山河。这一切都交融在都市的节奏韵律中,不禁让我想起在酒店大堂沙发上看到的一本2005年官方出版发行的关于深圳福田中心商业区的宣传册子里的描述,"建筑是建设者用钢筋水泥谱写的诗歌",如此久违的口号。20世纪初,俄国城市建构主义以及西方的包豪斯建筑学派风靡一时,人们对城市化和高楼广厦的迷恋是多么相似。"建筑如同诗歌"是对深圳现代化的赞美,今天的深圳一如20世纪20年代的柏林或纽约,以其独特的方式快速实现城市的现代化发展,争分夺秒,势不可挡,人们对未来充满各种美好的憧憬。深圳前海在建的一栋豪华建筑上挂着 块巨幅广告牌,上面可见1940年纽约洛克菲勒中心以及东京和香港的图片,最后配上口号:"都市荟萃,独领风骚"。①

　　法国社会学家罗兰·巴特将城市比作一首诗,这首诗并非紧紧围绕其城市主题,而是从容地将城市的面貌呈现在人们的眼前。②这一展示过程为文化人类学学者提供了素材,让城市成为可供阅读的文本,它不是用来破译城市的密码或揭示其隐藏的含义,而是尽力表现其丰富的内涵。本书的作者之一马立安提醒我们,把城市作为文本太过冒险,可能会使其缺乏多样性而陷于单调,变得只为突显某位作者自身对这座城市的理解。法国当代著名思想家米歇尔·德·塞托在其著作《日常生活的实践》中用"城市漫步者"来称呼研究城市的作家,他一开始也是站在城市最高建筑的顶端俯瞰。③然而罗兰·巴特生前认为这一"文本"具有不可简化的多元形态,城市的多重象征世界交织在一

---

① 在北京观察类似的广告时,安东尼·金和阿比丁·库斯诺的文章提到,将"边缘"地段与漂浮的现代象征联系起来,会产生一种愿望:"象征意义的积累、与熟悉的符号相连,将会在某种程度上流入未知的世界。"参见安东尼·金,阿比丁·库斯诺."后现代""全球化"与中国特区的建立//阿里夫·迪利克,张旭东,编.后现代主义与中国.达勒姆:杜克大学出版社,2000: 159.
② 罗兰·巴特.符号学与城市//马克·古迪恩斯,亚历山大·拉戈普洛斯,编.城市与符号.纽约:哥伦比亚大学出版社,1967.
③ 马立安.根深蒂固:深圳建筑环境的人种学解读//深圳:关于中国发展最快的城市的研究.纽约:新学院大学出版社,2008;米歇尔·德·塞托.日常生活的实践.伯克利:加利福尼亚大学出版社,1984.

起,形成一个充满各种声音的民俗乐章。①

人们可以从这一复调的乐章中领略到:蔚为壮观的城市化进程是如何在全球化的运作和新的市场经济环境下通过改革现存的制度逐步实现的。②深圳的工厂、居民区、摩天大楼、村庄和公园的建设发展,以及深圳的外来工、管理者,所有这些都成了人们所歌颂的深圳拥抱市场经济并以"深圳速度"不断开拓进取的证明。③从1980年到2006年,这座城市以每年超过27%的惊人速率增长,正如一位白领打工者的孩子所说的,这座城市"就像发烧了一样"。其神话色彩体现在从乡村到世界顶级城市的辉煌崛起,在城市规模和基础设施、高新科技和精加工、空运和港口集装箱运输方面均达到世界一流水准。

深圳在城市化进程中与国内大部分城市一样一直存在着城乡对立,因为"城市"和"乡村"这两个概念本身就是一种对立。

---

① 参见罗兰·巴特.意象、音乐、文本.纽约:希尔与王出版社,1977:159;史蒂芬·A.泰勒.后现代文化人类学:从记述神秘到神秘文献//詹姆斯·克利福德,乔治·E.马库斯,编著.书写文化.伯克利:加利福尼亚大学出版社,1986。将现代城市视为文本的研究方法,请参阅郑庆顺,吴文华.阅读快速发展的东南亚城市/乔治·E.马库斯,布伦达·S.A.杨,编.把东南亚城市视为文本的阅读.新加坡:世界科技出版社,2003;特蕾西·斯基林顿.阅读城市的文本:通过对交通和城市改造的报道建构都柏林的身份.英国社会学期刊,1998,49(3);詹姆斯·唐纳德.此时此地:现代城市的想象//莎莉·韦斯特伍德,约翰·威廉姆斯,主编.想象城市:脚本、符号、记忆.纽约:劳特利奇出版社,1997。

② 关于全球化对中国城市的影响,请参阅张鹂,王爱华,编著.中国的私有化.纽约州伊萨卡:康奈尔大学出版社,2008;特伦斯·麦基,等,编.中国的城市空间.纽约:劳特利奇出版社,2007;吴缚龙,徐江,叶嘉安,编著.改革开放后的中国城市发展:国家、市场和空间.纽约:劳特利奇出版社,2007;吴缚龙.全球化与中国城市.纽约:劳特利奇出版社,2006;马润潮,吴缚龙,主编.中国城市改造:变化中的社会、经验与空间.纽约:劳特利奇出版社,2005。关于社会主义特色的市场经济,参见戴维·斯塔克,拉兹洛·布鲁兹特.东中欧国家政治与财产的变迁.剑桥:剑桥大学出版社,1998。关于布宜诺斯艾利斯之新自由主义的介绍,请参考伊曼纽拉·瓜诺.现代奇迹:布宜诺斯艾利斯新自由主义下的跨国想象和本地霸权.文化人类学,2002,17(2):181—209。

③ "深圳速度"语出1985年,中建三局的建筑公司在建设53层的深圳国际贸易中心大厦时创下了三天一层楼的纪录。如今该词经常用于商业宣传语,甚至有同名歌曲。

简言之,"城乡对立"是深圳城市化进程中的关键词之一。无论是在权威人士的言谈中还是在广告、展览、网站和报纸上,深圳常被视作一个通向想象中的发达国家的城市,现代化和市场化的程度都很高,充满企业家的创业精神,社会发展有序,多元化且全球化。与深圳的城市发展相对的是乡村,那是上一代人生活过的地方,无论是在大众观念里还是在博物馆里,仅仅发展了一代人的村庄代表了过去的记忆。乡村代表的是自我封闭的东方形象、顽固的封建思想、浓郁的神秘色彩、盛行的集体观念以及与周围环境格格不入。如果深圳的城市建设与发展讲述的是一个关于迅速发展、不断前进和文明教化的故事,那么乡村就是它的底色,是这个故事的参照。[①]

城中村与深圳的发展建设

当地白领所说的"乡村",并不是指历史名胜旅游景点(如"新安故城",即"南头古城",或"大鹏所城"),而是指位于都市"夹缝"中的密密麻麻、低矮拥挤的违章建筑,那里是外来打工者的聚居地。(图15)深圳有241个图中这样的"城中村",早已"农"转"非",但是在充满现代感的高楼包围下,依然弥漫着"乡村"的气息。[②]这些村庄都有几百年的历史,早在1980年建立

[①] 这种对城市形态的探索与安·阿纳格诺斯特对文明和素质概念的分析相似。参见安·阿纳格诺斯特.当代中国的叙事、表达与权利.达勒姆:杜克大学出版社,1997;安·阿纳格诺斯特.中国的"人口素质"问题研究.公共文化,2004,16(2):189—208。

[②] 数据来源于宋彦.中国城中村里居住的农民工//林肯土地政策研究所.土地政策,2007:1—7。根据不同来源,村庄的确切数量略有不同。通常一个"行政村"会包含两个或两个以上的老村庄。这些村庄中91个划入最初的经济特区关内,150个则在关外。参见王亚平,王仰麟,吴建生.中国的城市化与非规划的开发:深圳的城中村.城市和区域研究国际刊物,2009,33(4):959。

第二部分 突 破（1992—2004） 127

图15 从地王大厦上俯瞰深圳蔡屋围村。图片的左上角是正在建设中的万象城综合体的一部分。乔纳森·巴赫摄于2008年。

经济特区和深圳这座城市之前的毛泽东时代就已建立了集体所有制的人民公社。深圳的城市发展是与周边农村的演变同时进行的，也得益于这些城中村模糊的法律地位。①

从技术和法律层面上讲，这些村庄早在1992年就不"存在"了，因为那年这些村庄就已经完全被"城市化"了。在此前的12年里，村民们一直拥有集体所有制户口所赋予的权利，其中包括土地继承权。但是这些权利只保留到1987年，因为市政府开始慢慢地将村庄改造为街道，一位官员形容这个过程"虽不太受欢迎，却实属必要"。农村用地一旦被改造为城市用地，其"所有权"就变成了"使用权"。"使用权"只有70年，而在此之前"所有权"是可以继承的。②尽管严格来说，这些村庄早已不复存在，村民们的土地和生活方式都已经融入城市，但他们对原来的农村生活仍然有着难舍的情怀，这种情怀维系着深圳的土地和历史与另一个时空之间的联结。③萧凤霞研究过广州一个类似的"城中村"，她说原来的村民依然称自己为"农民"，尽管他们已经拥有城市户口。外来的打工者仍然在这些曾经是农村的地段寻求廉租房，为自己找一间遮风避雨的居所。④城市白领阶层看不起这些城中村，在他们的"道德与政治版图"上，"农民甚至不如

---

① 笔者在2006年、2007年和2008年对深圳进行了三次实地考察，采访了城中村村民及其外来居民、开发商，以及相关的知识分子、城市官员、规划师、建筑师、艺术家和工人。
② 参见马航的博士论文《深圳的"村庄"：旧体制在崛起的大都市中的坚守与改变》（魏玛包豪斯大学，2006年）、马立安在纽约新学院大学的"恼人的城市主义：设计与社会"专题讨论会（2008年2月13日至15日）上发表的《根深蒂固：深圳建筑环境的人种学解读》以及深圳市政府2005年发布的《福田区城中村调研报告》。
③ 关于日本稻米在不同背景下的同一演进过程的讨论，参见大贯美惠子.食稻米者：从古至今的日本人身份.普林斯顿：普林斯顿大学出版社，1993：132。
④ 萧凤霞.流动人口的安置：改革开放后华南城市里的乡村.美国人类学家，2007，34（2）：334。

外来打工者"。乡村作为一个难以界定的范畴,即便原来的功能和形态都已不复存在,依旧以其他不同的形式继续存在着。①

乡村的象征意义对于理解深圳的崛起至关重要,因为这能让人们清楚地看到,这些城中村的地位模糊,它们既是城市发展所依赖的条件又是发展的障碍,民风依旧却又面目全非,既是创业者的天堂又是城市发展的顽疾。城乡一体化发展遭遇了城乡长期的对立。尽管这种对立并不仅是城乡的二元对立,在多数情况下,城市人"看不起乡下人"②,但是乡村在城市化进程中所扮演的

---

① 在中国,随着农村地区以惊人的速度被并入城市,城中村成为一种普遍现象。深圳的村庄特别有趣,因为它们没有融入一个已有的城市中,而是成为了城市发展空间。张鹂研究了北京一个叫"浙江村"的城中村,描述了首都城中村的兴衰。和深圳城中村一样,当地村民向外来务工人员出租房屋,但在浙江村,外来务工人员试图在空间上把自己与基本生活区(大院)的村民分隔开来,形成封闭、类自治的社区。"移民企业家"实践了以市场为基础的新规范,同时对试图定义"适当的城市空间"的体制进行了质疑,并操纵不同形式的官僚和私人权力。而在深圳,当地村民似乎更有进取精神,他们在未规划与正式的城市空间之间扮演了中介角色。参见张鹂.城市里的陌生人:中国流动人口的空间、权力和社会网络的重构.加利福尼亚州斯坦福:斯坦福大学出版社,2001。关于北京女性农民工,参见塔玛拉·杰克拉.何处为家:现代化与全球化之下北京女工的权益维护.亚洲研究批评,2005,37(1):51—74。关于深圳的女性农民工,参见潘毅.中国深圳经济特区女工雇佣的艰难状况.性别与发展,2004,12(2):29—36。关于中国城中村现象的概述见丹尼尔·B.亚伯兰,萨曼莎·安德森.福建泉州乡村城市化的规划.预测:麻省理工学院规划学刊,2006,(5):9—26;黛博拉·S.戴维斯,理查德·克劳斯,巴里·诺顿,裴宜理.当代中国的城市空间.剑桥:剑桥大学出版社,1995;约翰·弗里德曼.中国的城市变迁.明尼阿波利斯:明尼苏达大学出版社,2005;克里斯·韦伯斯特,吴缚龙,赵燕菁.中国现代城市里的深宅大院//G.格拉斯,C.J.韦伯斯特,K.弗兰茨,编著.私宅:本土与全球视角.伦敦:劳特利奇出版社,2005。关于深圳城中村的内容参见梅芳权.广东省深圳市铭兴村的权力结构研究.中国社会学与人类学,2004,36(4):44—65;马航.深圳的"村庄":旧体制在崛起的大都市中的坚守与改变.魏玛:魏玛包豪斯大学建筑学院,2006;以及马立安在纽约新学院大学的"恼人的城市主义:设计与社会"专题讨论会(2008年2月13日至15日)上发表的《根深蒂固:深圳建筑环境的人种学解读》。关于广州对周边乡村的延伸治理,请参考李培林.村落的终结——羊城村的故事.北京:商务印书馆,2004;萧凤霞.流动人口的安置:改革开放后华南城市里的乡村.美国人类学家,2007,34(2)。另请参阅关于当代中国研究的著作,顾定国,编.再见中国农村:20世纪晚期的农村城市化和社会变革.纽约州阿蒙克:M.E.夏普出版社,1997。

② 萧凤霞.流动人口的安置:改革开放后华南城市里的乡村.美国人类学家,2007,34(2).

角色既不是英勇抗争也非俯首屈从。深圳的城乡共同发展得以实现，正是因为"城市"与"乡村"利用了城乡间没有明确的界限这一特点，从而在向市场经济过渡的过程中利用彼此的优势。

为了充分呈现深圳的城市化发展过程，我借用了罗兰·巴特的符号学概念来慢慢阅读这个高速发展的城市。深圳的城乡一体化发展规划从宏观意义上直接抹去了乡村的存在，无视乡村的特点，将它们与城市的发展等量齐观。我把这理解为一种"读者视角"的叙事方式，故事情节完全由至高无上的权力（编写故事的人或者国家）来设定，让"知识阶层"（评论家、研究者或者城市管理者）在国家规定的意义范围之内进行解读。[1]与此相反，我寻求一种"作家视角"的叙事方式，这样就会让不同的参与者进入城乡一体化的发展进程中来。在我所书写的城乡发展史里，城乡的二元对立让城乡此消彼长、相互依赖，你中有我、我中有你。深圳并非完全是人们传说中的一座正经历着高速城市化发展的城市，而是拥有"城""乡"的双重身份，城乡的二元对立在这座城市的发展进程中有时候也会出现矛盾与不和谐的声音。

"第一个没有农村的中国城市"

模范城市

现代主义风格的深圳博物馆是为向大众展示模范城市而建的，游客在此得以观赏一个大城市应呈现的光辉形象的模型。正如所有模型一样，这个按比例缩小的城市模型显得优雅得体，没有城市的车水马龙、人来人往以及混浊的空气，呈现

---

[1] 罗兰·巴特.S/Z.理查德·米勒，译.纽约：希尔与王出版社，1974：174.

图16　没有城中村的深圳市景观模型（局部）。乔纳森·巴赫2008年摄于深圳博物馆。

在你面前的是一个熠熠生辉的大都市形象。（图16）浏览完一块介绍牌后，你才会意识到这里少了些什么。那块牌子上写着："宝安区和龙岗区的城市化使深圳成为第一个没有农村的中国城市，使城市经济和社会发展和谐统一，这为可持续发展奠定了坚实的基础。"在这个城市景观模型中的确没有农村，没有杂乱的建筑物，一切井然有序，有条不紊。在这理想的模型中农村不复存在，它反映出一个城市的进步、其文明的推进和全面实现城市化的景象。深圳是一座文明城市，而文明意味着服从管理、循规蹈矩。相比之下，农村是不够文明、混乱和无序的代表，去除这些"肮脏、混乱又落后"的地方，就如同移除"城市的癌细胞"。无论是萧凤霞教授在分析广州出现的类似情况时，还是张鹂在详细描述北京"浙江村"的拆除时都提及了这一点。① 21世纪,市政府开始把深圳作为"全球可持续发展的先锋城市"来宣传②,农村曾被视为城市管理的顽疾和城市发展规划的障碍,代表着封建落后的过去。

关于深圳农村的叙述以城市的扩大和乡村的消失而终结。但是距离博物馆不远处的"乡村"却依然生生不息。官方叙述的困难体现在如何让"乡村"消失这一问题上。罗兰·巴特的叙事学认为在这种情况下就产生了一个悬念。一旦结论已得出(如我们这里所讨论的"深圳成为中国第一个没有农村的城市"),故事如何发展至实现这个目标("深圳没有农村")便成了一个需要破解的谜,让人们产生了某种期待。因为,我们尽管知道结论,却不知道该怎样一步步实现这个目标,于是叙事中就出现了矛盾。这种叙事"必定会在故事的发展过程中产生延迟(阻碍、停顿或者节外生枝)"③。"深圳的故事也就变成如何淘汰乡村,以及乡村如何'拖延'实现这个目标的故事"。但重要的是导致这种情况出现的"解释性代码"并不影响乡村与都市的二元存在,而是使它们各就其位,让这一叙事变得谜上加谜。如果我们站在城市发展的角度,就会问一个很实际的问题:"怎样做才能让这些村庄消失?"但同时我们也有些疑惑,或许真正应该得到回答的问题是:"为什么特区建立30多年后的今日,这些村庄依然存在?"

---

① 萧凤霞.流动人口的安置:改革开放后华南城市里的乡村.美国人类学家,2007,34(2):335;张鹂.城市里的陌生人:中国流动人口的空间、权力和社会网络的重构.加利福尼亚州斯坦福:斯坦福大学出版社,2001。

② 参见巴赫所著本书第一章。

③ 罗兰·巴特.S/Z.理查德·米勒,译.纽约:希尔与王出版社,1974:75.

特区中的特区

解决这个谜题需要从深圳的起点开始探讨。当年的深圳还是农村,有集镇和分散的集体农场,有荔枝果园,也养殖牡蛎、养猪和种植竹子。1980年中央决定建立四个经济特区,邓小平选择深圳这片毗邻香港的地区作为市场经济的试验区并发展对外经济。①一位前村主任的妻子回想起这一地区早期的情景,对邓小平表达了由衷的感谢。她10岁便开始下地劳动,每天起早贪黑,为了生计日夜操劳直到特区出现翻天覆地的变化。我们在村里一家名为"太极"的四星级私人酒店的包间里用餐。她一边跟我讲述当年的艰辛,一边与村里其他7位妇女一起享用早茶,桌上摆放着入口即化、满腔满馅的叉烧包和晶莹剔透、美味可口的虾饺。她一脸满足地说道:"现在除了打麻将和炒股,我们没有别的事可做。"她们每天早上7点半在公园里进行锻炼,8点半喝早茶,然后10点回家做家务。这些村妇正在为去日本购物做准备,她们每年都出国一到两次,已经去过6个欧洲国家,还有南非和东南亚,以及中国台湾地区和内地多个城市,到过黄河5次。她们第一次去欧洲旅行就花了4万元来买礼物。这次旅行的费用由村里承担,村里孩子的私人教育费用也由村里负责,包括

---

① 2002年至2003年间,"经济特区"不再是对深圳作为一个一般的城市行政单位的正式称谓,经济特区的定义也在不断变化。中国首批四个经济特区是深圳、珠海、汕头、厦门。了解深圳发展概况,参见伍美琴.深圳.城市,2003,20(6):429—441;马立安.成为香港,拉拢宝安,保护新安:深圳经济特区城市化民族志研究.文化研究,2001,15(3/4):419—433.在中国发展经济特区的背景下探讨深圳的经济发展,参见乔治·T.克兰.特事特办:国民经济的性质中国经济特区.澳大利亚中国事务杂志,1994,(32):71—92.关于改革开放后中国的城市化发展参见约翰·弗里德曼.中国的城市变迁.明尼阿波利斯:明尼苏达大学出版社,2005;张鹂.认识中国改革开放中的城市化.国际人居,2008,32(4):452—470.

她儿子在英国留学的费用。她儿子如今已回到村里,在一家外国投资公司工作。①

虽然凭第一眼的感觉这是一个白手起家的故事,与宣传"改革与进步"的主旋律是一致的,深圳作为一个大都市商机无限。不过这里讲的农民致富的故事所要展示的不是政府规划的远见卓识所带来的成果,而是城市转型发展的局限性。特区建立伊始,曾有过一个短暂的浪漫规划:农村将继续为城市提供蔬菜。然而随着农田变成工厂车间,农村也变得面目全非。农村没有真正融入城市,仍一直保持着"农村"的地位。即便是在失去了"农村"的法律地位之后,它们仍然保留了"农村"杂乱无章的特点,从而形成了今天广为人知的"城中村"。②到了1992年,村民们"农转非",但是深圳约15%的土地仍在村委会的管辖之下,后来村委会转变成股份制企业。在更加靠近中心城区的地段,村庄的面积大致相当于基本农田的面积,加上周边的一些土地,村民们可以集体进行小规模耕作和建造房屋。在较偏远的地段(如宝安),80%的土地仍归农村集体所有。③因此,深圳的发展起初就在特区范围内出现了城乡对立的二元经济。深圳在法律上成了"城市",但即使是在迅速扩张的城市中心地带的村庄,也依旧保留其作为"农村"的特权。

---

① 关于中国农村一个较突出且有争议的问题是,是否应将农村集体土地的收入(如用于工业或商业用途所取得的收入)或农户集体资源的收入用于诸如文中提及的这类消费和教育上。

② 深圳经济特区于1980年建立,虽然耕地消失,但其大部分核心区仍完好无损。为补偿耕地损失,剩余土地可破例作住宅及商业用途。一般来说,深圳经济特区分为市区(包括城中村)、城乡接合地区(城边村)以及郊区(城外村)。见王亚平,王仰麟,吴建生.中国的城市化与非规划的开发:深圳的城中村.城市和区域研究国际学刊,2009,33(4):959—960。

③ 克里斯·韦伯斯特,吴缚龙,赵燕菁.中国现代城市里的深宅大院//G.格拉斯,C.J.韦伯斯特,K.弗兰茨,编著.私宅:本土与全球视角.伦敦:劳特利奇出版社,2005.

城乡差别的意义重大,社会控制、资源分配、计划生育和医保、教育、社会地位及其升迁都取决于这一区别的存在。在中华人民共和国成立后的几十年里,城乡演变成一种新的阶层划分,国家政策限制人口的流动和资源的获取。城市居民有机会享有住房、教育和医疗服务,可以随意从一座城市移居另一座城市,可以购买房子、申请护照、追逐时尚,日子过得随心随性,用一个词概括就是"现代"。农村同胞要追求这种都市生活依然有很大限制,即使城市需要这些打工者的辛勤劳动,他们要想过上城市生活,也只能通过正式雇佣或非法流动来实现。即便城市需要他们补充劳动力,他们也很可能只是城市边缘人。但农民大多数不止养育一个孩子,农村土地实行集体所有制,农民享有土地承包权和使用权。他们对土地有相对的自主权,与之相比,城市居民购买房产只拥有有限的"使用权"。①

只要农村和城市能被清晰地区分开来,它们之间的差异就能保证社会秩序的维持和管控的实施。但是经济繁荣引发农村人口大规模向城市迁移,改革政策削弱了原来计划经济下的(城市)工作单位和(农村)公社的二元结构。区别仍然存在,但近年来却被各种法律、道德规范、民俗民风所取代,变得难以辨识。马立安写道:深圳的发展包含了一个革命性的前提,即中国农村和城市可以在同一块土地上平等互动。②然而这种互动的

---

① 关于落户(户口)及农民工现状等问题,参见多萝西·索林杰.中国城市中有争议的公民身份:农民工、国家和市场逻辑.伯克利:加利福尼亚大学出版社,1999;陈金永,张鹂.中国的户籍制度和从农村到城市的人口流动:过程及变化.中国季刊,1999(160):818—855;范芝芬.精英、本地人和外地人:中国城市里的人口流动和劳动力市场.美国地理学家协会年刊,2002(1):103—124;宋ım.中国城中村里居住的农民工//林肯土地政策学院.土地政策,2007;Linda Wong,禤怀宝.户籍制度改革:上海和深圳的户籍制度一瞥.国际人口流动评论,1998,32(4):974—994.

② 参见马立安的《根深蒂固:深圳建筑环境的人种学解读》。

结果却难以名状，因为迄今仍缺乏足够的行政手段"将（村庄）重新纳入中国现行的国家治理范畴之内"。①在新的经济特区里，中国不期而然要面对国家现行制度难以兼容及管控的两种形态，即全球化资本和城中村。吸引境外资本是建立特区的理由之一，乡村的突兀存在则成了特区中的"特区"。

毛泽东时代形成的鲜明的城乡身份差异为这种对于外来者的包容提供了基础，其结果是"乡下"虽然被重新规划为城市，但是城中村及其乡俗乡约这些乡村文化符号依然存在。罗兰·巴特曾写过一篇著名的文章，指出"所指"（如建筑物、法律地位等）发生变化，"能指"（如"乡村"的文化印记）依然存在。而这种变化让"所指"变得"空无一物"，可以用来重新规划城市。②深圳的乡村也是如此，它们是特区发展的基础，但自身却"什么也不是"，因为它们在特区建设中所发挥的作用无以名状，尽管如此，它们对于这座城市的发展却至关重要。它们就在那里存在着，却又不应该在那里存在。因此即使在法律上它们被认定为"城市"，我们仍然称它们为"乡村"。

身份不明所带来的机会

住在那里的曾经的农民家庭要面临怎样的困境呢？由于没有受过正规教育，没有城市户口，农民们似乎成了向市场经济转型的"失败者"。他们的土地资产越来越少，经常不得不在周边

---

① 参见马立安的《根深蒂固：深圳建筑环境的人种学解读》。
② 罗兰·巴特.符号学与城市//马克·古迪恩斯，亚历山大·拉戈普洛斯，编.城市与符号.纽约：哥伦比亚大学出版社，1967；罗兰·巴特.符号帝国.理查德·霍华德，英译.纽约：希尔与王出版社，1982。

城市寻找一些不熟悉,甚至可能是非法的工作。①随着经济特区的发展,除了农村企业,其余的高薪工作单位对当地的农民不屑一顾,即使是建筑业的工作也并不欢迎他们。虽然新的地方政府宣称在努力为农民工提供一些就业机会,但其实对他们的就业有些无能为力也无法全力投入,只是希望这些农民能利用自己所分配到的且不断减少的土地来继续发展一些小规模农业和轻工业,以此改善他们的失业状态。②

当地村民享有较大的自治权,很快发现自己的"身份不明"是通往成功的关键,因为这种"身份不明"可以让他们成为"地主"。深圳从一片农田发展成人口超过千万、高楼大厦鳞次栉比的大都市,用了不到一代人的时间,其间对于建筑工人的需求在中国是前所未有的。外地来的农民工通过各种手段进入特区,加入建筑大军中,上天入地参与城市的建设。大量工人和管理人员涌入,需要有人来满足食品小贩、出租车司机、发廊服务员等人民群众的基本生活需求。依照旧法规,没有暂住证的外来人员不得居住在特区内,没有住房和食物供给,并且随时会被拘留和驱逐。但他们发现可以在"城中村"里栖身,因为城市管理者对于这些城中村的管辖权是有限的,在城中村的建筑规范、户口登记、营业执照、税费收缴等方面的执法能力薄弱。即使是那些拥有暂住证的合法居民也在寻求更低的生活成本,借助"城

---

① 苏联将集体农庄变为私有财产,导致国内贫穷。而在中国,结果则截然不同。详情参见杰西卡·阿莉娜·皮萨诺.后苏联时代的模范城市:黑土地上的政策与财产权.剑桥:剑桥大学出版社,2009。
② 王亚平,王仰麟,吴建生.中国的城市化与非规划的开发:深圳的城中村.城市和区域研究国际学刊,2009,33(4)。

中村"躲避一些行政收费。①

当地村民们很快意识到,收租比种地赚钱容易多了。村民在特区创建后不久获得允许,可以在自己家的宅基地上搭建三层小楼。然而村民们却把房屋建得越来越高,且没有安装电梯,通常有8到9层,并把一楼作为商铺,最初往往为自己预留一层,然后把其余的楼层出租给外来打工者。由于可供村民建楼的空间有限,导致不合标准的出租屋密密麻麻、排列紧凑,安置于每层楼外的空调外机和防盗网挡住了人们仰望天空的视线,只留出了一条缝。这些"握手楼"(也称为"亲嘴楼"或"放不下棺材"的建筑)产生了创纪录的人口密度,同时也带来租金收入。②"市中心的袖珍村"田面村里8层高的住宅楼,房子质量相对较高,每个楼层都有3至4间公寓,在21世纪头10年的末期,每间公寓每月租金达到1000至2000元。村子里每家每户都拥有一栋这样的房子,因此,每年不算商业收入,光收租金就能轻易赚取超过8万美元。从1985年开始,集体农场正式开始成为股份制公司,全体村民都成了股东。从此,村民们的收入来源除了出租屋,还有建立在每个村庄集体土地上的轻工业企业,以及后来与开发商们合伙兴建的写字楼、普通和豪华住宅、酒店和商业设施。

因此,"城中村"是对毛泽东时代"农村包围城市"的双重

---

① 据官方数据显示,2008年深圳居住人口是877.6万,其中74%是暂住居民(649.6万人),仅有26%(228万人)以深圳为主要居住地,即持有深圳户口(城市户口),参见"深圳政府在线"网站《深圳概览》一文(2010年)。早在1985年,深圳市政府就为解决劳动力问题而准许农民工办理临时户口。

② 有报道显示,深圳人口密度为每平方千米17150人,紧跟孟买、加尔各答、卡拉奇和拉各斯之后,高居世界第五位。参见Qi Xiao.深圳成全球第五大拥挤城市.中国日报,2010-02-25[2010-02-26].http://www.chinadaily.com.cn/china/2010/02/25/content_9504088.htm。深圳对该人口密度计算方式提出异议,声称若将深圳面积最大的区域算在内,深圳人口密度会小一半多。详情参见《深圳日报》2007年12月19日的报道《深圳排名质疑》。

颠覆。如今城市包围着农村,村民成了"地主"。在南山区西端边界上,珠江三角洲洪水泛滥的低洼地上,一个来自山东省的年轻外乡医生开了一个仅有4平方米的私人诊所,灯光刺眼,诊所的地势比狭窄的街道勉强高出一点,以避开雨季时毫无征兆的洪涝。他每月要缴纳550元的租金,这占了他不止一半的收入。这家店是他从一位从未现身的房东那里租来的,而这位房东最近把这栋大楼卖给了另一位村民。这位年轻的外乡医生说,精明的村民会用收入的租金来投资,并把出租屋交给管理公司负责,自己靠自身的技能找其他工作做。而那些没有技能的村民,同他的房东一样,管理着自己的房屋,靠房租生活。

一位祖母和她两岁半的孙子冒雨走进诊所,因为持续潮湿的雨季,小孩流着鼻涕,喉咙疼痛。他哭闹着,屁股上很快被打了一针,但打针的部位并没有先消毒,针头也显然已经使用过多次,医生刚才拿它向多个瓶子注满药水。打一针要47元,一个来自安徽、脸上坑坑洼洼的人表示别无选择,点头答应。他振振有词地说道:"去正规医院看病就是浪费时间和钱,因为他们会让你接受各类检查。但在这里,"他指着贴在水泥墙上的一个旧的吊瓶装置,"你来去自如,打针、拿药、打两小时的点滴,如果病得很严重,你可以打两到三天点滴。""点滴里有什么?""维他命。"

正如这位医生以及田面村富有的村妇们所说的,只有那些不走运的或是没有技能的村民才会单靠出租房屋赚钱。组织纪律性较强的村镇则采用股份制公司的模式,发展其他创收业务。乡村集体企业这一重要发展使村民们得以利用土地获利,这些土地受有关农村土地转让的法律法规限制,不能出售或转化为城市用地。20世纪80年代,在宝安郊区的万丰村有一位名叫潘强恩的村民成立了一家股份制公司,实现了财富共享。潘强恩是一位"传奇人物",他把以农业为主的村镇变成了一个

"共同所有制"的跨国企业,将"集体利益与个人利益紧密联系在一起,成为一个不可分割的整体"。1984年,潘强恩说服了村里的党员和万丰村的62户农村家庭,投资超过25万元建立了万丰股份公司。[①]到2008年,这间公司已经发展为深圳万丰(集团)股份有限公司,总资产近10亿元,拥有120家由外商投资的子公司,69家工厂以及6万名员工,产品包括电子产品、塑料、服装、五金、纸和玩具。[②]

地球村

万丰村的规模格外庞大也极具代表性,其成功不仅利用了农村土地在产权和土地使用权方面的地位,而且还利用了自身的集体身份以及与全球经济的联系。在毗邻香港的深圳,每个村庄都有人住在边境另外一侧的香港,在1951年之前边境是开放的。在20世纪90年代早期,农民可以跨过边境到达另一侧的农田。这些农民穿过香港边境走私已经无人不知,就算在"大跃进"和"文革"最艰难的岁月里,这类"贸易"也从未停止。深圳的一位知识分子指出,"还有人在走私,但现在是从境内走私到境外,包括盗版CD、超过配额的服装、猪和食品以及柴油"。这个村庄的"家族"性质与其商业版图的跨国性质密切相关,后

[①] 万丰村官方资料显示的数据说服力不足。为筹款25万元,每户平均要交近4000元。在1984年,这对一个中国农村家庭来说是一笔巨款。笔者认为,这表示农村家庭得到了香港或其他地区的资助。

[②] 参见潘强恩,俞家宝,主编.中国农村学.北京:中共中央党校出版社,1999.万丰集团官方网站主页:http://www.szwanfeng.com.万丰对兴办企业的渴望并非凭空发生,中国乡村企业兴起于20世纪50年代,"大跃进"时期,由人民公社或者非正规的小部队管理经营。详情参见夏军,李少凡,龙小宁.中国集体所有制企业的改造和结果,2001—2005.世界发展,2009,37(10):1651—1652;龚启圣,林义民.中国经济转型中乡镇企业的衰亡.世界发展,2007,35(4):569—584.

者依靠在香港宽广的人际网络和遍布全球的海外华人亲戚。①所有的村民都是股东,甚至是那些住在国外的人。移居香港的儿童也加入到大家庭中,人们利用他们的双重身份在两种制度之间切换来进行谈判和管理商业交易。一些官员轻视乡村的这种血缘纽带关系,将之视为"封建",但是乡村股份制企业的存在却激活和加强了这种血缘关系,并且借此来维系跨国的商业网络。②

乡村的新生计让自身在双重意义上介入了跨区域和跨国的经济活动。面向国内,村民们在宅基地上建造出租屋,租给成千上万来自中国各地的"外来工";面向全球,这些村庄利用它们的海外华侨的关系网来吸引海外投资,将剩余的集体土地提供给外国公司,收取管理费和共享收益。③王亚平等几位作者认为,事实上,在当地政府为开发区的发展制订明确的计划之前,这些村子就已经"启动了工业化进程"。④通过巧妙地利用尚未明确的产权、社会关系、边境和城乡差别,深圳的农村与特区一道成了市场经济的试验田。

---

① 王爱华.弹性公民:跨国籍的文化逻辑.达勒姆:杜克大学出版社,1999.
② 关于城市跨国主义,参见尼娜·格利克·席勒.城市跨国主义作为一种生活方式:不是比喻的研究课题.城市与社会,2005,17(1):49—64;安德烈亚斯·胡塞恩,编.他国他乡:全球化时代的跨国想象.达勒姆:杜克大学出版社,2008;王爱华.弹性公民//迈克尔·彼得·史密斯.城市跨国主义之用途,2005,17(1):81—92.
③ 这些途径反映了城乡接合地区的作用,这些地区不断求变,并以新形式出现。阿卜杜·马利克·西蒙尼研究了塞内加尔达喀尔市的郊区皮金,他写道:相邻地区参与协商并贯彻新方式有助改善民生。参见阿卜杜·马利克·西蒙尼.为了未来的城市:四城非洲生活的改变.达勒姆:杜克大学出版社,2004:28。
④ 王亚平,王仰麟,吴建生.中国的城市化与非规划的开发:深圳的城中村.城市和区域研究国际学刊,2009,33(4):964—965.

"响应时代号召"

成功的秘诀

我们在上一小节中呈现了乡村具备高超的能力,可以重新配置资源以及适应当地和全球的经济变化。这些村子正是通过这样一些改造才与特区一道共同构成了这座城市,为深圳的稳定发展提供了条件。乡村扮演了与其传统形象非常不同的角色,它不是现代都市里一段落后历史的遗迹。所有外来务工者都参与到奇迹般的经济发展中,并且直接影响着深圳的经济增长。这座城市如果没有这些村子,就难以成就远近闻名的"深圳速度",因为城市无法一直维持住房的低成本,也无法为这么多外来劳动人口提供生活设施。深圳的人口密度导致城市形象不佳,成了令城市规划者头疼的一件事,乡村却为解决城市住房问题提供了办法。在福田中心区,尽管这里的15个"城中村"只占约4平方公里的土地,却容纳了该区超过50%的人口(约80万人)。① 从某种意义上说,如此密集的人口与公共健康危害的发生、违章违法建筑群、糟糕的卫生环境和犯罪活动的滋生密切相关。从另一个方面来看,等于把福田区50%的人口转移到了"农村"。这些"城中村"在特区基础设施方面发挥的作用不只是解决了住房问题。正如韦伯斯特等作者所描述的那样,20世纪90年代初,在宝安区仅一个村就在道路、水利和电力基础设施上投入了3000多万元。② 乡村在振兴教育、提供安保,尤其是

---

① 参见《福田区政府工作报告》。
② 王亚平,王仰麟,吴建生.中国的城市化与非规划的开发:深圳的城中村.城市和区域研究国际学刊, 2009, 33(4):159.

在提供住房方面发挥了很大作用。乡村物业管理公司管理着村里的给排水和电力供应。如果福田区的"城中村"在一夜之间被摧毁，从理论上讲，这座城市将需要政府为近百万人提供住房。王亚平等人写道，"城中村让市政府能够免于为这些村庄的社会、经济和基础设施建设承担责任"。①

农村地区的"落后"与它们今天的成功是密不可分的。农村实行集体所有制，但村主任无一例外都是男性，而且他们通常也是村支书。这一传统制度常常受到特区政府官员和城市发展评论者的谴责，但由于有家庭和社会关系纽带为基础，办事效率极高。这种纽带关系使村子内部容易发生激烈的权力斗争，但同时也使得这些乡村内合外联。这种牢不可破的农村社会网络让政府各个击破的策略收效甚微。②此外，外来农民工对"城中村"的农村权力结构与权威模式感到熟悉和亲切，这也使大量外地农民工聚集在城中村成为必然。

这种"前现代"的社会结构也使得村民在治安方面能够比当地警察做得更好。就连城中村的布局也和乡下的村庄类似：没有围墙，方便村民去附近田地。居住在市中心楼房紧凑的"城中村"里，打工者也可以在附近的办公大楼、有许多外来务工人员工作的商业区与住所之间穿梭往返。保留旧时村落的聚居模式能让在这座城市从事粗重劳动的低收入群体不用负担高昂的房

---

① 王亚平，王仰麟，吴建生.中国的城市化与非规划的开发：深圳的城中村.城市和区域研究国际学刊，2009, 33 (4): 967.

② 尽管（或因为）有大量联姻，各村之间的关系并不总是友好的联盟关系。一次，笔者问起与上沙村合作的事宜，下沙村村干部回应说："不，绝对不是那样的，起初我们两个村子是一家。"这一片在1953年分成两个村子，在1968年合并，之后在1978年再次分成两个村子。如今竞争激烈，下沙村关闭最后一批工厂，着手建五星级酒店、办公楼和商场。今后该村的发展依赖于纺织业和工业设计产业。参见梅芳权.广东省深圳市铭兴村的权力结构研究.中国社会学与人类学，2004, 36 (4): 44—65., 此书以深圳市铭兴村为例，对中国农村的变化提出深刻见解。

租和车资,根据工作需要来选择栖身之处。村民们依然在他们自己的土地上保留传统的生活方式,只不过现在他们取得收入不再依靠种地而是收取租金。

社会成本转移到农村的同时也扩大了村民自治的权力,在收益和成本之间如何取舍也是一件让政府非常头痛的事情。在过去的几年里,乡村对市政府而言的"益处"正如一位知情人士所说的,已经到了一个"拐点"。最紧迫的问题是如何解决安全隐患,可是"教化"才是核心问题。这些村庄曾经发挥必要的作用,正如一位政府官员所说的那样,如今它们却被认为阻碍了城市以"可控的方式"进一步发展。这些村庄某种程度上处于"失控"状态。"失控"一词在此表达多个层面的意思,其一,城中村不受市政部门管辖,而住在这里的外来流动人口恰如这个词所描述的,他们是"流动"的,居无定所,变化无常,从来不去登记任何个人信息,也不需要获得居住证之类的许可。"城中村"一词的语义内涵太丰富了,就连罗兰·巴特可能也会这么说,城中村超越并颠覆了城市规划者和官员们的各种"精明"的规划,他们发现自己完全无法掌控城中村里面复杂多变、有空就钻的局面。[1] "管理村民太困难了,超出所有人的设想,"一位市政官员解释说,"并且我们没有任何理论依据去处理这些问题。"

村民自治

由"乡村"到"都市"有何明显的空间上的变化?"农转非"多年之后,乡村与城市看上去仍然有着明显的区别,那些格外引人注目的"握手楼"尤其凸显了这种城乡差别的存在。那些通往

---

[1] 罗兰·巴特.符号学与城市//马克·古迪恩斯,亚历山大·拉戈普洛斯,编.城市与符号.纽约:哥伦比亚大学出版社,1967.

城中村的道路通常依然是由村里的保安人员把守,既能监管车辆,还能收取停车费:任何进入的车辆都必须拿一张停车单,并在出口处归还。短暂停留的车辆(比如出租车)免费。在这种情况下,车辆通道受到严格管控,入口和出口都有监控。马立安指出,穿过或者路过上沙村村口,可以看到一块石碑,碑文将上沙的历史与经济特区创建后的新生活紧密联系在一起。碑上写着:"上沙村响应时代号召,紧跟城市发展,建设繁荣深圳。"[1]

进了村,站在狭窄的街道上,街道两旁是各种店铺,有的小店干净整洁,有的则门面黑黢黢的,门口乱堆乱放显得杂乱无章,店铺里面销售廉价的衣服、大大小小看起来并不结实耐用的箱包,还有花花绿绿的塑料桶、二手的电视机和手机等电子产品、烧酒等各种各样的食品和二手家具。有些店是作坊,有些则是诊所、干洗店、理发店或按摩店。到处都是熙熙攘攘的行人和商店,街道的空气中夹杂着各种饭香,楼房紧挨着楼房。所有这些既令人感到舒适、充满活力,却也会因为过于密集而让人感到憋闷。管理得比较好的城中村,如田面村、上沙村和皇岗村,通过开发商业住房或办公用地,或者采用布局新建筑的方式,打破了社会对"城中村"的刻板印象,但比较贫穷的城中村,却越来越像"城市贫民窟",街道狭窄,到处都是破破烂烂、私搭乱建的房屋。深圳成为特区之前兴建的一些老旧石屋正渐渐消失。

岗厦村中间被一条城市主干道隔开,一分为二。在世界顶级视听品牌B&O、日本高端浴室用具和厨具品牌TOTO的卖场背后,你可以从那些凹凸不平的水泥墙之上,勉强辨别出一座古老村庄的弧形屋顶,用石雕砌成的屋檐上布满了绿色苔藓,在夏日的阳光下,楼顶的垃圾与成排晾晒的衣物并存。

---

[1] 参见马立安著《根深蒂固:深圳建筑环境的人种学解读》第24页。

在"城中村"的"庇护"下,有一些村庄和犯罪组织狼狈为奸。这让充满乡土味道的城中村隐约有暴力的氛围,打击犯罪是深圳必须面对的一大难题。犯罪不只出现在城中村,但往往会牵扯到城中村。而这类犯罪常常是居无定所、"前现代"的生活方式和贫困所带来的一种反乌托邦式的"特权"。由于过度拥挤和违法违章的建筑较多,城中村的公共安全问题层出不穷,但是政府很难有效地介入村庄的安全设施建设,村庄通过增强自治力树立起了规范的村规民约,培养了村民的公共道德意识。派出所通常建在村外,当他们进行突击搜查时都是从外面进入村子,村子里原本并没有配置治安警察。除了司法方面的原因,资金问题也导致了村内配置的警力资源过少。警力资源是按该区域的人口数量来分配的,而政府所统计的城中村人口数量比实际生活在那里的人数要少得多。资源配置受限于城中村难以落实户籍登记制度,最终导致警力资源分配不足。

这种登记制度更让城中村有了一种法外之地的感觉,尤其是对于进城务工人员来说,这对他们更为有利。住在村里的未登记人员数不胜数,许多业主根本没有在派出所为这些人登记。市里曾经试图实行更加严格的规定,还派"督察"挨家挨户强制注册。但毫无意外的是,没有"正当收入"的人并不合作,甚至报虚假信息。一份措辞谨慎的政府报告中提到,业主同样给督察人员的工作带来了"一定程度的困难","没有能力"协助他们的工作。这份报告最后说道,"对流动人口的迁入和迁出进行及时监控是不可能的,并且信息更新太缓慢"。[①]

以上这些情况造成了一种潜在的不稳定局面。如果太过突然地取消城中村,政府不仅会面对被村民抵制的风险,而且要解

[①] 参见《福田区政府工作报告》第24页。

决如何安置这些人的社会问题；如果继续听之任之，则会面临城中村越来越不受控制的风险。一位政府官员表示，村民们既想保住他们原本的地位，又想享受城市的服务。政府希望避免社会出现不稳定，同时又不想让人们觉得他们不作为。结果城中村与城市之间围绕着日益宝贵的农村土地不断纠缠，这种纠缠有些时候和风细雨，有些时候却如疾风暴雨一般。

赔偿金的讨价还价

地方政府自经济特区建立以来，一直在试图得到农村住房建设的控制权，但是似乎每一次遏制违章违法建筑的尝试都适得其反。[1]1982年政府为每户家庭分配一小块宅基地供其建房。这样一来那些人口多的家庭便开始分家，以便获得更多的宅基地。四年后，政府试图通过限制建筑高度与减小房屋面积来控制私搭乱建，结果反而刺激了这种现象更快速地发展，"在接下来的几年里，违章建筑的建造在许多村子里失去了控制"。[2]政府对此采取了进一步减少授地规模的措施，结果更促使村民提升了建筑的高度与密度，导致最后政府只好采取措施停止了所有房屋建设的审批。

2001年政府调整了策略。如果家庭能够缴纳罚款并同意按合同规定将土地性质从农村用地（由集体管理，享有继承权）变更为城市用地（"使用权"为期70年），政府将承认这些建筑是合法的。这项政策出台后却出现了一种道德风险：与租金相比，通过该政策能获得的利润太低了，这反而促使村民建更多楼房。

---

[1] 王亚平, 王仰麟, 吴建生.中国的城市化与非规划的开发：深圳的城中村.城市和区域研究国际学刊, 2009, 33(4): 960—964.

[2] 王亚平, 王仰麟, 吴建生.中国的城市化与非规划的开发：深圳的城中村.城市和区域研究国际学刊, 2009, 33(4): 961.

集体土地所有权变更为"使用权"的做法不受欢迎,也没有对及时减缓违章建筑的搭建起到效果。①

对于城市来说,最直接的办法就是把农村的土地全部拿下,但这需要支付赔偿金。如果这片土地是农田,那么赔偿金是通过计算过去3年耕地的平均产量价格再乘以10。这对于那些几十年都没有耕种过的土地来说显然没有意义。如果村民拥有土地使用权,赔偿金也依然需要支付。②大多数的村子能够与市政府和开发商达成协议。③赔偿金通常是支付给集体的,但也可以支付给个人。这一做法的可行之处在于如果集体讨价还价太过分,政府便会分而治之,转向以家庭为单位来征地;而各家各户其实也可利用这种情况来争取更多利益。

西方媒体报道中一个最知名的案例是重庆的一个钉子户。自2004年至2007年,当地人杨武和吴苹夫妇阻止购物中心开发商的开发,拒绝超过其房子估价约100万元的赔偿金,公然违抗法庭裁决,导致一个3亿元的项目被搁置。④这个案例让人们更

---

① 1982年,每户家庭可分到150平方米的土地,其中的80平方米土地可盖一栋建筑面积240平方米的楼房。1986年,人均住房高度限制在3层楼高,面积为40平方米。1993年,可分到的土地面积缩小至100平方米,房屋的建筑面积也有上限。20世纪90年代中期,暂停所有房屋项目的审批,又在2001年恢复启动所有项目。参见迈克尔·加拉格尔.城中村改造忽视外来工安置所带来的结果.深圳:深圳城市规划设计研究院;王亚平,王仰麟,吴建生.中国的城市化与非规划的开发:深圳的城中村.城市和区域研究国际学刊,2009, 33(4):960—964。

② 参见1998年的《土地管理法》第47条。萧凤霞提到,在广州,"虽然大部分农村人口都试着努力摆脱农民的身份……这里的村民们却都很在意保护他们的集体户口,这让人觉得挺讽刺的"。参见萧凤霞.流动人口的安置:改革开放后华南城市里的乡村.美国人类学家, 2007, 34(2):340。

③ 参见邢幼田.中国乡镇的代理权力与财产.太平洋评论杂志, 2006, 19(1):103—124;邢幼田.大城市的转型:中国的政治与财富.纽约:牛津大学出版社, 2009。

④ 房屋估价为247万元,据媒体报道,开发商出价达350万元。数据及报道引自Zhang Rui.考验刚刚通过的《物权法》的第一案.中国日报, 2007-03-23. http://www.china.org.cn/english/China/204173.htm。

加关注是要钱还是要保留自己的生活方式。①公民同样会利用媒体力量(特别是网络)并主张中国宪法赋予他们的权利,这方面也引起了人们的关注。②中国的《物权法》自2007年10月开始施行,受重庆钉子户事件以及《物权法》的影响,在深圳蔡屋围城中村里的一对夫妇开始和开发商对抗。他们的住址位于市中心,此地要建深圳未来的最高建筑。虽然集体同意给予他们赔偿,但张莲好和蔡珠祥拒绝放弃他们租出去的6层楼的建筑。该栋建筑建于1996年,花费大约100万元。这位丈夫告诉记者:"新法律规定私有财产与公共财产享有同等权利。那些人强拆我们的房屋是违法的,而且他们不是为了公共利益,完全是为了搞商业开发。"夫妇俩通过网络和新闻媒体进行了一番抗争之后,最终以1258万元的赔偿金与开发商达成和解。

还以颜色

利用模棱两可的物权寻求补偿是方式之一,另一种方式是侵占土地。靠近香港边界的渔农村村民就试图大幅扩大其所有的土地。2004年8月,该村在毗邻边界的土地上建了37栋高楼,每栋楼17至20层。村民企图通过建筑楼房造成既成事实占有整片区域,希望能从中获取收入或在未来获得政府的补偿金。一位市政府官员称,村民们"希望政府可以无视"他们从非本地开发商手里"抢夺"的荒地。村民建造楼房的速度惊人,三天就能

---

① 杨武要求在同一楼层的原址上有一个同样大小的公寓,拥有同样的日照,还要临时住所和店铺。另参见"钉子户"的赔偿细节披露.中国日报, 2007-04-04.http://www.china.org.cn/english/China/205952.htm.

② 2004年的宪法修正案规定,公民的合法私有财产不可侵犯。最终,这对夫妇获得了一套新公寓,并取得对他们生意损失的追加赔偿。参阅: 重庆"钉子户"被拆除.中国日报, 2007-04-03.http://www.chinadaily.com.cn/china/2007-04/03/content_842221.htm.

建好一层,堪比20世纪80年代特区建设之初的"深圳速度"。面对这种胡作非为,政府认为不能再放任下去。于是在2004年开展"清理行动",整顿42个城中村,取缔村民所建非法建筑,并公开爆破16座新建的高楼以儆效尤。以此来昭示政府取缔所有非法建筑的决心(虽然他们在现实中仍远远无法达到这一目标)。这向村民们传递了一个信号,表明政府是认真的,明明白白告诉人们别把国家权力不当回事。在900公斤炸药的威力下,总共有15座占地共6.2万平方米的高楼轰然倒下,像电影《哥斯拉》里的场景一样。村民、媒体、警察、好奇的围观群众以及两家拆迁公司①的400名员工都在现场目睹了这一时刻,官方媒体大幅报道"中国第一爆"。其中没有倒下的一栋楼最后需要用推土机来推倒。中国媒体援引一名地方官员的话说,"爆炸能够彻底结束渔农村'一家一栋违章建筑'的现状"。②

政府采取强拆或者有偿动迁常常可以奏效,但有时也会招致村民的抵抗。一些官员认为理想的结果是成功地将农村"整合"进城市,但是采取强拆等手段往往会事与愿违。正如一位官员对我说的那样,目标是建立新型社区来取代以"血缘关系"为基础的乡村。如何既不强拆强买农民手里的土地和资产,又让农民过上城里人的生活,对此人们想了很多办法。这位官员告诉我并且一再强调,他所描述的情况不代表政府的政策,他说政府在"改造"城中村的过程中尽量争取与村民合作,采取征召和其他各种形式让村民参与到"改造"过程中来,让"他们来时是农民,离开时是市民"。

---

① 这两家公司分别是浩丰达爆破工程有限公司和合利爆破技术工程有限公司。
② 深圳拆除15栋老楼.广东新闻,2005-05-23.

以发展促合作

有人主张政府应该通过整合而不是消灭来解决城中村的问题,让农民与开发商合作,一道开发城中村,使其在视觉上、空间上和行政管理上融入"文明的"现代城市的景观之中,以此达到"双赢"。可是这需要让村里人拥有更多的权利。将农村"世袭"的土地所有权转为城市有年限的土地使用权,需要几代人的努力。由于城市居民住房使用权70年才到期,所以即使农民实现了"农转非",农村的产权变更也将经历至少两三代人才能够完成。

但人们还是期望借助市场的力量和城市一体化的推动,不需要等上70年就能够彻底改变乡村的面貌。

城中村改造的一个典型是田面村,这是一个拥有约200位村民和近8000个租户的村子。在特区建设的头20年里,田面村是个破旧的村庄,位于福田区,在当时深圳市区西部的边缘上,为荔枝果园和农田所环抱。1996年至2005年的深圳总体发展规划计划在田面村西边建设一个新的中央商务区(CBD),包括市政府、博物馆、办公大楼、高端住宅、酒店、购物中心、公共图书馆和会展中心。从上往下俯瞰,新的中心公园将CBD与市中心区分开来。1995年至1996年,田面村孤立在CBD的东侧,沿着一条狭窄的河流一直延伸到中心公园里。1998年,田面村成了城中村"改造"的首选,原因之一是它地处连接深圳"老城"与CBD的东西向中轴线上。另外,田面村布局相对紧凑,居于中心公园核心位置。(图17)

依照政府批准的城市建设规划,开发商找到村民,就田面村的改造进行商讨。此时的田面村到处都是私搭乱建的房屋,

图17　1998年，改造前的田面村。照片经运泰实业(深圳)有限公司允许使用。

混乱不堪。其他村庄的村民要么被动迁到别的区域，要么拿到补偿金后在村里自己建房。对于田面村，市政府在村子和开发商汉国置业之间促成一项协议。如果村民作为股东同意让开发商建造高级住宅、写字楼和高档酒店并拥有独家售楼权，那么开发商将建造新的改进型"握手"楼供各户出租，同时建造"田面花园"这样的中档住房和商业用房。这本质上是一个在政府协调下达成的以物易物的协议。开发商免费帮助改造旧村，村里出让一部分农村土地给开发商获取利润。

随后汉国置业请来中国第二大房地产公司开发高端楼盘"城市绿洲花园"。一位世联地产高管称，这里"位置极佳"。9栋18层的建筑能够将中心公园的美景尽收眼底，紧挨将要兴建的CBD，依河而建，环境优美（河水至今仍有污染，但已经不像10年前那样散发着臭味了）。城市绿洲花园于2001年落成，建有自己的地下车库、健身俱乐部、游泳池、花园。多数住房面积为130至140平方米，视野开阔、幽静温馨，在这个迅速扩张的城市中成为当时最受追捧的楼盘。2001年开盘时，价格比当时深圳平均房价高出约

30%，并且此后价格几乎翻了3倍。①城市绿洲花园开盘3年后，汉国置业30层的写字楼和有落地窗的四星级花园酒店也竣工了。

一些村民自己住进了这些高档公寓，另一些人则在兴建的出租楼宇买入整层楼房，成为出租房的房东。由8座高层建筑组成的田面花园装修华丽，其目标住户是中产阶级的管理层职业人士。40栋8层的"握手楼"继续用来出租给外来务工人员。这些"握手楼"都在村"后"，在空间上是与按照市政规划兴建的高档住宅和酒店分开的，它们仍然是"违章建筑"（因此早晚都是要被拆除的）。这些楼房的建筑密度依然很大，但是已经经过一些规划设计。所有的建筑整齐划一，屋顶上都铺了粉红色的砖瓦。尽管还是楼挨楼，但空气流通更加通畅，且都留有消防通道。出租的楼宇现在装有电梯，设有保安，村里还组织了自己的消防队。2008年每间出租房每月租金高达2000元。

这些进步使得田面村成为一个"文明村"，成为人人称赞的典范。将农民变为城里人的愿望终于在这里结出了果实。我问这里的村民什么是最令他们感到自豪的，他们回答说最自豪的是他们现在是"城里人"，"不会被人瞧不起"。"现在我们不用干活，也能挣钱。"一名村妇得意地说。

然而，他们的这种满足感也足以让"农民变成市民"成为一件困难的事情。很多村民现在什么都不干，就依靠出租房屋赚取租金，这让广大市民对村民变成房东普遍心生不满。这种不满似乎不是来自生活在村里的外来务工人员，而是来自中产和中产以上的深圳居民，村民一夜暴富让他们既轻蔑又有些嫉妒。

---

① 2001年，这些房子的价格约为每平方米8000元，2008年的价格为每平方米2万元。本节的数据来自对世联地产员工的采访。对于中国商品房市场的机制，特别是中介机构的作用的概述，请参阅邓宝善，黄小慧，刘金龙.转型期中国城市的房地产代理、住房市场与房屋销售和租赁服务.住房研究，2006，21(6)：799—823。

文明是一种品位

"文明深圳,温暖家园"①

探寻深圳乡村发展的轨迹时,我们可以看到罗兰·巴特的义素代码与象征代码。乡村由于城乡二元对立象征性地与城市分离,然而在空间上、发展过程中和物质形态上却不断带来新的意义,强化或者削弱城乡对立。"文明"连同"和谐社会""素质"等构成了改革开放时期的核心价值,"文明"是"建设和谐社会"的关键,城中村在"文明化"建设中变得很惹眼。②成为"文明家庭",既是国家给国民施加影响力的有效方法,又是人们引以为傲的荣誉。安·阿纳格诺斯特在她的书里讲了这样一个故事,有户人家在相亲对象来家里做客时,偷了邻居的"文明家庭"的牌子挂在自家门口来撑门面。③深圳不仅要成为"文明城市",而且要让"文明"成为全体市民追求的目标,让深圳成为"文明"的化身。

回想第五章,一位前村主任的妻子感谢中国领导人邓小平使他们摆脱了"贫穷和苦难的日子",这种对邓小平的感念,是这座城市的"文明"因子。深圳与中国其他地方不同,这与邓小平提出的"致富光荣"发展观有关。"文明"这一概念与市场经济给人们带来的希望分不开。在深圳,人们拼的就是经济。"时

---

① 城市公交站牌海报上的广告标语。
② 关于"素质",参阅安·阿纳格诺斯特的《人口素质的政策》以及任柯安.关键词:人口素质.中国季刊,2006,(186):295—313.
③ 安·阿纳格诺斯特.当代中国的叙事、表达与权利.达勒姆:杜克大学出版社,1997:86.

间就是金钱,效率就是生命",这个曾在20世纪80年代叫得很响的口号标志着邓小平时代的乐观主义和实干精神,激励着怀揣致富梦想来到这座城市的每一个人,不分高低贵贱。①深圳比其他任何地方都崇敬邓小平。人们在可以俯瞰中央商务区的山顶树立了一尊邓小平的塑像。同时,在宽阔的深南大道上,他的形象出现在一张巨型室外宣传画上,所有从老城中心向西而行的人们都能看见。邓公仙逝,深圳城恸。人们记起有人曾批评邓小平1992年的南方谈话,指责深圳"红旗落地","若不阻止,中国将改变颜色"。一位朋友的母亲听到邓小平逝世,哭着说:"深圳该怎么办呐?"

经济改革以深圳作为"试点",把文明建设提升到了"社会改革的国家战略"的高度。②农民在其中扮演了重要的角色,成为那个时代从落后走向文明的代表。有些人尚未做好接受这种文明的准备,在思想上一度干扰了国家走向民族复兴的主调。③安·阿纳格诺斯特认为,改革开放把农民推向前沿阵地去接受"外国资本的检验";如果不去"拥抱代表现代化、文明和纪律的国际上公认的做法"④,就要接受失败的耻辱。深圳的城中村所代表的就是这样一个"与现代文明格格不入的他者"⑤,因此必须通过各种手段来实现现代化的目标,包括接

---

① 蛇口工业区位于深圳的西部,其开拓者袁庚在园区入口处竖起了广为人知的标语。围绕这幅标语的合理性的争论从未停止,连全国人民代表大会都对此表示重视,尽管今日深圳的报纸评论这场争议新奇有趣,认为该口号"直白,不言自明"。
② 参见邓小平同志在深圳纪实.人民日报,[2002-01-18];安·阿纳格诺斯特.当代中国的叙事、表达与权利.达勒姆:杜克大学出版社,1997:81.
③ 安·阿纳格诺斯特.当代中国的叙事、表达与权利.达勒姆:杜克大学出版社,1997:77.
④ 安·阿纳格诺斯特.当代中国的叙事、表达与权利.达勒姆:杜克大学出版社,1997:76.
⑤ 安·阿纳格诺斯特借用了历史学家吉安·普拉卡什的说法。

受市政管理及前文描述的各种形式的创新。①

从村庄到商城

2005年,深圳当选中国十大"文明城市"之一,这是其环境宜居受到认可的一个标志。卡罗琳·卡蒂埃的文章里提到,在深圳争取该国家级荣誉期间,下级行政单位要想评上"文明单位"就必须拆除所有私搭乱建的房屋,于是拆除违章建筑的工作便轰轰烈烈地开展起来,成为提高特区居民形象和树立"正确价值观"的一项核心内容。②蔡屋围的南端曾是原集体化时代的大队支部所在地,如今这里展现的是文明建设的发展历程——从拆除违章建筑到建设深圳首屈一指的万象城购物中心。购物中心是深圳城市化发展对"农村"市集老东门进行改造的结果,离万象城仅有几站之遥的是一片人声鼎沸的商铺,在那里

---

① 埃里克·哈蒙斯展示了"文明"话语在越南的运作方式,与中国的情况相似,它与"基于市场的所有权观念"以及治安、卫生有关。在这种背景下,哈蒙斯展示了文明在历史上如何与空间秩序相联系,以服务于私有化。在中国方面,小野由子展示了在哈尔滨文明与空间的紧密联系。安东尼·金和阿比丁·库斯诺指出了一个重要的转变,即文明的现代性正越来越多地体现在关于"生活质量"的环境指标而非地标性巨型建筑。这与文明作为城市的一种主要模式保持一致,"接受并促进同样的城市象征语言,参与同样的象征性经济,以同样的建筑和空间术语来说,就像在全球化经济的其他方面一样"。参见埃里克·哈蒙斯.越南的文明进程遭遇倒退.城市和社会,2009,21(2):186—206;安东尼·金,阿比丁·库斯诺.论北京融入世界:中国的"后现代主义""全球化"及跨国空间的建构//阿里夫·迪利克,张旭东,编.达勒姆:杜克大学出版社,2000:59—60;小野由子.一个外国的氛围:哈尔滨的建筑遗产//安妮·M.克罗宁,凯文·赫瑟灵顿.消费创业城市:形象、记忆、景观.纽约:劳特利奇出版社,2008:221—253.
② 卡罗琳·卡蒂埃.改革时期中国城市的跨国城市主义:深圳风貌.城市研究,2002,39(9):1527.

的公交车站站牌上还能找到"东门"。①万象城里有溜冰场,有古驰和哈根达斯的专卖店,还有售卖有机产品的美食超市。随着昔日的村庄逐渐淡出历史舞台,购物中心取得了地标建筑的影响力。2008年夏天,这里树立起一块巨幅广告牌,矗立在霓虹灯的照耀下,上面印着分别套在三个黑色圆圈中的T恤衫、手提包和盘子刀叉。在每个圆圈的中央,英文的"文明"一词散发着白色的光芒,广告牌下方用中文写着一行字:"文明也是一种品位"。

这则广告简明扼要地表达了"文明"如何影响人们的形象和行为,并与"新"城市联合起来取代"旧"的村庄。"文明"即罗兰·巴特所说的"义素",或者说它是一个专有名称,包括了其他具有相同涵义的词语。这些词语(如上述的手提包、西式刀叉、T恤衫及商场本身)不断与该词一同出现,如此,在一定的场合下,这些从属性的词语一出现,其关键的"义素"也就不言自明了。"义素"正如罗兰·巴特所说的那样,让人联想到某种含义,它有所指但又不说破……所谓欲言又止,不可言说。②这种欲言又止的行为展示了广告所呈现出的张力,因为中文里"品位"一词的含义比英语的"taste"所表达的意思更丰富。它提示人们品位不是靠金钱而是靠教养才能形成的。有品位要能辨别真伪,也指雅而不俗的人格。当然广告的目的恰恰是示意你可以通过适当消费来成为有教养的人,这需要你拥有足够的财富。于是这里既有对你的诱惑,又会让你觉得遥不可及。你为了过上有

---

① 万象城的标志"the MixC"是"the Mix City"的缩写。将万象城购物中心与东门传统商业中心以及华强北更新、人流量更多的购物区做比较颇为有趣。关于后者,参见王辑宪,徐江.在快速发展的城市中的一个计划外商业区:一个关于中国深圳的案例研究.零售和消费者服务杂志, 2002, 9(6): 317—326。

② 罗兰·巴特.S/Z.理查德·米勒,译.纽约:希尔与王出版社, 1974: 62。

品位的生活心中油然升起挣钱的欲望；然而光靠挣钱又永远也得不到本来不属于你的那种有教养的生活。

设计之都与文明进步

购物中心以品位象征文明，而集体所有的乡村工业区也为了"文明建设"把自己重塑为创意产业中心。① 步入新世纪，这座城市拥有6万多名设计师，贡献了GDP的4%，并且人们渴望在未来几年里实现10倍的增长。② 深圳企业为了在市场竞争中生存，聘用了为数众多的设计师，特区政府称深圳是"中国现代平面设计的发源地"。联合国教科文组织2008年授予深圳"设计之都"（COD）称号，并将深圳纳入其"全球创意城市网络"。为了得到这一称号，田面村重新规划了村庄里的一角，那里曾是纸盒厂和毛衣加工厂。2007年这些昏暗的工厂被清空，旧厂房围起了玻璃幕墙，在竞选联合国教科文组织"设计之都"之际，打出了"设计之都"和英文缩写"COD"的招牌，由灵狮文化产业集团负责管理。该公司与政府关系密切，为入驻企业提供了广泛的人脉与优惠的租金。该公司先后从全国各地以及德国、奥地利、日本和美国吸引了70家公司入驻这个将近5万平方米的创意产业园，到2014年，园区内注册的公司已达230家。③

该园区最引人注目的不是其装修后的包豪斯风格和公共艺术空间，而是它通过设计美学消除城乡之间的差异。在市政府的部分财政支持与对农村的激励下，这里成了"建设文明城市"

---

① 参见本书黄韵然所著第八章。
② 深圳蓬勃发展的城市设计.深圳日报, 2008-06-10.
③ 信息来自对灵狮公司人力资源总监办公室的采访。参见灵狮城市设计主页：http://www.cityofdesign.com.cn/2008/english.

进程的一部分。现代文明在生产和消费两个层面上向人们发出召唤：展示与使用、设计与身份。园区的酒吧同时也作为出口葡萄酒的陈列室，装潢十分高档，豪华的深色木质室内设计，墙壁上陈列着美酒，提供雪茄烟盒，还有一位来自安徽、此前学习商务英语的女大学生服务员。入口附近的角落里放着托马斯·弗里德曼所著的《世界是平的》以及一本希拉里·克林顿写的自传。11号大楼附近有家名为"书吧"的咖啡店，通常营业到凌晨2点，提供意式咖啡、茶和雪茄，设计师们坐在宜家的Grundton桌子旁，连着无线网络在笔记本电脑上工作。园区雇了一批涂鸦艺术家，据说有一些人来自香港，他们用涂鸦的方式装饰了两个未经翻修的外围建筑，使之具有纽约都市风格。他们以深圳为主题进行创作，画面上有玩滑板的人，还有卡通人物和变形的城市景观。近处草坪上摆放着色彩缤纷的几何装置，与周围的环境显得有些格格不入，露天广场上的公共艺术装置在不停地旋转。一栋建筑物的一侧有两张四层楼高的巨幅图片，那是爱因斯坦和1998年诺贝尔物理学奖得主崔琦的画像，但是问大楼外干活的工人后者是谁，他们根本不知道。远处的角落里还有家保时捷汽车经销店，2008年人们都在说田面将拥有自己的地铁站和星巴克，但是至今两者均未出现。

结语：乡村与城市

田面村给人留下的印象是尽管当地村民、外来务工人员、白领阶层和设计师们在文化与经济上显现出巨大差异与不协调，但是城市改变着乡村，乡村也改变着城市。这并不是由具体政府的具体政策或缜密的规划所带来的，而是村民、商人和外来工充分利用社会主义制度下的组织和管理方式，在市场环境下共同努力打拼的结果。韦伯斯特等人在他们的著作里提醒我们,社会主义制度下的管理方式总是比西方人想象中的更为特别,而城中村这种变通的方式,用现代的形式向人们展示了"城中城"这一悠久的中国传统。[1]也因此城中村成了新的城市发展空间的有机组成部分。同时城中村还代表了一种社会秩序,在村干部的带领之下村民们作为一个社会群体巧妙地与政府沟通,也让政府得以在社会大变革的萌芽期管理生活在这里的人们。[2]

笔者曾采访过很多深圳的建筑师和政府官员,他们认为这些城中村不是城市的对立面,而更像是城市本身的一部分,两者的关系盘根错节,密不可分。和深圳大部分地区的高楼大厦和住宅相比,他们更期待城中村能够利用自身"具有生命力的空间"来掌控自身发展的命运。

把城市中具有象征意义的"农村"完全吸收还是摘除掉这个问题,是全球快速城市化进程中的一个关键性挑战。到2040年,全球城市人口将增加20亿,其中很大一部分增长将出现在城乡接合部,深圳的发展趋势亦是如此。在2000年年初,亚洲接近一半(43%)的城市居民生活在各地的城乡接合部;在非洲,这一人口比例超过70%。[3]世界银行的一份报告曾指出:未来几十

---

[1] 克里斯·韦伯斯特,吴缚龙,赵燕菁.中国现代城市里的深宅大院//G.格拉斯,C.J.韦伯斯特,K.弗兰茨,编著.私宅:本土与全球视角.伦敦:劳特利奇出版社,2005:165.

[2] 在这种情况下,村民们扮演的角色与张鹂所分析的"浙江村"农民工"老板"类似,他们掌控着住房与交易市场,通过在官方和当地势力之间周旋来维持当地的秩序。参见张鹂的《城市里的陌生人》第四章。考虑到村委会在深圳的力量,对当地的管理一般通过与村民代表、各种移民组织的代表等一系列中间者协商沟通来实现。在中国,农村和农民工的关系纽带犹如一张网,联系着其他村庄和海外关系。因此,即使是特定的村庄或定居点消失,纵向的和横向的社会秩序依然得以维持和实现。同张鹂的研究一样,通过观察村委会和农民工所发挥的作用,我们对快速城市化的中国的社会秩序的形成有了更全面的了解,同样参见张鹂的《城市里的陌生人》。

[3] 在拉丁美洲这一数字为32%,在中东和北非则为30%。参见巴尼·科恩.发展中国家的城市化.社会中的科技,2006,28:64。

年,中国的城市人口预计将增加至8亿,相当于在未来的近半个世纪中,每月新增一个百万人口的城市。在这一过程中,由于城市中的乡村地带与城市肌理密不可分,出现了当地人口的迁移以及机构、住所的重组和重新分配等问题。[1]这些地带既造成了城乡的对立,也通过乡村企业带头人使城乡相互配合,尤其在如深圳和孟买这些房价高的地方更是如此。在其他一些地方,人们的"乡愁"也会让消失的村庄重现。[2]

阿克巴·阿巴斯在描写深圳邻近的城市香港时指出,根本不存在"对于这座城市的按部就班的解读,人们看到的只不过是这座城市中不断消失的生活的一本流水账"[3]。我对深圳的解读,是想通过评估乡村的价值来叙述城市发展的故事,这些乡村在消失,但它们又依然存在。通过这种方式人们可以看到乡村如何成为中国城市化进程中的关键一环和最复杂的难题。城中村在中国农村与城市发展过程中扮演着复杂的角色。毛泽东时代的农村在共产党的建党建国理论中享有崇高的地位。到了

---

[1] 参见珀斯·查塔吉.被统治者的政治.纽约:哥伦比亚大学出版社,2004;迈克·戴维斯.贫民窟的星球.纽约:维索出版社,2006;罗伯特·纽威斯.影子城市:亿万城市贫民,新的城市世界.纽约:劳特利奇出版社,2005;阿卜杜·马利克·西蒙尼.为了未来的城市:四城非洲生活的改变.达勒姆:杜克大学出版社,2004;阿卜杜·马利克·西蒙尼.从雅加达到达喀尔.纽约:劳特利奇出版社,2009。

[2] 马立安对深圳做了深入的个案分析,汉考克的个案研究则针对印度城市。参见马立安.成为香港,拉拢宝安,保护新安:深圳经济特区城市化民族志研究.文化研究,2001,15(3/4);马立安.吸引世界关注:深圳市的文化补充.立场,2006,14(1):67—97;玛丽·汉考克.从马德拉斯到金奈的政治遗产.布卢明顿:印第安纳大学出版社,2008。还有乔纳森·沙皮罗·安贾里亚.街头生活和城市灾难//菲尔·斯坦因伯格,罗布·希尔兹,编.城市是怎样的?在卡特里娜飓风之后重新思考城市.亚特兰大:佐治亚大学出版社,2008;阿琼·阿帕杜赖.深层民主:城市治理与政治视野.环境与城市化,2002,13(2):23—43;维贾扬蒂·罗(Vyjayanthi Rao).贫民窟研究:南亚/亚洲城市与全球化.国际城市与区域研究期刊,2006,30(1):225—232。

[3] 阿克巴·阿巴斯.香港:文化与消失的政治.明尼阿波利斯:明尼苏达大学出版社,1997:73—74。

邓小平时代，城市才成为进步的标志。①城中村的出现打断了这种价值观的转换，造成了空间上的不和谐，这恰好可以补充迈克尔·罗兰兹在全球化背景下提出的"时间上的不和谐"的观点，传统与现代并存。②

深圳是一座以快速发展而闻名的城市，我想用罗兰·巴特的理论来放慢对这座城市的解读，深圳的官方叙述告诉人们，深圳的农村已经消失，成为历史，这在法律上是准确的，但在文化意义上却并非如此。这一章首先指出了这座城市的官方叙述如何展开，就像在讲述一个解密故事。故事的结论是众所周知的，故事的张力来自要弄清楚这是怎么发生的（乡村会怎样消亡？乡村又会怎样延缓这种消亡？）。罗兰·巴特效仿亚里士多德将这种阐释学的叙事模式称为行为—叙事的张力，他认为这种张力并不存在于已知结论的事件的展开过程，而是体现在将要发生的事件中，让我们急切地想知道接下来会发生什么。③这些事件既非偶然也非必然，它们的出现是社会实践所产生的结果，并非严格遵循事先写好的脚本。④

用本章开始时所引用的罗兰·巴特的比喻来说，乡村与城市并非围绕着一个主题严整地构成一个乐章。一边是低矮的村舍，另一边是现代化的高楼大厦，两者形成鲜明的对比，又在社会阶层的分化与同化过程中不断变化。城中村的发展变化挑战

---

① 多萝西·索林杰.中国城市中有争议的公民身份：农民工、国家和市场的逻辑.伯克利：加利福尼亚大学出版社，1999.
② 参见迈克尔·罗兰兹.国家空间里的时间不一致性//丹尼尔·米勒.世界分离：社会棱镜所折射出的现代性.纽约：劳特利奇出版社，1995；阿卜杜·马利克·西蒙尼.为了未来的城市：四城非洲生活的改变.达勒姆：杜克大学出版社，2004：233。
③ 罗兰·巴特.S/Z.理查德·米勒，译.纽约：希尔与王出版社，1974：18.
④ 参见大卫·格雷厄姆·沙恩.重组都市主义.新泽西州霍博肯：威利出版社，2005；戴维·斯塔克.不和谐的声音：谈经济生活的价值.普林斯顿：普林斯顿大学出版社，2009。

了人们对于什么是城市生活的固有观念,为当代中国的城市管理和治国理政、携手共进提供了一个试验场所。

在深圳的改革试验中,当地村民和外来打工者与政府构成了一个回路,使城市的建设和发展得以实现。沿着这一道路我们可以发现中国向市场经济转变过程中存在着的固有矛盾。不够明确的法律给市场价值的分配造成了困难,机构重叠导致社会管控和规章制度相互矛盾,针对拆迁、补偿、整合、合作与对抗,政府和乡村传递的信号模棱两可,这些制造了巨大的谈判空间,也带来了矛盾的结果。通过上述的例子我们可以看到城市和农村二元对立此消彼长,创造了村庄和城市各自所寻求的空隙。因此,深圳的城中村最终既不代表城市发展的对立面,也不是城市本身,而是在城市发展过程中产生的一个伴生物。

注:本章内容最初刊印在《文化人类学》2011年第25卷第3期的第421至458页。在此我要向马立安和小野由子表达诚挚的谢意,感谢她们对我的指导。我也非常感谢休·拉弗尔斯、黄韵然、常天乐、杨阡、迈克尔·加拉赫、Lara Luo、李可夫、王佳以及许许多多的深圳人,他们慷慨相助,跟我分享美食与见闻,结下深厚友谊。我还要感谢纽约新学院大学教师发展基金、新学院大学印度与中国研究院和布朗大学沃森国际研究所的研究支持。

第三部分 推 广（2004—2017）

第八章
深圳的艺术家群落和他们的创新中国梦

黄韵然

黄韵然,加利福尼亚大学伯克利分校修辞学和艺术史助理教授。她从事现当代艺术和视觉文化历史的研究,特别关注有关原作、原创作品的赝品、仿品、临摹、伪作等方面的问题。她研究深圳大芬村的专著《凡·高的订单:中国和现成品》(芝加哥大学出版社,2014年)2015年获得亚洲研究协会颁发的约瑟夫·莱文森图书奖。她还撰写了关于深圳华大基因的研究报告。目前她正在撰写一部关于18世纪和19世纪广州外贸绘画史的著作。

真正的艺术与新创意产业

1999年,深圳布吉镇(后改称布吉街道办事处)一位负责文化及宣传的官员从广州的一份报纸上了解到,他们眼皮底下就有一处"艺术村"。(图18)据报道,大芬村位于深圳经济特区原"二线关"外的龙岗区,当时没有多少人知道这个偏僻的小村子。现在它成了一个巨大的生意红火的艺术品交易市场,聚集了众多画匠,他们在那里工作、生活,并将他们的艺术品远销到欧美国家。①北京的东村和798艺术区一夜之间在国际上名声大噪,中国艺术家受到了有影响力的外国收藏家和画廊的追捧,深圳的官员们因此也将大芬村视为一个让深圳文化艺术声名远播的难得的机会。

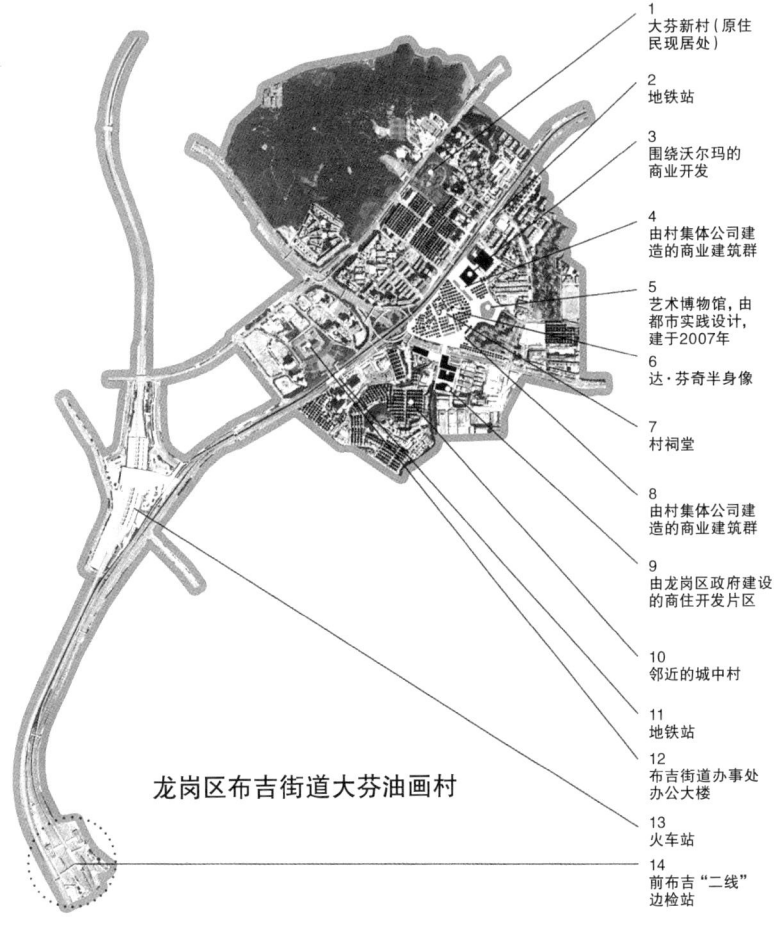

1 大芬新村(原住民现居处)
2 地铁站
3 围绕沃尔玛的商业开发
4 由村集体公司建造的商业建筑群
5 艺术博物馆,由都市实践设计,建于2007年
6 达·芬奇半身像
7 村祠堂
8 由村集体公司建造的商业建筑群
9 由龙岗区政府建设的商住开发片区
10 邻近的城中村
11 地铁站
12 布吉街道办事处办公大楼
13 火车站
14 前布吉"二线"边检站

图18 大芬村俯瞰图。图片由黄韵然与斯托里·威金斯制作于2015年。

---

① 深圳有个"画家村".羊城晚报,1999-09.

不过，大芬的画家根本不像中国当代的艺术家那样，创下拍卖纪录、在世界各地的美术馆展出他们的作品。首先，他们大多是出生于农村、没有受过教育的农民工，且大多数人并未完成中学学业，也极少有人接受过正规的艺术教育。其次，他们创作的油画是由买家指定内容的。买家以西方客户为主，因此许多作品都是临摹欧洲艺术家的名画，如达·芬奇的《蒙娜丽莎》或凡·高的《向日葵》。最后，他们以惊人的低价将画作卖给西方消费者，每单绘制几十甚至成百上千幅绘画作品。大芬村的画家被西方记者视为"造假者"或者"流水线上的抄袭者"，称他们制造"虚假的艺术"，欺骗世界各地不明就里的中产阶级消费者。尽管临摹古典与经典作品在西方艺术传统中占有重要位置，但西方专业画家和记者仍呼吁大芬村停止"侵权"行为。

从艺术史的角度看，事实与这些煽动性报道所描述的相反，大芬画家的工作方式并不是新鲜事物，而且也绝非中国所独有。实际上，他们与西方艺术发展过程中的许多时期的职业艺术家非常相像，而且在欧洲各国、美国以及世界其他地方，很多职业画家都会根据客户（或赞助人）的要求，自己在家或工作室选择自己的素材、绘画方式和工作时间。他们根据标准化的尺寸绘制出适合悬挂在居室的画作。买家满意，画家就会从每幅画中得到报酬。除了极少数例外，艺术家们在整个艺术史上的工作大都如此。因此大芬村在很大程度上并没有引起职业艺术家的强烈反应。在当代顶尖艺术圈子里，有人甚至把"外包给中国"作为一种艺术创作的新趋势。[1]

不过，深圳在改革开放以后的新气象尤其体现在大芬村艺

---

[1] 参见田霁宇.原创:大芬油画村.艺术论坛,2007-10: 344—351;克里斯托弗·比姆.艺术世界如何能做得到:外包到中国.纽约杂志,2014-04-22.

术产业的规模上。不论是订单的数量、画家作画的效率还是在这城市一隅专注作画的人数，都是史无前例的。有些画家虽暂时在老板的"画房"或者"画场"工作或生活，但他们像在自己家或工作室那样来去自由，作品完成后获得相应报酬。其实在家工作，除了经常要妻子或女朋友帮忙，或是偶尔要接待其他家庭成员、老乡或是新来的学徒和帮工之外，画画的过程并没什么本质的不同。他们也需要有人帮忙。大芬的画家一般独立工作，他们从老板或其他画家那里拿到订单，如果任务量太大，就外包给自己以前的学徒、家庭成员或小圈子里熟识的人。同样，如果客户预定了自己画不下来的画，画家也会把工作转包给朋友或认识的人，再从中分成。一般他们会先从新下单的客户那里每单收取50%的定金。大约两周内交付完成的作品，若顾客满意他们就能收到尾款。

大芬油画村的画家作画效率很高，他们的工作非常辛苦（至少比现代艺术家画那些流行又浪漫的作品更辛苦）。20世纪80年代末和90年代初大芬村盛极一时，那时他们作画的速度惊人，每天能画12至20幅油画。谢国雄（G. S. Shieh）研究了台湾的外包生产业务（许多外包产业从香港和台湾转移到了深圳，包括大芬村），在他看来，大芬村的计件绘画生意鼓励画工"自我剥削"，但也让他们通过自谋职业和创业得到自我完善。[①]在大芬村，有点存款或有一两个固定客户的画家也被称为个体户或老板，他们有自己的画廊、工作室或创作工坊，甚至还经营画框店、摄影工作室、美术用品店、艺术培训班或咖啡馆等副业。依托着形形色色的小店，这里的生意根据店面订单的多少而时好

[①] 谢国雄."老板"的世界：台湾发展的分包网络与微型企业.纽约：彼得·朗出版社，1992：82—89.

时坏。画家们会频繁切换他们作为"画工"或"老板"的身份，不断学习新技能，紧随市场动向，了解市场需求，发掘新的商机。大芬村的画家说，1999年布吉镇党委书记考察大芬村最大的"画场"时，对画场规模之小（当时可能只住着几十位画家）吃了一惊，说："这不过是个地下工作室！"换句话说，大芬的"画场"，与深圳及其周边数百个生产各种出口消费品的简陋的外包作坊几乎没有什么差别。

大芬村大部分境外的客户并不是顶尖的艺术品收藏家，而是来自中国香港、中国台湾地区以及韩国和日本的小型出口批发商和零售商。起初香港的老板是主要客源，每两周就会有人来下单和提货。这些画随后会被转手卖给美国和欧洲的客户，这些客户主要来自洛杉矶、迈阿密、慕尼黑以及阿姆斯特丹等地。这些画几经转手后会出现在画框店、纪念品商店、家具店以及路边的小摊位上，最终挂在餐厅、咖啡馆、酒店和住宅中。2004年开始，大芬村因受到主流媒体的宣传推广而渐渐声名远扬。来自俄罗斯、法国、意大利、以色列、摩洛哥以及全球其他许多经销点的老板都把大芬村当成"手绘艺术品"的主要货源地，这些手绘艺术品随后会再被出口到其他市场。纵观大芬村的发展，虽然有国际化的生意，但门店的规模却很小。不同于大公司或知名机构，这些小门店是通过松散和非正式的生意渠道来经营的。

2006年，中美总商会的一位研究员估计，大芬村60%的画作经由中国香港、中国台湾地区以及欧洲国家和其他地方，最终转手出口到美国。[1]但油画的跨国交易网络太过松散，订单也经由多手，因此这一数据其实很难评估。到了20世纪80年代与90

---

[1] 姚定康.大芬村油画与美国市场.(2007-12-20).http://www.ccmedu.com/bbs26_56112.html.

年代,大芬村的老板们了解到他们最大的订单都是为沃尔玛和凯马特等美国大型零售商定制的,而作为小分包商的他们永远无法知道各自的作品最终流去何方。与同时期深圳其他许多产业一样,大芬村的油画生意生产体系灵活,经常是买家不知作画者、画家不知为谁做。

值得一提的是,作品的来源通常能提高作品的原创真实感,但大芬的油画不同,经手的中间商越多,画家的身份(尤其是画家身上的中国烙印)被遗忘的几率就越大。无论是在香港的猫街画廊(Cat Street)、长岛市的跳蚤市场、法国勃朗峰的纪念品摊位、纽约大都会艺术博物馆外的人行道抑或罗马的纳沃纳广场,大芬村出品的油画上的署名五花八门,可能是"当地生活窘困的艺术家""俄罗斯艺术学院教授""艺术学生"或"可能是世界闻名的意大利艺术家"。这些作品的全球供应链越繁密,作品的来源就越容易被遗忘、掩盖、夸大,也越容易迷惑消费者。但遗忘并非总是故意为之,因此也不能谴责这是伪造或欺诈行为。不过,画的来源越模糊,价格似乎就越高,大芬画家曾开玩笑说,中国的买家们几经周折去欧洲采购昂贵的油画,回国后才发现是大芬村的画家画的。①但如同深圳的许多城市逸闻一样,这样的故事总是亦真亦假。

从全球和历史发展的角度来看,大芬村油画产业的基本运营模式似乎与浪漫主义和现代主义的艺术神话和艺术作品全然不同。人们常用这类说辞来称道画家和他们的艺术创作,这几乎是世人皆知的老一套。零售商买走大芬村的油画后再次推销这些作品时也常常会用这样的语言来兜揽生意。他们会说:这位画家深居简出,一个人在自己的画室里忘情创作,全无任何私

---

① 周敏.中国油画第一村如何升级?.羊城晚报,2004-11-22.

心杂念;他(几乎永远是男性的"他")和艺术上平庸的老师分道扬镳,而女人们,特别是他的那些模特们疯狂地爱着他;他为她们创作的画是他内心深处情感的写照;他远离市场和利益的诱惑,虔诚地坚持着自己的艺术追求;他将来总有一天会举世闻名,但这也许要等他去世以后;即便如此,他的"大师之作"不容置疑。零售商大谈画家独一无二的个性,相信终有一天他会得到大腕鉴赏家乃至全世界的认可云云。

当然"真正的艺术"这种说法也是在不同的历史时期建构出来的,人们曾批评这一说法为小资情调,是冷战时期的产物,是好莱坞式的夸张,抑或德国艺术家曾批评过的"资本主义下的现实主义"。大芬村与形容"真正的艺术"的那些华丽辞藻形成了鲜明对比。大芬村自20世纪80年代初建立以来,一直是一个和谐的社区,这个蓬勃发展的城市边缘地区,为那些来到这里靠画画谋生的外来务工者提供住处,并为这些独立艺术家稳定的生活提供稳定的保障。20世纪80年代后期,这些画家开始在深圳做起生意,他们非常满意,在很多情况下也非常高兴能以独立画家的身份谋生。许多画家为自己的作品受到世界各地买家的赏识而自豪。只不过后来他们才知道国际市场的等级制度早把他们排除在外、抹去他们的名字,只把他们当成工场画工、机械的复制者,甚至当他们是伪造者。大芬村名声大噪后,当地政府曾笑谈"大芬村"这个名字和画家"达·芬奇"名字谐音,也许这是天意。大芬村的画家们一开始抱有很高的期望,以为人们会把他们当成艺术家,后来才意识到他们完全被艺术机构和艺术市场的"守门员"排除在外,这些"守门员"认为大芬的画家并不是真正的"艺术家"。毕竟大芬的画家画的并非自己的"心境"与"想法"——他们并不前卫,从未创作过自己的作品,当然也没人愿意去买他们自己的原创作品。也就是说,这些技术型外来务工者绘制的画作虽有"艺术"外表,却无法为自己付出的劳动正名。

大芬村画家们,这些勇气十足又乐观向上的外来务工者,难以逾越的障碍依然是不被认可是艺术家。从社会学的角度来看,大芬与历史上巴黎蒙马特、伦敦苏荷、纽约格林尼治村里的那些艺术家群落没什么不同。在北京东村和宋庄,艺术家是被边缘化了的人群,从定居在那儿的那一天开始,他们就投身于艺术品生意。像那些如今声名远扬的城市艺术街区一样,大芬村也是一个位于都市边缘的艺术区,形成于中产阶级繁荣期及房地产业蓬勃发展的时期。老老少少的外来务工者纷纷来到大芬村,重新开启自己的艺术之路。初来乍到的人看到了实现艺术梦想的可能,而早厌倦了的老人则经常抱怨这里已变得商业化,保守且僵化。参照塞萨尔·格拉尼亚和马里盖·格拉尼亚对波希米亚的经典定义,也许可以形容大芬村是"一个充满了青春与魅力的地方",一个"人生路上的酒馆",一个"吸收过剩人口,直到空出足够社会流动机会的社会机制"。①只有这种社会模式被人们接受,"天才"和"人才"在任何地方工作都能得到认可,大芬村才有可能成为人们普遍能实现艺术理想的地方。

艺术创作到底是一种特权,还是一种全民都拥有的普遍权利?社会主义理想希望艺术能够被大众分享,于是在2004年前后,大芬村成为宣传对象。在当代的中国文化政策背景下,大芬村画家涵盖了社会主义文化中颇具英雄色彩的两类人:艺术家和画工。正如马立安和艾瑞克·佛罗伦斯在书中谈到的,对于深圳的发展,一些人以郊区乡下人明确批评城市精英文化的态度

---

① 塞萨尔·格拉尼亚,马里盖·格拉尼亚.波希米亚:自我流放的秘密.新不伦瑞克:学会出版社,1990.

来看待。因此一些大芬画家才称自己为"艺术工作者",以此来强调他们的包容和服务社会的精神。人们认为大芬的画家是学习过世界名作的农民工(至少他们的作品水平足以满足国际市场的消费者),是中国与西方世界象征社会公平的光辉形象。毕竟他们一度处于弱势地位,但农村出身的他们却百折不挠、勤勤恳恳、发愤图强,在国际化都市中争取到了自信独立、小有成就且极富创意的生活。在深圳乃至整个珠三角地区,打工妹受到盘剥曾引起社会的广泛关注,而这一群(男性占多数的)外来务工者却打拼出了能名留国际文化史的成功故事。《深圳商报》摄影部主任记者余海波的正面宣传报道和他的系列摄影作品——《中国大芬油画村》,2006年在阿姆斯特丹的世界新闻摄影比赛上获了奖,这让大芬村声名远播。之后大芬村引起了中国乃至全世界人们广泛的兴趣。

因此,深圳的政府部门,尤其是布吉街道办和龙岗区文化宣传部门,把大芬村的发展作为创意产业的一种新模式进行宣传,认为大芬村的发展是21世纪全球城市发展趋势的一种新模式,并会促进社会主义理想发扬光大。中国政府部门对大芬村的发展极为关注,这从政府推进创意产业政策的速度和广度上就可略见一斑。2004年,文化部授予大芬村"国家级文化产业示范基地"的称号,深圳每年都举办的文博会,大芬村是当时指定的唯一分会场(图19),到2010年,整个深圳已有35个分会场。为了把大芬村"提升"为"真正的艺术村",当地出台了促进文化发展和与劳动用工相关的政策,重建基础设施,美化街道环境,开展宣传活动。在解决大芬村画家户口的问题上政府推出了相应政策,允许大芬村的画家获得深圳户口或者允许他们的子女在当地入学,同时政府也助力发展类似大芬拍卖行等新业务,促进大芬村在行政层面和公共领域的协同发展。深圳的政府试图通过大芬村来证明：即使是最底层的外来务工人员也能实现他们的画家梦。2008年，央视一套一档日间节目《半边天》播放了有关大芬村的纪录片，片子开头说道："只要你来，你就拿得起画笔。只要你拿得起画笔，你就赚得到钱。"正如这档节目第6集指出的，赚大钱并不就意味着你是一个成功或者优秀的艺术家，反之亦然。大芬村展现了所有胸怀抱负的艺术家都面临的两难困境——追求商业上的成功还是追求真正的艺术创作。

尽管这些现代社会中长期存在的问题难以通过宣传来解决，但这没有阻止深圳的政府官员尝试重塑大芬油画村的热情，人们憧憬这种变化所带来的小资格调和房地产价格的上涨。在进入新世纪之后的头十年里，伴随着村镇街区各级单位的投资与指导，大芬村按照深圳城市发展的模式进行了基础设施改造，不过人口密集的城中村形态基本没改变。[①]实际上大芬村成了深圳城中村中唯一官方认可的"城区保护对象"。大芬村在21世纪头十年的发展中展现出了地方政府的协调合作水平，

图19　展现大芬村绘画产业的拼贴合成剖面图。图片由黄韵然、埃托尔·桑蒂及斯托里·威金斯制作于2015年。

---

① 详见马立安所著本书第五章内容。

让乡镇企业、街道办事处、区办事处与深圳乃至中国发展创意产业的政策步调一致。这些努力得到了中央宣传部门的注意，国家部委的出版物对"大芬模式"进行了探讨，这一模式也推广到了中国其他许多城市，甚至是北京和上海这些中心城市。

  由于有了基层政府的重视，大芬村的排污与供水系统得到了升级改造。小街小巷的道路也得到修缮，政府投资的大型商业场所和大芬地铁站先后建成。8000名画工和600家正式注册的公司组成了行业协会，随后成立了公私参股的企业——"大芬油画村"来负责管理大芬村，文化部很快也将大芬村命名为"文化产业示范单位"。2010年大芬村有了自己的美术馆，合法的艺术家协会、拍卖行，由政府补贴的艺术家住房以及建有喷泉和公共雕塑的咖啡步行街。《纽约时报》的封面、《艺术论坛》等数不清的外国报纸与电视新闻头条里都有大芬村的相关报道。2010年中国第一次承办世博会，在深圳馆里人们骄傲地展示了大芬村的成功故事。展馆聚焦了大芬村外来画工的画家梦，用感人的笔触描述他们如何心怀艺术家的鸿志，为实现创作理想而奔赴陌生的城市。深圳馆的组织者（原深圳市规划和国土资源委员会与都市实践设计有限公司）大胆地将深圳馆的主题定为"深圳，中国梦想实验场"，而这比"中国梦"成为中国发展的关键词还早了几年。

  分析大芬村的成功经验在中国的宣传和推广，可以帮助人们了解中国如何把"梦想"当作一种政治号召，让个体参与到从农村到城市的流动和迅猛的城市发展中来。从2004年开始，深圳的上级政府部门和国家领导对大芬村偏爱有加，将其颇具吸引力的发展历程列为全国创意产业的标杆。福建省厦门市也采用了这种颇受欢迎的大芬村政策（例如不受户口限制，允许画家的孩子在当地公立学校上学等），厦门一些商业绘画社群也重新命名为绘画村。"大芬卢浮宫"的业主后来在北京郊区也开了一家名为"北京卢浮宫"的大型绘画商场,商场里用了大芬村的雕塑复制品(在大芬村的这些雕像本身就是欧洲古典雕塑,如"断臂维纳斯"的仿制品)。丽水"巴比松"艺术村(彼得·海斯勒发表在《纽约客》上的文章的标题就用了这一名称)、义乌的大型批发市场和杭州的一些创意区都建了画家村,大芬村的画家和老板有的就是从这些地方聘来的。

除了扶持创意产业的政策,中国政府在新世纪头十年的中后期着意将大芬村宣传为一种文化现象,从历史的发展轨迹上看,这也正符合人们一贯倡导的社会主义价值观。我们基本可以把它视为这样一种文化艺术遗产或者文化运动,它更多地关注社会和政治,而非艺术的自主发展。这种文化运动彰显了乡土文化和大众化艺术,而不是精英文化和私人消费。艺术创作不再是天才艺术家的创造,而是人人可以参与其中、相互协作的产物。官员、宣传部门和大芬村的画家把大芬村视为社会主义精神的体现——流水线生产是一种需要合作的创造,低成本的模仿是对大众艺术的普及,而大芬村的跨国绘画贸易则让勤勤恳恳的外来务工人员能用自己的知识和文化谋生,为他们提供了成为全球文化公民的机会。[1]

深圳的领导试图利用对大芬村的宣传树立一种改革开放新时代的社会主义话语体系[2],但是这和其他类似的努力一样遇到了一个问题,即当前这个时代与毛泽东时代的社会主义的价值观念有所不同。人们用倡导社会平等的社会主义口号来推动以出口为驱动、以利润为导向的创意产业发展,这似乎要说明创意

---

[1] 详见本书第七章巴赫对文化的论述。
[2] 详见本书马立安所著第二章和佛罗伦斯所著本书第四章。

产业的政策可以具有爱国主义和人人平等的情怀，同时又能收获经济效益。2008年广东电视台以大芬村为主题背景制作了一部20集的电视宣传片。在这类政论片里，对社会主义艺术创作的宣传转变成了对释放艺术市场潜力的讨论，探讨如何让旅居海外的爱国企业家发挥积极作用、履行合同的重要性、知识产权法的合理性、公共社会政策的合理性及其积极影响等。

换言之，大芬村的成功被视为深圳版的中国梦。其一，它代表农村和大众（以阶层划分为基础的）对于"资本主义"在艺术文化上的垄断地位的挑战。这种垄断曾让那些外来务工者、没受过教育和出身寒门的人只能置身局外。其二，它挑战了此前人们对于艺术创作的看法，认为艺术创作的内容和形式都不能够利润化、商业化或国际化。大芬村作为一种文化现象，给人提供了一个机会来思考如何在一个追求共同富裕理想的社会里开展当代艺术创作这样一个由来已久的问题。称道大芬村的人们将之视为中国走向全球的一个新标志。

原创与赝品

尽管当代中西方艺术家表面上都将自己的艺术理想说成是马克思主义的、左派的和反资本主义政治的，但是对于双方而言，大芬村代表的意义不尽相同。首先是因为中国在毛泽东时代结束以后崛起成为世界的制造中心，对于艺术创作的真实性问题双方在理解上存在文化差异。其次，在作者身份和知识产权方面，西方在法律和文化定义上处于主导地位。此外，中国和西方公众同样关注全球劳动力和外来劳动力市场的不平等，但是双方对此的表述和认知有着巨大的差异。这导致中西方对大芬村的看法截然相反。西方记者将大芬村画家描述为"高压工厂的打工者",其个人创造力受到工厂制度的打压,而中国记者则把大芬画家描绘成辛勤劳动的"庄稼汉",随着深圳逐渐融入世界文化和全球市场,大芬村画家的个人创造力也得到释放。但这两种解读都没有认识到大芬村真实的绘画创作方式,以及艺术创作的真伪所体现出的文化、商业和法律价值。

中国于2001年加入世界贸易组织(WTO),并引入了《与贸易有关的知识产权协定》和《伯尔尼公约》所涉及的知识产权法,中西方关于大芬村绘画创作的争议正是在这一背景之下产生的。知识产权制度的建立对于承认绘画等文化产品的原创价值十分重要。美国消费者和政客们利用这个机会纷纷指责中国生产商复制西方的作品和创意,侵犯了他们的知识产权,大芬村的画作生产成为他们眼中一桩大型的抄袭案,涉嫌故意非法大规模生产艺术名作,这一点并不出乎人们所料。西方的这种阐述方式漏洞百出,回顾西方艺术发展的历史,这种"抄袭"屡见不鲜。

西方艺术传统,特别是绘画艺术传统,一直认为各种形式的临摹是艺术发展、创作和批判的核心组成部分。临摹是文艺复兴时期意大利的核心艺术话题,模仿古代风格、作品和题材的古典主义绘画,一度是法兰西学院认可的最高水准。在现代艺术中,画作的影响力是先锋艺术的核心组成部分,通常以混成、拼贴、讽刺或指称等形式出现。在第二次世界大战结束后,借鉴是最为人知的艺术技巧之一,即直接有意重新使用已有的艺术作品和艺术形象。事实上,无数西方艺术家的作品都是传统意义上的"复制品",只是这些作品已被人们接受、称赞、收藏,被尊为极具"原创性"的作品。尽管这些画家与大芬村的画家是同代人,却从未被人指控"抄袭"——即便他们抄袭,也会受到大型艺术机构的大力保护。从艺术史的角度看,大芬村的作品完全有理由享受同等待遇。

严格来说，指责大芬村画家是"造假者"，是对大芬村的油画贸易的曲解，因为大芬村绝大部分的画作都无法查到其（创意）出处，画家、买家或行家都不知道大部分大芬村画作的诞生源头。换句话说，绘画交易改变了作为后继作品来源和灵感的原图，只有小部分作品能被识别出是复制品。这就意味着在大芬村，一般情况下对画的作者或购买者而言，都不是在已知的情况下故意"欺骗"对方。最后，从法律的角度来看，即使绘画作品仿照了广为人知的"杰作"，这些"杰作"也大多用于公共场所，况且"杰作"创作于几个世纪之前，视觉艺术知识产权是几个世纪后的今天才提出来的。

由于"艺术家"和油画的文化地位在中西方传统里都很高，因此指责中国在批量复制西方名画很能吸引眼球。达·芬奇的《蒙娜丽莎》是个很好的例子，因为说大芬村"复制"《蒙娜丽莎》是侵犯达·芬奇的知识产权在逻辑上是荒谬的。首先，在美国，达·芬奇从未"拥有"他画的这幅肖像画的版权，因为根据美国的版权法，版权保护在1870年尚未覆盖图像、图形或其他视觉作品（更不用说达·芬奇显然不是在美国创作这幅画作，而且这幅画作现在收藏在法国，而法国在版权方面又有不同的法律传统）。其次，撇开法律史不谈，艺术史是建立在无数作品之上的，艺术家们会复制、借鉴某幅画，并体现在自己的作品中，《蒙娜丽莎》就是个很好的例子。萨尔瓦多·达利画的蒙娜丽莎留着胡子。马塞尔·杜尚拿着一张蒙娜丽莎的明信片，还在上面写了句时髦的双关语。在"艺术"实践中，这些作品未受诘难，还被西方艺术家和历史学家认为是杰出的绘画艺术代表作。当然，同样的情况一旦发生在西方以外的世界，问题就会接踵而来，西方人认为这些艺术是西方传统的"衍生"物或者"晚于"西方的绘画传统，抑或认为这些西方艺术与当地的艺术传统没有关联。换句话说，大芬画家的困境是所有非西方艺术家试图在以欧洲为中心的艺术界中获得合法性的一个极端的例子。

如果必须和以前的作品一样的画才能够被称为"艺术"，那么"真正的原作"和"精确的复制品"就只在理论上存在，因为任何两幅画（即便是同一艺术家同时创作的两幅画）在现实里或哲学上都不可能完全相同。大芬村的画家们画蒙娜丽莎时改动确实很大，但又不同于达利或杜尚的作品。此外消费者在购买帆布油画《蒙娜丽莎》时（在大芬村的价格约为300元人民币，在其他地方价格大约为90欧元到250美元），可以任意挑选尺寸，放入选好的画框，画作可以根据买家的喜好任意修改，消费者应该知道买的并不是挂在巴黎卢浮宫里的《蒙娜丽莎》。也许会有人告诉他们买的是艺术专业的学生或不知名的艺术家所画的他们熟悉的画作。所有这些情况都不构成伪造或欺诈，除非人们认为《蒙娜丽莎》是唯一的和不可改变的，只有达·芬奇拥有对其作品进行模仿、变更、复制或解释的所有权，并且所有消费者都认为他们买的画作是剽窃之作。如果这些假设支配了我们所看到的世界，那么卢浮宫博物馆里出售的纪念品和整个西方绘画传统都不再是"合法"的了。

《蒙娜丽莎》只是一个用来揭示这一问题的极端例子，实际上绝大多数大芬村的作品都是在一些不知名的作品的基础上创作的，没有专家、经销商或商人记录这些作品的出处，而且视觉上的变化之大，使大多数艺术史学家都很难找到这些作品的出处，更不用说普通消费者了。被临摹的画作从客户辗转到中介再到画家，其历史信息（例如艺术家的名字、画作题目或创作日期）并非总标于原画上。因此除了少数例外，大芬画家通常都不知道所临摹的作品的作者是谁（实际上大芬画家从未见过原作），而订货的买家似乎也不知道他们所买的画作其原作是什么样子。因此我们有理由怀疑大芬村的作品是否真的就是"复制品",或者我们必须要想一想为了捍卫此"原创"的合法性,人们需要动用多少专家学者和法律法规才能做到大网恢恢,疏而不漏。

在一些西方人的眼里,西方的绘画作品才是艺术创作的渊源,西方以外的作品都是模仿。可是"原创性"是一个历史概念,"原创"的价值与合法性的确立受到社会发展过程中多种因素的影响。倘若关于"原创性"的高谈阔论对艺术家的出身、教育背景、种族、性别等因素以及与艺术家身份相关的社会因素都视若无睹,那么大芬村的艺术创作就应该被理解为对当今人们争论的"原创性"的一种反抗。遗憾的是,人们对于大芬村的看法还存在着偏见,一直被中国的一些人和西方民众简单地视为抄袭。在我看来,这反映了一些中外人士对于深圳的认知只是停留在这样一个水平上。

对于大芬村的艺术创作,我的看法和中国国内以及西方的一些媒体的报道是有分歧的。这些媒体一说起深圳就认为这里遍地是假货和山寨版的产品,各种各样的仿制名牌产品,如高仿的名牌包、手表、高尔夫球杆、太阳眼镜、手机等,都与深圳密切相关。然而,媒体对大芬村油画作品"真""伪"的大量报道掩盖了如何确定"真""伪"的一系列问题的复杂性,反而加深了人们的质疑。比如,毗邻罗湖口岸的深圳罗湖商业城,从经济特区建立之初(甚至在中英街诞生之前)就开始卖仿制品。[①]消费者曾经可以买到各种款式和颜色的,甚至粘贴了各种名牌标志的箱包。一番讨价还价后,挑剔的买家能以很低的价格买到喜欢的高仿品,当然也有完全不知何为正品的消费者去买与正品相

[①] 见本书马欣和阿德里安·布莱克韦尔所著第六章。

似度不高的产品。其发展结果是仿品远比正品更多样,消费者和生产者对仿品市场也有不同的期望和看法。统一监管这些类型的产品需要严格执行规定,理解并遵守知识产权法。

事实上,与其说商家生产和销售的是"仿货",更确切地说应该是改良版产品,而且许多都不乏创意。例如,在深圳华强北——这条两边延伸开去有十多个街区的大长街道两旁,有许多大型高层商厦,主营数码、电子、视听和高科技产品——人们可以找到比品牌货功能更强大的产品。其中一些产品,例如触屏手机,原设计来自美国,但是在那里的发展却十分缓慢。其他产品,例如双卡手机,上面的标志看上去像苹果的商标,将新功能与名牌设计结合到一起,除了深圳,在别的地方看不到。这种富有创意的改良与反设计在中国被视为一种"山寨文化"——借用国际名牌产品来满足部分中国消费者需求的模仿行为。但在深圳,这种游击式的模仿行为已经持续了几十年,"仿货"与"正品"的差异也非常大(而且有的比正品还好用),因此区分产品原创性的真伪需要对每个产品的发展历史进行严格的审视。

我们还应该考虑到这种"山寨文化"在很大程度上是基于消费者的多元需求形成的。深圳的企业家具有高度的灵活性和适应性,能够满足广大用户和消费者的需求,在产品个性化上也曾经对品牌真伪在文化、传承或者法律法规上所受的约束缺乏重视。人们在大芬村的画廊与工作室里就能体会到这一点,在大芬村买画与在纽约切尔西区买画的体验是截然不同的。大芬村画廊里的画成百上千地堆放着,顾客可以随意翻看。这些画不是按照原创作者、画名或日期归类,而是根据大小、类型、质量和题材,如风景画、肖像画、街景画、具象画等归类。最重要的是,大芬村的绘画可以定制,可以按照顾客的要求随意进行调整。买家可以订购任何类型的油画,只要提供画样就行。根据买方的需要，画的大小或比例也不受限制（画家只是徒手或者用绘图仪重画原图）。买家可以在细节上提出修改要求。签名也可以根据客户的需求，用客户想用的任何名字（真名或假名都行）。价格由画的大小、质量和创作所需的时间决定。抽象画通常比写实派的画作便宜。人像画比风景画或花卉画更昂贵一些。肖像画的价格则根据出现在里面的人数来定。

这种个性化消费使得画工的专业化分工非常明确，决定因素是画作的价格和市场的需求。进入2000年以后，画凡·高作品收入最低，这些画工也被认为是水平最低的，因为在20世纪90年代，凡·高的画需求量很大，大多数接受培训的外来打工者首先学的就是凡·高的作品（因此，大多数大芬村的画家都能画凡·高的作品）。另一方面，为了与欧洲传统家具搭配而购买的人像画和写实风格的作品，画起来更难、更费时，因此这也成了能获得较高报酬的技能。大芬村画作中，最赚钱的大概是中间级作品，比如海浪画、写实肖像画或"小印象派"作品，这些画作利润可观，制作也不那么费时且比较受欢迎。因此这些也是全球市场上最流行的画。

大芬村油画生意的灵活性、小批量生产、可定制和简单分包等特点——绝非大芬村独有，而是深圳发展早期个体和企业经营所普遍采用的做法。深圳城中村的大规模发展是由乡村集体企业牵头的。在大芬村则发展成为创意产业。

真实背后的性别问题

大芬村2004年成了文化产业示范单位，中国从上至下各级政府都开始关注大芬村的"原创"与"创意"发展。这符合当时深圳推行的文化创意产业政策，也让国际上的专业人士大跌眼镜。值得一提的是，当年的深圳市规划和国土资源委员会建设部门对全市艺术设计活动大力支持，发起并赞助了"深港城市\建筑双城双年展"。大芬地处龙岗区布吉街道，曾经担任深圳市市场监督管理局政策法规处处长的周红梅就是从龙岗区政府提拔起来的干部，她对大芬村的发展非常上心。在她任内，深圳的都市实践设计有限公司在大芬村举办了建筑设计比赛，大芬村建立了大芬美术馆。

街道和村里的干部也在落实一系列培养原创与创新的相关政策。布吉街道宣传部部长沈树人努力说服了一批毕业于艺术院校的退休老艺术家搬到大芬村来（许多人和他同乡，都来自黑龙江）。他们的工作室被安排在"红楼"这栋属于政府的建筑里，政府还赞助他们追随共产党长征的路线外出采风，艺术家们还与政府官员和大芬村的老板们一同研究国际艺术市场，组织外出写生（最远去过迪拜）。这些艺术家常为市政管辖区域和展会活动作画，政府官员也会私下购买他们的作品。与此同时，政府还鼓励兴建大芬拍卖行，拍卖这些艺术家的作品。虽然大芬村只有几十个有学术资质的"原创艺术家"能从政府的政策中受惠，但大芬村的这些活动引起了人们对什么是"原创"作品及其价值和合法性的重视。由于担心乡镇宣传干部学识有限，布吉宣传部门很快就将伊桑·科恩这位有影响力的纽约中国当代艺术品经销商作为大芬村的"特别顾问"挽留了下来。

大芬村宣传部门举办了一系列公益活动，重点鼓励大部分画工成为有创意的艺术家。政府举办各种活动和展览，展示独具匠心的绘画技巧和富有创意的原创艺术，还免费分发了宣传知识产权的出版物。此外还为画家和经销商建立了登记制度来登记原创作品（但后来取消了），一旦被抄袭，可诉诸法律讨回公道。他们甚至考虑设计一个大芬画廊的商标，以便将授权给他们的画作标为"原创"。通过大芬博物馆的展览、官方赞助活动、出版物以及媒体报道这些大众传播方面的努力，原创艺术家得到了持续的关注。

除了推出有利于"原创"的政策外，官方还制作了各种宣传品，宣传创意和原创理念，并且直言不讳地将大芬日常售卖的油画称为"仿品"。2008年9月，央视一套的《半边天》节目还播出了介绍大芬村的6集纪录片。播出这部纪录片的是一档备受推崇的探索女性话题和社会问题的电视节目，片中讲述了三名在大芬村工作的女性的故事——一位原创艺术家、一位渴望成为一名画家的画工，以及一名商人。这个节目为原创性下了一个浪漫的定义，宣称原创艺术不能定制，不能商业化，也不能被复制。艺术来自个人的内心，是自己的心灵和思想的表达，因此是真实的，是无价之宝。对于真正的艺术家来说，经济上的成功并不重要，即使作品成功，那也绝不是来自贪婪，而是对内心深处的真实写照。在官方的表述中，真正的艺术家被描绘成波希米亚人，他们置身市场之外，并不在意市场对仿品的需求。

虽然对于原创的这种定义听起来就像艺术家浪漫的神话，和人们耳熟能详的从巴黎蒙马特高地到纽约格林尼治村的那些艺术家故事别无二致，但中国这档全国性电视节目用了女性视角来描述。在这部纪录片里，创造真正艺术的主体是那些来到城市里结了婚的女性，她们在婚后空闲的业余生活中开展绘画创作。因此，对三位女性形象的刻画大部分都花在展现她们与全力支持她们的丈夫的"爱情"上，丈夫成了这些女性追求梦想的陪衬。在这部纪录片中"爱情"成了三位女性成功的动力，而不是市场的利润、贪婪及其冷漠的理性。

关于早年官方的政治宣传，艾瑞克·佛罗伦斯在本书的相关章节里都有详细的讨论，而这部纪录片对打工妹的描绘有所不同。20世纪80年代,人们会鼓励打工妹将自己视为温顺的农村妹子,她们应该忘记浪漫,自力更生,努力工作,最后回到家乡。① 在20世纪90年代,流行的说法肯定了这些在城市里流动的年轻单身女性(女工)的独立品格。② 然而2008年,在对大芬村的描述中,大芬村的女性农民工被描绘成在城市中找到真爱,婚后过着安居乐业、有创意的生活的女性。如果将大芬村比作波希米亚人的群落,那么在官方话语中,它成了一个"模范"的波希米亚——对于艺术自由的追求和对于市场铜臭叛逆的政治理想变成一个国家倡导的创意产业。换句话说,大芬村变成了一个波希米亚式的模范村,只不过这个"波希米亚"不会对社会和政治规范提出任何先锋派的挑战罢了。

虽然大芬村许多画家的个人事迹的确鼓舞人心,但用女性化的方式解读这一创意产业却掩盖了那些紧迫需要解决的问题,即大芬乃至整个深圳的外来务工人员中存在性别不平等。③ 尽管深圳的女性外来务工人员占外来务工人员总数的70%～90%④,但在大芬村,画家、艺术家和老板大多是男性。像《半边天》这样的官方宣传片只关注到女性在大芬村的成功,"原创艺术"的说法能够为深入探索社会性别问题提供一个捷径,却忽略了现实生活中的实际状况。纪录片中的女性工作者热情高涨,在新经济中不断发掘自己的能力,成为代理商,仿佛女工一直遭受的不平等待遇单单通过"创意"与"爱情"就都能够迎刃而解。换句话说,从女工到艺术家妻子的转变肯定了特区

---

① 艾瑞克·佛罗伦斯.珠江三角洲的外来工:奋斗的话语和叙事.亚洲批评研究,2007, 39(1):121—151.
② 潘毅.成为打工妹:在中国改革开放中的身份差异.中国季刊,1999(42):16—17.
③ 见本书梅森所著第九章。
④ 潘毅.中国制造:世界工厂里的女工.达勒姆:杜克大学出版社,2005:40.

将老旧企业变成创意产业的经济转型,却也在另一方面掩盖了实际的性别分工。在这个看起来是在逐步探索性别平等的过程中,现实中一些更难的问题(妻子的画家丈夫怎么支持她们,其他画家如何工作,又怎么成功,或者生意往来中女性劳动力如何被盘剥)都完全被忽略了。

尽管纪录片中是那样宣传的,但必须强调指出,在大芬油画村,任何岗位都有女性的参与。然而这种依赖家庭和社会关系网的营生显然不平等。在大芬村的发展中,几乎所有男性画家都有女朋友或妻子来帮他们画背景。此后,许多女性从男伴那里学会了作画,其中一部分女性在帮助丈夫的大量实践中还成了某些绘画风格的老手。如果丈夫开了一家小公司成了老板,妻子往往会和他一起工作,成为公司的老板娘,管理公司业务,下订单、监工、定价和管理客户。如果他是原创艺术家,那他的妻子或女友一般会经营画廊售卖他的作品,还有的去学英语,帮忙翻译,将画家的作品卖给外国买家。

这种相互依存的关系在性别上是不平等的。在大芬村,丈夫或男伴帮妻子或女伴画背景或者学画画是闻所未闻的,很少有独立的女老板,不过我也曾遇到一些女性朋友的丈夫,他们从事其他行业的工作。最后,一位女原创艺术家曾向我解释说,如果在大芬村工作的女原创艺术家真的结婚,大概也只想嫁给某位原创男艺术家。至于劳动付出,这一行业的女性基本不会像丈夫那样支配自己的配偶当劳动力。诚然,我们要考虑到在家庭和工作方面男女性别之间存在差异,但是即便在大芬村的生活与工作是分不开的,这也并没有能够挑战男性在艺术文化领域的主导地位——中西方精英艺术圈里的情况都是如此。虽然在宣传上,大芬村常常将目光放在大芬女艺术家身上,以此来驳斥资产阶级或资本主义的偏见,但是在官方话语中,创意劳动力的性别问题却反映了深圳市政府的另外一种关切,那就是对外来女务工人员的城市地位和社会地位的关注。因此大芬村用官方话语打造的想象空间很特别。在这种波希米亚式的环境中,女性不仅是创意工作者,同时还是艺术家的妻子,安分守己地追求自己的女性创意梦想。

总的来说,深圳的领导要凭借创意产业这一强有力的形象来推动大芬村成为该产业的行业模范,但是他们首先面对的是这样一个问题:不论中国还是西方,在等级分明的文化艺术界,大芬村的画都算不上具有"创意"。不过他们通过重拾社会主义价值观让问题得以解决,因为这种价值观认为农民、工人和女性都是具有创造力的。用社会主义的观点来看,大芬村非但不是创造力的反面教材,反而代表了一种活力。即便是出生在中国农村的打工妹也能在深圳实现她们的创意梦想,过上自由、优雅的生活,享受表现自我的自由。对大芬女艺术家的描述未能准确地刻画出大芬油画生意本身或是大芬村的劳动条件,这也并不出乎人们所料。虽然当初的真实情况并不像电视里所描绘的那样,但是这些报道并不妨碍人们对这一成功的文化模式进行探索。这一模式最终在中国多个城市推广开来,成为得以实现"中国梦"的一个典范。

注: 本章基于2006年至2010年的调查研究写成。更深入的探讨和具体细节来源详见黄韵然的著作《凡·高的订单:中国和现成品》(芝加哥大学出版社,2014年)。

第九章
深圳的公共医疗卫生事业

凯瑟琳·A.梅森

凯瑟琳·A.梅森，美国布朗大学人类学助理教授。梅森2011年获得哈佛大学社会人类学博士学位，2008年至2010年间她在中国开展了"非典"以后公共卫生防疫专业化建设的实地调研工作，著有《传染病带来的变化：疫情后中国公共卫生系统的重建》（斯坦福大学出版社，2016年）。她发表了多篇关于深圳及其周边地区的研究报告，主题包括抗击甲型H1N1流感、深圳的流动人口和女性聚餐。她的研究成果发表于《中国季刊》以及《医学人类学》《传染病学刊》《人类学与医学》《艾滋病与行为》和《巨兽》等学术刊物。

2009年，深圳经历了四十年一遇的流感大暴发。甲型H1N1流感病毒先在美国加利福尼亚州肆虐，之后跨洋袭击欧洲和日本，并于2009年5月1日登陆香港，四周后又过境侵袭深圳。2003年"非典"肆虐中国，为国内落后的疾控体系敲响警钟。深圳市卫生监督局为预防大型流感暴发已磨剑六年之久。①流感暴发后相关负责人员快速隔离了受感染病人，追踪感染源，并把受

---

① 参见A.克莱曼，J.沃森，编著."非典"在中国：大暴发前的序幕？.加利福尼亚州斯坦福：斯坦福大学出版社，2006；凯瑟琳·A.梅森.传染病带来的变化：疫情后中国公共卫生系统的重建.加利福尼亚州斯坦福：斯坦福大学出版社，2016.

感染病人和感染源安置在保密的、远离市区的隔离区。同时工作人员还从本地各医院搜集疑似受感染病人的资料,通过"非典"后建立起来的实时线上监督系统,将数据上报省级和国家级单位。另外,相关负责人员还持续追踪有留深意向的过境人士,每隔数周会电话访问过境时无感染症状的旅客以确定他们未出现感染症状。

到了8月份,流感风波逐渐平息。深圳的甲型H1N1流感病毒同其他地区一样变异成另一种温和的、地方性流感病毒,因此大部分受感染病人都能痊愈。关于流感的报道也逐渐从全国人民的视野中消失。深圳确有流感致死病例,但去世患者类型与普通流感致死患者一样,多为老、幼、体弱者。尽管美国的中青年群体受病毒影响颇大,但在深圳,大部分中青年在这场流感风波中毫发无伤,同时还对较温和的流感病毒提高了警惕性。人们原本担心农民工和其他染病高危群体聚集区域会是市内的感染重灾区,但事实并非如此。2012年的一项研究表明,虽然深圳人口密度大、流动人口多,但2009年的流感风波中仅有5%~6%的人口感染甲型H1N1流感病毒。而美国却有将近20%的人口感染,且感染周期也更长。①

"非典"之后,深圳建立了以高新生物医药模式为主、由高端人才监管的医疗卫生体系。该体系与国家乃至全球的医疗卫生组织相连,可以及时发现罕见疾病,防止疾病传染失控。通过各方努力,该体系首次试用成功。六年的准备终于发挥了作用。然而随着甲型H1N1流感病毒远去,应对流感的工作团队也随之

---

① 参见谢旭,吕秋,程锦泉,程晓雯,许振慧,牟瑾,梅树江,等.中国流动性最大的城市深圳2009年H1N1流感病毒发病例估算.流行病学与传染,2012,(140):788—797; S.S.什雷斯塔,D.L.斯威德洛,R.H.博尔泽,V.S.普拉布,L.菲内利,C.Y.阿特金斯,K.奥夫斯-爱德华斯,等.2009年美国甲型H1N1流感大暴发造成的负担估算(2009年4月至2010年4月).临床传染病,2011,S1(52):S75—S82.

变得无所事事。有人认为"非典"以来流感应对团队接受的专业训练最后却用来应付这种小流感太不值得,且与国内外其他区域相比,深圳应对此次流感的措施显得有些过度。因此这些人建议政府取消追踪早期病毒携带者,避免电话骚扰无感染症状旅客等无用功。同时,深圳从无到有建立了公共医疗卫生体系,以"深圳速度"启动了完善的疾病监管制度,但是流感之后本市公共医疗卫生工作者却被闲置起来。既然如此完备的疾控体系已经建成并且经受住了考验,那这些人还能做些什么?既然该体系试用成功,那深圳的公共医疗卫生事业还要如何发展?倘若"深圳速度"放缓,该体系还能不能一如既往地发挥作用?

公共医疗工作者在此次抗击甲型H1N1流感中反应迅速、工作成效显著,但他们也很快意识到这次成功抗击流感除了说明深圳办事高效之外也暴露了一些问题。特区建设进入第四个十年,人们开始对"深圳速度"进行进一步思考。不惑之年的深圳如何突破在早期发展过程中获得的各种"第一"的荣誉。[①]在全力追求"深圳速度"的大背景下,每个人和每个部门都在为提升效率而全力以赴。深圳公共卫生事业的快速发展不仅令其在全球医疗卫生事业发展中拔得头筹,还将作为深圳的一项城市竞争优势对其在全球产业链中的地位产生一定影响。[②]因此,就此次抗击流感过程中的"深圳速度"的价值、结果及其隐含的弊端进行分析,可以看到深圳的所谓经济价值如何影响(通常是)非经济价值领域的城市管理业务,包括对其公共医疗卫生领域发展的影响。

对深圳公共医疗卫生系统如何应对甲型H1N1流感病毒进

---

① 见本书佛罗伦斯所著第四章。
② 见本书巴赫所著第七章、黄韵然所著第八章。

行分析，亦是对深圳建立经济特区，在全国率先一步实施改革开放政策的决策进行审视，从对医疗卫生防疫系统这个具体部门的分析入手来看科技兴国的种种发展举措所取得的成就与存在的不足。邓小平及其改革派把深圳经济特区定为"试验区"，以实现农业、工业、国防和科技发展的"四个现代化"之名来实施改革开放的举措。"四个现代化"是1964年由周恩来在政府工作报告中首次提出的。在实现"四个现代化"的进程中，高举"科技兴国"的旗帜迅速将经济建设确立为中心工作，带领全国人民奔小康。中央决定将深圳划为试验区，由此可看出国家要通过建立以技术人才为主导的管理体系，来解决诸多社会发展问题（正如下文所述）。从这个层面上看，深圳此次及时应对甲型H1N1流感病毒无疑很好地完成了这一使命。不过把试验区作为发展理念来推动改革实践，忽略了一个科学试验的根本问题——试验的结果具有不确定性，其结果有可能成功也有可能失败。如果把深圳仅仅视为改革试验区，这就将科学实验追求可重复操作和结果一致的做法与维持社会稳定和政治和谐混为一谈了。

毛泽东时代的公共医疗卫生

深圳老一代医疗卫生工作者还是会对当年实施的全国医疗保健制度难以忘怀。中华人民共和国成立后，毛泽东把提高全民健康水平放在重要位置，提出全民身体强则新中国强。[1]从古至今享受何种医疗保健取决于不同的阶级地位，毛泽东时代所建立

---

[1] 参见S.R.施拉姆.毛泽东的政治思想.纽约：普雷格出版社，1969；C.C.陈.中国农村医疗：个人账户.伯克利：加利福尼亚大学出版社，1989；J.S.霍恩.除四害：一个英国外科医生在中国.纽约：保罗·哈姆林出版社，1969。

的公共医疗卫生体系强调人人平等。毛泽东明确提出"预防为主"的口号,公共医疗卫生应着重在全国范围内预防疾病,重视对传染病的治疗。做好公共医疗卫生工作要比临床治疗更重要,更能体现爱国精神。同时,毛泽东时期的公共医疗卫生工作还着力改善因受教育水平不平等所导致的阶级差异,培养了大量的医务工作者。公共医疗卫生靠人民推动,为人民服务,而临床医学的发展则有赖于专家学者。"文革"时期毛泽东提倡调动群众积极性、强身健体,这比依赖专业医护人员更能提高全民健康水平。尽管爱国热情有效调动了群众的健身积极性,做好了公共卫生和基本的疾病预防工作,但却无法实施外科手术。

虽然当时的专业医生社会地位不高,但公共医疗卫生工作者扎根卫生设施不健全的贫困地区,为提高这些地区人民的整体健康水平做出了贡献,并得到广泛认可。最能体现这一特点的当属20世纪50年代和60年代全国上下贯彻的爱国卫生运动。其中,持续进行的"除四害"运动广为人知。"四害"包括苍蝇、蚊子、老鼠以及运动早期被列为消灭对象的麻雀。除此之外还开展了预防性病的扫黄运动和消除血吸虫病(通过清除农村河道中一种常见的寄生虫来预防该疾病)运动。[1]这些运动的背后是一大批被称为"赤脚医生"的农民医务工作者。赤脚医生多为普通农民,他们接受过数月的基本疾病防治培训,如卫生安全知识、疫苗接种方法及处理小病的基本医疗手段。大部分赤脚医生在当地的防疫站工作。那时中国在各个级别的行政区域里均设有这种小型医疗站点,以开展基本的疾病防治工作。尽管解读历史数据时应小心严谨,但历史学家普遍发现毛泽东时代的公共医疗

---

[1] 参见罗加斯基·R..卫生现代化:中国通商口岸健康与疾病的意义.伯克利:加利福尼亚大学出版社,2004;M.科恩,G.平,K.福克斯,G.亨德森.中国的性传播疾病.性传染疾病,2000-03: 143—145。

卫生运动确实效果显著。根据20世纪70年代用英语广泛发行的统计数据表明,中国50年代到60年代的婴儿死亡率大幅下降,从20%下降至4.7%,人均寿命也翻了近一番,从35岁增加到65岁。许多传染病也有史以来首次得到控制,尤其是血吸虫病及梅毒。

改革开放初期,国家对公共医疗卫生机构的支出逐渐减少,赤脚医生有的转行,有的"下海"自己开办诊所,而爱国卫生运动也逐渐降温,曲终人散(尽管在一些地区这项运动一直没有完全停止),整个防疫站体系的功能迅速退化。到20世纪90年代初,政府补贴只占公共卫生机构总收入的10%,而以前这些机构完全由政府财政支持。[1]防疫站为了弥补收入缺口开始自给自足,对强制性健康检查(法律规定在大部分地区包括深圳实施)和办理职工健康证(法律规定办理)进行收费。在这个时期,积极的疾病预防工作有所懈怠,公共医疗卫生运动也销声匿迹。一些曾经被控制住的传染病和寄生虫病(包括血吸虫病和梅毒)又死灰复燃。

消灭蚊虫,深圳文明上台阶

宝安县卫生院的防疫组是深圳市卫生防疫站的前身。该防疫组同毛泽东时代的其他卫生站一样规模很小,主要负责分配疫苗及协助修建公厕。1980年,深圳经济特区建立后,该防疫组更名为深圳市卫生防疫站。大体上看,深圳市卫生防疫站的命运与其他地区的防疫站无异,而关键的不同点在于大部分地方政府开始减少对公共医疗卫生事业的投入,把钱投在经济建设

---

[1] 威廉·C.萧,胡林英.中国的医疗专业素养状况:过去、现在和将来//W.P.奥尔福德,K.温斯顿,W.C.柯比,编.中国职业发展前景.纽约:劳特利奇出版社,2011:111—128.

上;而深圳这个全国瞩目的经济特区却继续维持整个公共医疗卫生体系的运转,并在危急时刻证明了该体系与经济特区的持续发展息息相关。在20世纪80年代初期和90年代中期,深圳公共医疗卫生体系成功防御了流感病毒的暴发,在2003年和2009年又通过专家技术人员的努力,而不是开展大规模的群众卫生运动,成功抵御了流感病毒大暴发。

早期由于缺乏充足的防御措施和对本地蚊蝇所携带的疾病缺乏免疫力,许多建筑工人到深圳不久便患上疟疾,命悬一线。为应对疟疾问题,深圳市卫生防疫站采取了与毛泽东时代截然不同的措施,在经济特区建立伊始便从国内农村防疫站招聘了治疗疟疾的"专家"来控制疟疾疫情。[①]这些"专家"大部分在公共卫生方面受过高职或大专的职业教育,与当代公共医疗卫生队伍的专业水平相差甚远,但当时"文革"刚刚结束,他们是学历最高的一批人才。

来自农村的公共医疗卫生工作者刚到深圳时,发现这里的环境脏、乱、差,比农村的工作条件还差很多。[②]他们每天的工作就是洗蚊帐,喷洒有毒杀虫剂滴滴涕,深入流感重灾区灭蚊,一站就是数小时。部分工作者因此发生烈性化学药品中毒或感染疟疾。承担这些高危工作被视为投身于祖国发展建设,这是自毛泽东时代以来公共医疗卫生领域所普遍认同的事情。再者,深圳早期的环境条件与全球其他因开展工程项目而暴发疟疾的欠发达地区类似,这些地区一般通过城市化建设来战胜疟疾。[③]

[①] 更多关于深圳市公共医疗卫生体系的疟疾防控历史,参见凯瑟琳·A.梅森.流动的人口,流动的细菌:"非典"之后中国深圳的人员流动、传染与界限的建立.医学人类学, 2012, 31(2):113—131.

[②] 关于农村调入城市的专业技术人员的转变,见马立安所写的本书结语.

[③] R.帕卡德.热带疾病的产生.巴尔的摩:约翰斯·霍普金斯大学出版社,2007.

深圳也不例外，参与20世纪80年代防治疟疾运动的公共医疗卫生工作者认为，他们的工作是要让深圳更加"文明"，因此他们为能为深圳经济特区的文明建设做出贡献感到非常自豪。

20世纪80年代的疟疾得到了简单控制，但在1995年至1996年又有所抬头。由于生活水平提高，卫生环境改善，潮湿的农村洼地面积快速减少，携带疟疾病毒的蚊虫数量大幅下降，因而公共医疗卫生人员这一次能够完全控制疟疾病毒并确保不再复发。深圳的第二次疟疾防治运动顺利取胜。到2000年，疟疾在深圳已基本无迹可寻。

深圳发展早期的疟疾病毒暴发给全国公共医疗卫生和疾控事业产生了至少两种持续性影响。第一，深圳的公共医疗卫生工作者在改革初期创下一个先例，使人们相信控制传染病毒暴发与经济发展密切相关，尽管在接下来的20年里政府不再直接出资支持公共医疗卫生事业，人们仍然相信这两者密不可分。不过，全国其他大部分地区的情况就不是这样的了，因为相对改革开放时期直接关系到经济发展的项目而言，公共医疗卫生处于次要地位。第二，这批受过一定专业教育、被称为"疟疾专家"的从业人员使公共医疗卫生体系得以扎根本土。跨入新世纪之初，深圳市政府恢复对公共医疗卫生事业的投入，以上因素让深圳成了新时期公共医疗卫生管理领域的全国模范城市。

"非典"与疾病监控

如本章所述,深圳公共医疗卫生体系在两次疟疾疫情暴发过后的发展表明,深圳的城市管理从大包大揽到监管的逐步转变。深圳这座新城市开展的第一次大型爱国卫生运动,是要通过根除疟疾病毒,在这块未开发的土地上建立起规范的制度。而第二次疟疾病毒暴发则让深圳的管理模式加速从大包大揽转型成对于卫生防疫的监管。

深圳市卫生防疫站2002年更名为深圳市疾病预防控制中心,当时"非典"病毒还未肆虐珠三角。自更名起,原深圳市卫生防疫站分成多个层级的防疫中心,分为区级防疫站、由医院管理的街道级疾控点以及社区级的疫苗接种站点和居委会医疗卫生站点。深圳同其他地方一样,高层的防疫站对基层防疫站(甚至是直属的基层防疫站)在法律上或实际上没有管控权力,且上下级需要处理好彼此之间的关系,以确保各个公共医疗卫生项目顺利实施。所以尽管"非典"以前,深圳的公共医疗卫生体系因其专业人员对经济发展的贡献而被社会认可,但其日常运作却在当地的国家公共医疗卫生部门之间,乃至当地政府部门之间催生了千丝万缕的复杂关系。

美国的疾病预防控制中心是个独立运营的国家机构,而深圳的疾控中心是全国2000个地方疾控中心之一。自成立以来,地方疾控中心就在中央政府的管辖下,致力于重振地方防疫站体系。[1]不仅如此,加上宝安区和龙岗区的区级及街道级疾控中

---

[1] 李立明.中国公共卫生现状.公共卫生年度评论,2004(25):327—339;彭靖,等.从上海疾控中心的角度看中国公共卫生.美国公共卫生期刊,2003,93(12):1991—1993;吕筠,李立明.我国疾控和监督体系职能与现代公共卫生体系职能内涵的比较.中国公共卫生管理,2006,22(5):365—367.

心,仅在深圳就有十几个疾控中心。深圳市疾控中心不过是其中之一。而在国内其他城市,尽管地方防疫站都更名为疾病预防控制中心,但这不过是名义上的改变,更名的实际意义并不明确。唯一立竿见影的改变是对没有依规进行健康检查的个人收缴罚款的职权转移到了新成立的卫生监督机构,且有一半的防疫站工作人员编入新单位。而对于留在原岗位上的人来说,生活还是一如往常。所以尽管这些公共医疗卫生人员希望得到国家更多的支持,科研水平和疾控能力闻名世界,但人们还不知该如何在运行了半个世纪的防疫站体系基础上建立一个新的防控体系。2003年的"非典"给人们解开了这个疑惑。

致命的流感类病毒"SARS"于2002年年末在广州市附近出现。2003年春流感大暴发,"非典"成为全球医疗卫生领域里备受关注的事件。一时间,落后的公共医疗卫生体系不得不在全球注视下撑起中国疾控的门面。2003年4月,北京的"非典"疫情发展至最严重阶段,政府采取了一系列措施应对。仅用数日就盖好了多所抗击"非典"的医院,对市内所有学校进行隔离,关闭市内所有电影院。疫情很快得到了控制,使得病毒没有朝更偏远、戒备略松懈的地区蔓延。尽管疫情得到控制,但全国上下人心惶惶,人们被禁止出门远行,给国家的发展造成了严重影响,抑制了2003年的GDP增长。[①]

政府向深圳各级医疗卫生机构下达指示:全力抗击"非典"。深圳的公共医疗卫生人员迎难而上,严阵以待。相关人员利用疟疾暴发时期开发的病例确认技术,以及20世纪80年代到90年代深圳从小渔村到大城市的详细发展资料,全力抗击"非

[①] 李钟和,W.J.麦基宾.估算"非典"对全球经济造成的损失//S.诺伯勒,A.马哈茂德,S.莱蒙,编."非典"经验:为下次疫情暴发做好准备(训练班总结).华盛顿特区:美国国家学术出版社,2004.

典",动作迅速。有了之前防治疟疾的经验,抗击"非典"对这些医疗卫生工作者来说就如同当年防治疟疾一样。此次抗击"非典"运动中,深圳医疗卫生工作者取得了突出成绩。深圳市卫生局公布的数据显示,在2002年至2003年"非典"肆虐期间,深圳全市仅出现56个感染病例、无人死亡,与广州和香港形成鲜明对比。穗、港分别有千人感染,数十到上百人死亡。深圳医疗卫生团队在此次抗疫运动中无人死亡,而香港痛失多名医疗卫生人员。虽然"非典"期间深圳的经济受到了影响,但不至于像香港受到的影响那么严重。

成功抗击"非典"不仅让深圳新的疾控中心体系广受认可,也让其担负起了新的任务——预防"非典"这样大规模的疫情再暴发。国内的医疗卫生体系自此获国家财政重大支持,深圳和珠三角其他城市获得的财政拨款占全国医疗卫生总支出的大头,其医疗卫生体系的运作也备受国家乃至全世界的关注。由于深圳与香港相连,农民工数量庞大、人员混杂,地处流感病毒高发地区的中心,从传染病防控角度来说深圳的处境十分危险;但是深圳现在是个经济发达城市,适合建设符合世界卫生组织要求的疾控设施,以随时就位防止致命病毒再现珠三角地区。

双重用途:重建深圳公共医疗卫生模式

深圳本地的公共医疗卫生体系在"非典"后转型,融入了更为专业的疾控中心模式和世界卫生组织公共医疗卫生模式。这些国外的卫生组织积极宣传建设本地应急和疾控设施的重要性,要把罕见流感病毒扼杀在其"发源地"。这种国际化体系的一个显著特点是它的多用性,即除了预防像流感病毒或埃博拉病毒暴发这类疫情之外,这些基础设施还能够用来防治其他疾病。例如，防治中心购入一台能测明罕见流感病毒毒株的仪器，也可以用来检测其他较常见的病毒毒株；再如一种流感的点位监测系统也可用来监测其他类型病毒的暴发。

然而西方国家倡导的这种"全球性卫生防疫体系"其实更倾向于服务美国和其他西方国家的利益，以确保致命病毒在跨洋抵达西方世界前得到识别及控制。因此这一全球卫生防疫体系的设计也未必是要最大限度地保护深圳或其他地方的居民。

由于刚刚经过"非典"，有了中央和当地政府同意的拨款，深圳卫生系统广揽人才，几年之内深圳疾控中心系统的员工人数便翻了一番。市政府对市疾控中心系统投入3.7亿元，在南山区建设了一个设施齐全的新园区，配有生物安全实验室和高级办公室。2010年年末，深圳市疾控中心迁入该园区。而那些在抗击疟疾时期领导深圳医疗卫生/疾控体系的"专家"，因为大多只有大专文凭，此时也要退休让位给新一代流行病学或实验生物学专家。后者大都有中国内地、中国香港或欧洲高等学府的硕士或博士学位，这就让国际化模式在深圳公共医疗卫生领域大行其道。这些高端人才非常年轻，平均年龄只有30岁左右，其中多数人参与过美国疾控中心在北京开展的现场流行病学培训项目。有人还曾以博士后或访问学者的身份赴海外进修。相比自学成才的老一代医务工作者，这些高端人才更为"专业"。经济发达、政策宽松的深圳为外来人员提供了许多工作机会，这也让该市疾控中心系统的工作成为香饽饽，许多年轻人才纷至沓来。因此，深圳这次内部人才结构重组的重点是招聘具有专业技能、熟悉国际疾控模式的人才，以防范新疫情暴发，并开展生物医药研究及优化医疗卫生监测体系。

这批新人才致力于建起一个流感点位监测系统，来监测新疾病的暴发（例如各类罕见流感病毒毒株）和已知疾病的不正常扩散（如疟疾、手足口病、食源性病毒感染等），以及处理疑似病例。深圳是国内试运行这种点位监测系统的几大城市之一，还是实施全国疾病监测的项目点。深圳的各医院、社区卫生中心、学校及其他社区级至街道级的机构都是市内的监测点，一旦发现疑似感染病例，须立即通过线上系统上报有关单位。收到上报信息后，各区的防疫队伍便会调查可疑疫情。需要特别关注的疫情（如新的潜在流感疫情）由市级专业队伍进行监控。疫情报告直接上报至各个传染病防疫队伍领导处，由领导即时审阅，同时防疫队伍还通过短信、网络等途径向领导汇报疫情的发展。

深圳市疾控中心各个层级的工作人员都会定期接受应急培训，且深圳还启动了本地的现场流行病学培训项目，流感专业人员则前往香港培训。2006年起，深圳公共医疗卫生领域的专业人员开始追踪个别的H5N1流感病毒携带者。这种流感病毒有致命危险。专业人员身穿生化防护服、背着杀菌包、配有能够快速诊断病情的仪器，严格按照国际标准来确认、处理每个病例。国际上的专家认为，这种病毒恐能引发灾难性流感，规模之大堪比1918年的全球大流感。那次大流感导致全球数千万人丧生。

深圳流感防治有赖于政府对疾控工作的高度重视和资金支持，国内其他城市多不具备这样的优势，深圳市政府对于流行病防控的决心还体现在当地立法对整个监测系统的要求比省政府、中央政府的要求还要严格。例如，按照国家标准，出现20例以上一般流感感染者可视为疫情暴发；广东省的标准是15例；深圳市的标准则更加严格，出现5例便可视为疫情暴发。新世纪头十年的中后期，政府的财政支持力度从未削减，拨款主要用于购买实验室器材和工作人员的防护装备、支付专家的工资以及优化电脑系统。

甲型H1N1流感疫情——对深圳防疫模式的考验

数年以来，深圳医疗卫生人员接受了专业的培训，进行了多次防疫演习，防疫基础设施不断加强，整个防疫体系不断完善。2009年春，甲型H1N1流感暴发之际，深圳已经做好全副专业技术武装，严阵以待。医疗卫生人员身穿生化防护服，奔赴指定接收流感病人的医院，24小时全天候接收疑似感染病人，就病人的种种潜在感染症状做检测，还负责记录疑似感染旅客的联系方式，将疑似病人隔离7天。实验室的技术人员则不分昼夜地检测疑似感染病人的鼻腔采样，看是否呈现阳性，呈阳性即为确认感染。疑似感染患者或与患者接触过的人所到之处都有防疫人员对他们接触过的设施喷洒强力消毒剂。疾控中心的其他工作人员也被调到通讯团队，保证防疫热线24小时有人接听，回答市民提出的有关流感的问题，接受市民来电告知新发现的疑似病例，协助追踪与流感患者接触过的人。甲型H1N1流感病毒在香港暴发时，深圳市内的防疫工作变得更加艰巨。各防疫队伍集结在接收感染病人的医院，开展为期两周的防疫攻坚战。他们睡在医院宿舍，24小时待命，负责病症检测和病情诊断。线上疫情检测系统也全天运作，接受各监测点上报新的疑似感染病例。

这样高强度的病毒追踪措施有效延迟了甲型H1N1流感疫情在深圳的暴发，其暴发时间要比香港发现首个感染病例的时间晚了将近一个月。发现感染患者后，深圳实施了强力的病例追踪和隔离措施，整个7月份都处于警戒状态，集中抗疫的时间要比国内外其他地区长得多。经过高强度的防疫，深圳的疫情稳定下来，感染死亡率也控制到了较低水平，此后市领导意识到再维持高强度的疾控工作已经意义不大。然后又开展了大范围甲型H1N1流感疫苗接种工作。到2010年年初，尽管甲型H1N1流感还在其他地方扩散,但对深圳而言,它已不足为惧。最终这次流感并未对深圳的经济、市民的日常生活造成严重影响。虽然工厂和学校还有感染者出现,但大部分人都顺利康复了。

深圳在"非典"后发展起来的防疫模式受到了群众的广泛认可——监测点可识别疑似感染病例,疾控队伍能够及时控制流感疫情,实验室研究团队能够迅速研发出疫苗,防疫队伍中的高学历人才还能用外语与外籍病患沟通,并在隔离期间给这些特殊病患提供符合其信仰的食物和检测活动。与此同时,大部分疾控人员也能保证自身不受感染。深圳出色的防疫工作使得市内疫情没有迅速暴发,直至盛夏学生放暑假离校后病毒才出现蔓延的趋势,但很快疫苗就投入使用——疫情延迟扩散,大大降低了感染率和死亡率。另外,流感的研究团队在流感风波过后与国外及中国香港的专家合作,发行了多种关于流感的读物供市民阅读,其中包含了通过流感监测系统收集到的大量数据。所有这些工作都为提升深圳的城市形象做出了贡献。当地卫生系统内的专家学者和员工也因此有机会得以晋升。

2009年年底,深圳市疾控中心开始搬入在南山的宽敞的新园区,这些年公共医疗卫生的专家水平和科研水平也不断地提高。然而这时,一些当年积极投身甲型H1N1流感疾控一线的工作人员心态上却有了变化。六年磨一剑只为打好数月的防疫战,"大战役"结束,一些工作人员产生了懈怠情绪。还有一些人对这次成功抗击甲型H1N1流感进行反思,对深圳的疾控模式提出了质疑。

第一,防疫准备工作花销大、组织规模大、培训周期长、耗能多、基础设施要求高,此番种种最后用来对付相对来说并不太严重的疫情,这种做法不可复制也不可持续。因为国内其他城市(北京、上海除外)买不起上百万美元的病毒检测仪器,也无法为精神受到打击的被隔离患者提供免费电话服务。规模较小的城市没有这么大的人才需求,当地没有各式各样的高新科技仪器,用不着请高学历的专家来操作,也不需要他们来做大型流感疫情调查。就算这些地方有这样的需求,他们的防疫工作也没这么紧迫,因为这些地方既不是边境上的大城市,也不靠近主要的国际金融中心,跨境空运人流量不大。另外,就深圳本市而言,这种紧急防疫状态至多也只能维持两个月。首先,紧急防疫状态的人力物力消耗巨大,如此高强度的防疫工作严重影响疾控中心其他部门的职能,包括追踪(如手足口病这类)更为常见又更致命的感染性疾病。2009年夏,各区级疾控中心对于手足口病的记录几乎为零,因为工作人员都在忙着抗击甲型H1N1流感。

第二,近年来深圳为建设市公共医疗卫生体系招聘了一批专业人士,他们中的许多人也不清楚防疫准备工作应该做到什么程度才能够有助于保护人们的生命健康。甲型H1N1流感风波早已过去,仍有一批人继续监测疫情,根据情况实施紧急防疫措施。他们感到自己所做的努力并没有为提高群众的健康水平出多大力,所以他们也清楚紧急防疫很难长时间维持下去。在此基础上,这些专业人士开始质疑西方国家所依赖的防疫模式的"多功能性",进而质疑投入大量资源去预防灾难性疾病是否有必要,这样的疾病可能永远不会发生。尽管从深圳具体的几个案例来看,这种防疫模式确有其多功能的一面,但是那种认为为预防某种特定的疾病所做的投入能够根本上提升整个公共医疗卫生事业的说法并没有得到兑现。昂贵的仪器或可测出其他病毒,但无法识别糖尿病,无法保证职业安全,也解决不了营养方面的问题。流感监测系统在流感高发期能很好地识别出新型病毒感染者,但事实证明积年累月下来,支持疫情上报体系的基层机关缺乏监测积极性,缺乏人员和资金投入,整个监测系统似乎无法有效监测到常见流行病的暴发。再者，虽然外来的博士们能做好研究项目、管理好各项检疫流程，但他们在跟区级、街道级和社区级公共医疗卫生机构的合作中，有的没能跟本地工作人员维持良好关系，有的对本地情况不了解。同时市级乃至区级、街道级公共医疗卫生机构的学术氛围日益浓厚，这也让那些只想要一份稳定的政府工作或从事公共服务工作的人心里备受打击。

各类公共医疗卫生模式的全球循环

抗击甲型H1N1流感过后，市级医疗卫生机构搬入主要为了进行当地疾病监测和研究实验的南山新园区。为了扭转普遍的倦怠情绪，深圳公共医疗卫生系统开始尝试采用一些不同的公共医疗卫生模式。公共场合禁止吸烟逐渐深入人心，位于南山区的疾控中心园区也开始禁止人员在园区内吸烟。控制饮酒也日益成为一项重要的公共医疗卫生项目，2010年官员醉驾引发车祸被逐一曝光后，在各种应酬场合上饮酒的情况大幅减少。公共医疗卫生领域也更加重视研究和预防各类慢性疾病（包括糖尿病、中风、过度肥胖等），对各项社会问题，如外来务工人员在医疗卫生方面的不平等待遇问题的关注也达到了新的高度。为改善待遇不平等的状况，深圳市新一批公共医疗卫生专业人员积极参与调查，落实新的外来务工人员医保计划和疾病预防计划。他们还与外籍专家合作，奔赴海外学习和研究他国公共医疗卫生模式，借鉴他们的经验并运用到深圳公共医疗卫生事业上。

当然，公共医疗卫生模式的借鉴也不是单向的。2014年埃博拉病毒肆虐全球期间，美国的防疫模式所采取的措施同深圳2009年抗击甲型H1N1流感的模式一样，包括边境隔离措施、对各类发烧症状进行检测以及对疾病潜伏期的追踪监测。[①]纽约州和新泽西州更是强制隔离所有来自受埃博拉病毒影响国家的旅客,就算没有感染症状也必须接受隔离观察。这一措施比深圳抗击"非典"、甲型H1N1流感时采取的措施还要严格。

但是,这样严苛的防疫隔离政策却遭到美国各州居民的强烈抵制,且美国官员随后改变了防疫政策。由此看来,在全球范围内实施深圳的防疫模式难度很大。中国和美国的官员也都明白,中国的防疫措施无法完全照搬到其他国家实行。中国将美国的公共医疗卫生模式引进中国,由于中国政府的运作高效,这种医疗卫生模式得以贯彻执行,这在美国无法实现。深圳实施了这种中国特色的公共医疗卫生模式,并将其发展到极致,成为国内资源配置最优、工作效率最高的医疗卫生模式。深圳公共医疗卫生事业的发展成果反映出的更多是对先进疾控模式的追求,尽管这可能超出了城市发展的需要。要提高群众的健康水平,再先进的医疗仪器、再快的电脑、再多的医疗卫生博士,也不如让群众养成健康饮食和锻炼身体等好的生活习惯。

注:感谢马立安、黄韵然及乔纳森·巴赫的专业编辑、建议和支持。感谢(美国)社会科学研究理事会、温纳-格伦基金会、富布莱特-IIE项目、亚洲研究协会和哈佛大学亚洲中心资助本章涉及的研究。另外,还要感谢罗伯特·伍德·约翰逊基金会的健康与社会学者项目为本研究提供的资助。

[①] E.乌雷茨基,A.罗斯."非典"的教训能否帮助阻止埃博拉病毒的传播.国家利益杂志,2014-10-30.

第十章
从深圳国际机场看深圳的国际化发展

麦克斯·赫什

麦克斯·赫什，香港大学人文社科研究院研究助理教授。他出版的研究专著有《城市机场：亚洲人口流动的基础设施建设》（明尼苏达大学出版社，2016年）。他有关深圳乃至珠三角的研究成果见于《建筑史家学会会刊》《历史与科技》、英国建筑学刊《地方》以及《建筑学报》等学术刊物。

深圳是个财力雄厚、充满自信的城市，21世纪初，人们雄心勃勃地想要把深圳建设成一个国际大都市。作为中国社会经济发展的一个试验区，深圳的目标是成为像上海和香港一样的"世界级"国际贸易、服务和思想交流中心。在建筑和城市规划领域，深圳不遗余力地吸引海外人才，体现了深圳向着更高、更大发展的不懈追求。应邀而来的外国建筑师们携手共同建设具有标志性的公共空间，打造完善的城市基础设施系统。深圳的华丽建筑明确地向外界传达了一种渴望赶超大城市的紧迫感，并且和亚洲其他国家和地区的开发区一样，都想用这样的建筑彰显其发展成就。前卫的建筑设计似乎成了当下一种风行全球的审美风格。这些新开发的地区过去一直都很封闭落后。而基于深圳位于珠江三角洲的现实情况，这样一些设计试图让深圳摆脱暴发户形象。深圳既不像广州那样自古以来就是广东的省会城市和中国南方的权力中心，也不像香港那样是国际大都市和国际金融中心，因此深圳致力于打造熠熠生辉的城市建筑以提升其在本地区的品位和国际知名度。

　　深圳宝安国际机场的扩建项目竞标完全符合这一设想。2007年深圳机场官方邀请了六位外国建筑师参加竞标。项目介绍里要求建造一个40万平方米的候机楼，使现有机场吞吐量翻一番，并能同时容纳国内和国际航班。参赛建筑师如诺曼·福斯特、黑川纪章和曼哈德·冯·格康等，都曾经有过大型民航机场项目的设计经验。[1]但是来自意大利的福克萨斯设计事务所设计的作品最终获选，这是该事务所承接的第一个机场项目，也标志着他们首次进军中国市场。[2]当选作品设计宏伟，意在为深圳树立起一个辐射全球的前沿大都市形象。

　　福克萨斯设计事务所设计的引人注目的机场候机楼的立面是一个镶嵌着六角形窗户的花纹玻璃和钢质结构，展现了时尚前沿的建筑文化内涵，这显然标志着深圳近年来取得的经济成就和弘扬城市文化的愿望。[3]（图20）机场扩建的目标是让深圳成为一个国际航运枢纽，但是出于对珠三角地区内的航运安全

---

[1] 参见深圳国际机场第3航站楼.Dezeen，2008-04-12；安德鲁·杨.福克萨斯设计事务所赢得深圳机场的竞标.建筑实录，2008-06-10。

[2] 福克萨斯设计事务所的项目经理田芳于2012年3月7日在深圳宝安国际机场接受笔者的采访。

[3] 福克萨斯与德国尼佩斯-赫尔比格工程公司合作开发了航站楼立面，尼佩斯-赫尔比格公司专长于参数化设计。参见弗洛里安·沙伊贝尔和米洛斯·迪姆西奇所著的《参数化工程：一切皆有可能》（国际薄壳与空间结构协会于2011年9月在年度研讨会上发表的会议论文），详见http://www.programmingarchitecture.com/publications/ScheibleDimcic_IASS_2011.pdf。

和城市之间竞争的考虑,达到上述目标变得很困难。中国严格限制外国航空公司在中国领空内的运营,绝大多数的国际航班都是在由民航管理局指定的北京、上海和广州的三大机场运营。① 与此同时,香港机场管理局与深圳市机场(集团)有限公司签订合作协议,使香港机场和深圳机场有不同的载客分工。香港国际机场作为世界级的中转枢纽有着频繁往来70多个国家的航班,而深圳宝安国际机场则是中国国内平价航班的枢纽。深圳机场为中国数十个省会城市和二线城市提供优惠票价和直达服务,促进了香港与内地之间的人口流动。②2013年新扩建的机场建成并隆重启用,尽管宣传广告在航站楼周边大力推广,但刚刚扩建的机场提供的国际航班数量少得让人感到意外,这表明深圳成为国际大都市的目标与现状之间尚有距离,深圳要想实现成为世界中心城市的目标还需要时间和努力。

近年来外国游客涌入深圳,加上越来越多的旅客往来香港和内地,导致深圳及香港的国际航班需求急剧增加。深港两地机场为应对这一供不应求的局面制订了跨境机场巴士候机楼发展计划,允许从深圳起飞的旅客在香港的候机楼办理登机手续,反之亦然,从香港起飞的旅客也可以在深圳的候机楼办理

---

① 杨秀云,余洪.中国机场放松管制改革:吸引非国有机构的投资者.东亚政策,2010-04,2(2):62—72;另见张安明,陈红敏.关于国际自由化政策的中国航空运输发展与发展演变.运输杂志,2003,春:31—49。

② 香港国际机场与深圳宝安国际机场签署了一项"港深机场中转服务"计划,这项计划于2008年10月正式实施,使旅客可在香港国际机场或深圳宝安国际机场预办中转航班的登机手续并领取登机牌,详见香港国际机场网站的"发展进程"一栏,http://www.hongkongairport.com/eng/media/key-dates-events.html.另见沈建法.分析港深城市关系:以机场竞争或合作为例.规划进程,2010,73:55—73。总体上,从深圳飞往内地的航班比从香港飞往内地的航班便宜30%到40%。此外,深圳宝安国际机场提供更加频繁的往返北京、上海和成都等主要交通枢纽城市的班次,也为几个省会城市和二线城市提供不间断的服务。

第三部分 推 广（2004—2017） 211

图20　2012年深圳宝安国际机场3号航站楼施工现场照片。麦克斯·赫什摄。

登机手续。为深港两地乘客办理跨境登机手续的候机楼都位于商场、交通方便的地段以及像维景酒店这样的商业设施里。然后他们乘坐大巴到口岸，过关和入境后转乘第二辆大巴去机场。运营这些航线的公司开拓了一个灵活且全面的"市内直达机场"大巴和面包车服务网络，配合现有的除机场以外的公路设施，每日搭载数千名机场旅客穿梭往返于深港两地。在这个过程中，相关航空客服的范围远远超过了两地机场的业务辐射范围，已经成为深圳日常生活和交通出行的一部分。

　　本章追溯的内容将跟随航空乘客的脚步从位于深圳的城市候机楼出发，通过口岸到达香港，再转乘巴士到香港国际机场搭乘国际航班。通过这种方式，把过境巴士交通网络看作一面反映深圳与国家发展的关系的镜子：深圳一方面致力于建设成国际大都市，另一方面肩负着维护地区经济利益和国家安全的责任。因此，作者认为这种情况已经深刻地影响并且制约着深圳的城市发展。通过调查21世纪以来城市交通和口岸周边设施的变化，我们发现跨地区的、多种形态的跨境登记制度应运而生，这从根本上改变了深圳联系世界各地的方式。

建设深圳,建设深圳国际机场

建立于1980年的深圳经济特区旨在打造成中国改革开放的试验区和示范城市,即以市场经济主导的试验区和展示邓小平改革开放政策成果的示范城市。改革开放通过引入外资、技术和设备等方式来改变中国当时停滞不前的经济发展状况。改革开放初期的经济成果在一定程度上有赖于中国香港、中国台湾地区及新加坡等地区、国家的华人的投资。毗邻香港的广东省以家族为纽带,与散居东亚和东南亚的广东人群体建立了密切联系,为邓小平的改革开放政策发挥了重要作用,助力了中国经济的腾飞。正如历史学家傅高义所说:"如果说中国经济的腾飞有一剂灵丹妙药,那这剂灵丹妙药就是香港。1980年到1995年,中国内地大约有三分之二的投资直接来自香港。邓小平试图建立一个试验区来打通粤港之间的'南大门',使之成为中国引入外资、先进技术、先进管理模式和创新理念最重要的渠道。"[1]

于是在通往"南大门"的咽喉要道上,把毗邻香港的深圳作为一个经济特区建设发展起来,这一举措具有战略意义。这一设想的提出是中国政府对亚洲其他经济特区潜心研究的结果,在邓小平及广东省领导与外国投资者和海外华侨投资者开展交流合作的过程中,亚洲其他经济特区起了带头作用。[2] 他们提出允许全省实行特殊的政策,使广东能够灵活采取措施,吸引足够的外资、先进的生产技术和管理模式以生产供出口的产品。中国将为工厂提供所需的土地、交通工具、电力和劳动力,以及外国人所需的酒店、餐馆、

---

[1] 傅高义.邓小平时代.马萨诸塞州剑桥市:哈佛大学出版社,2011:403,404,406.
[2] 傅高义.邓小平时代.马萨诸塞州剑桥市:哈佛大学出版社,2011:399.

住房和其他设施。广东的特殊政策和经济特区独有的灵活发展空间使这些区域成为发展人才的孵化基地。在全球化背景下这些人才能够在现代化企业、商业和政府部门中发挥良好作用。[1]

深圳未来的发展与香港紧紧地联系在一起,因此深圳的城市规划是沿着直通香港边境口岸的道路发展起来的。正如曾是深圳城市规划主要设计师之一的黄伟文在本书的其他章节里所描述的那样,深圳的城市发展规划在不同阶段里都沿着"深港运输通道"发展,并且在边界处设立了检查站;"深港运输通道"的开通有利于深港两地货物和人员的高效流动。[2] 同时,另一条同样设有检查站的边界,把深圳经济特区与广东省其他地区隔开,从行政区划和地理上把深圳划分为一个独立的经济特区。[3] 20世纪80年代,深圳的首条跨境交通要道设在深圳罗湖区和南北铁路主干道的交会处,南与香港接壤,北与广州相连。20世纪90年代,随着福田区高速公路、铁路支线和长途汽车站的开通,深圳城市发展的重心逐渐西移。这种发展模式一直持续到新世纪,城市发展的重心移到南山区,该区的公路和铁路连通了香港机场与深圳机场。(图21)

---

[1] 傅高义.邓小平时代.马萨诸塞州剑桥市:哈佛大学出版社,2011: 398, 411.
[2] 深圳设计中心时任总监黄伟文2012年3月7日在深圳设计中心接受采访时指出,"这些香港运输和物流融通网点延伸至内地和香港,展示了深圳各个发展阶段的发展情况以及土地使用情况的变化。然而,迄今为止,基于这一角度去展开的城市发展研究还不够多"。详见本书黄伟文所著第三章。
[3] 马欣和阿德里安·布莱克韦尔在本书的第六章讨论了这个问题。

图21 深圳地图（局部），展示了宝安国际机场、城市候机楼和主要过境点的地理位置。虚线（2014年麦克斯·赫什标注）标示香港与深圳之间的陆地边界，箭头表示主要的深港跨境线路。多萝西·唐提供原图。

深圳宝安国际机场的发展既反映了深圳城市建设划时代的变革，也展现了邓小平改革开放政策的不断推进。1978年以前，中国的所有机场都由中国军方直接监管。作为改革开放的一部分，中国民用航空管理局于1980年脱离军队建制，中国民航业逐渐向以市场为导向转变。[1] 随后中国民航总局将运营机场的责任移交给地方政府，国有航空公司分拆成了几家规模较小的航空公司并鼓励私营的地区性航空公司与国有航空公司竞争。[2] 深圳是早期最积极开放航空管制的城市之一。20世纪80年代，沿着崎岖的乡村道路坐四个小时的车才能到达离深圳最近的广州机场。空中互联互通是加速城市经济发展的先决条件，深圳

---

[1] 金凤君,孙炜,萧世伦.我国航空公司重组及其对航空网络结构的影响.运输地理学杂志.2009, 17: 293—305.

[2] 从国有独资到产权多元化——民航现代企业制度逐步建立完善.中国民用航空总局.(2008-12-16).http://www.caac.gov.cn/XWZX/MHYW/200812/t20081216_12183.html.

于1989年开始建设自己的机场,并在三年后成立了深圳航空公司。① 当时深圳建设城市重大基础设施项目的工作被委派给了中国30多个省和省级市的国有建筑设计院和城市规划局。每个单位都响应中央政府的号召,为深圳的城市发展做出了贡献。② 深圳机场老航站楼四四方方,功能实用,由中国北方老工业区的东北建筑设计研究院的工人一砖一瓦建设而成,航站楼最初主要服务于少数公务员和国有企业员工,供他们往返于深圳和家乡两地。③1992年深圳机场投入运营,香港的城市规划专家提出质疑,认为深圳没有潜力成为主要的航空枢纽,因为深圳经济欠发达且居民收入水平低。④ 然而到了2000年,深圳宝安国际机场作为中国内地第四大机场,年吞吐量突破600万大关,并在下一个十年里翻了两番。到2013年,每年有超过3000万的乘客往来深圳,这完全赶上了西班牙巴塞罗那机场、美国纽约的纽瓦克自由国际机场和巴西圣保罗机场的旅客吞吐量。⑤

1993年,中国民航局将深圳机场定位为国际机场,这是开设国际航班的前提条件,国际机场有权开设海关和出入境服务。然而,尽管深圳机场已升级为国际机场,国家航空管理部门却始终没有把深圳机场列为国际空运枢纽,官方只认可北京、上

---

① 金凤君,孙炜,萧世伦.我国航空公司重组及其对航空网络结构的影响.运输地理学杂志.2009, 17.

②③ 出自对黄伟文的采访。

④ 于1991年撰写香港新机场总体规划的作者们认为,深圳机场的建设对香港国际机场的需求影响甚微,它将主要起到缓解广州白云机场乘客流量饱和度的作用。此外,他们预计到2000年,深圳宝安国际机场的运输吞吐量每年不会超过340万人次。参见格雷纳国际,茂尔盛亚洲咨询公司.新机场总体规划:最终报告;规划.香港:临时机场管理局, 1991: 3—2。

⑤ 亚太航空中心.深圳机场2011年客流量增长6%.(2012-01-12).https://centreforaviation.com/news/shenzhen-airport-reports-6-traff%20ic-growthin-2011-136349。数据由作者统计。

海、广州这三地的机场为国际航空运输的枢纽机场。① 深圳宝安国际机场位于中国南方边境,这让国际航班的运营变得复杂,因为商用飞机不能以低于5000米的高度飞越中国边界。② 由于这些限制,2014年往来深圳宝安国际机场的航班中有96%是国内航班;在通航的82个目的地中,只有11个不在内地,这一年深圳机场还没有开通任何洲际航班。③

在2013年福克萨斯设计的航站楼启用以前,深圳在中国航空体系中的地位从三幢独立的机场大楼的对比中可以明显看出。最矮的大楼里设有国际航站楼、香港航站楼、澳门航站楼、台湾航站楼。这座低矮的大楼感觉像一个真实机场的模型或翻版。墙上显眼的地方挂着多个时钟,显示巴黎、柏林、开罗、莫斯科、新德里、东京、悉尼、洛杉矶和纽约等地的时间;然而这幢低矮的航站楼只开设少量飞往东南亚城市的航班,价格比香港机场同类航线要高得多。这个国际航站楼寂然无声地矗立在那里,从未满负荷运行过。

与之相比,相邻两个国内航站楼的到达大厅里则是人声鼎沸、熙熙攘攘。安保人员不停地巡视,门口等待接机的人、招揽生意的出租车司机,还有成千上万来自中国各大城市(北京、上海、成都等)和小城市(海拉尔、宜宾、张家界等)的旅客在这

---

① 这一定位在2011年通过的"十二五"规划里得到了体现。参见《中国日报》2012年10月30日的报道文章《敦促航空管理改革》。
② 根据一国两制研究所的报告《香港航空业研究:目前的挑战和未来策略》(香港特别行政区中央政策组,2010年9月,第62页)可知,珠三角地区的空域情况非常复杂。三个独立的空中交通管理部门负责监督该地区领空的飞行情况,采用不同的操作程序和标准。所有进入该地区领空的飞机都应服从中国军方的管理……当飞机离开香港国际机场的领空后,必须达到特定的高度,然后才能爬上"墙",在中国内地领空飞行。这使得飞行费时耗油,同时也给飞行员出了一道数学难题。
③ 笔者根据深圳机场集团提供的数据进行计算。

里来来往往。旅客们离开行李领取处并朝出口走去,会看到一排与楼上旅行社相似的柜台,为乘客提供去往香港国际机场的跨境巴士和小面包车服务。这些柜台里有话语简洁的女服务员,穿着合体的橙色和紫红色制服。这些柜台由三家公司运营:永东直巴管理有限公司、环岛旅运有限公司和华通中港快线巴士公司。这些公司由香港企业家在20世纪90年代初创办,目的为促进往返广东的旅游业增长,后来他们利用自身在跨境交通管理方面的专长作为资本发展本地区往返机场的客运中转业务。①这些交通线路在珠江三角洲的航空基础设施中发挥着关键的作用。2013年,500万从香港国际机场出发的乘客中,约有十分之一的乘客是通过乘坐始发于广东的跨境巴士抵达香港机场的。②柜台的工作人员指引去往香港国际机场的乘客来到"深港机场中转旅客休息室"。旅客休息室有香港机场和深圳机场的标识,入口处有穿着亮橙色衣服的青年接待员。休息室里面有两名文员坐在办公桌前,为到香港赤鱲角的机场乘机的旅客提供"免费一站式登机服务"。在隔间里,一些乘客懒洋洋地倚靠在褐红色的大扶手椅上,等待乘坐巴士前往香港国际机场。

城中村里的机场

深港机场中转旅客候机楼是深圳宝安国际机场和香港国际机场双方经过长期洽商而设立的,所处的位置一般不易察觉。

---

① 参见环岛旅运有限公司跨境运输服务网站http://www.trans-island.com.hk/eng/china.html和永东直巴管理有限公司网站https://www.eebus.com/,笔者的访问时间为2012年11月1日。
② 参见香港机场管理局的《共同开创未来:2011/2012年度报告》第43页;黄芳.宝安国际机场迎送旅客70万.宝安日报,2013-10-08。

自2008年以来,香港国际机场与深圳宝安国际机场深化合作,促进彼此间的互补而不是相互竞争,深圳旅客可以在深圳机场办理由香港飞往国外的登机手续。①然而这一由机场设计师设想的办法在深圳显得有些水土不服。深圳机场位于深圳西北,距离摩天大楼聚集的罗湖区和福田区有45分钟的车程,不便于巴士往返香港国际机场,除非旅客恰好住在深圳机场附近或刚从中国其他城市飞抵深圳机场。跨境巴士公司意识到这一情况,并于2009年开始发展城市候机楼网点以解决深圳这座面积大、居住区分散的城市的跨境乘机交通问题。这些候机楼分布在三个与香港毗邻的中心城区,设立在城区各式各样的商业设施里。在福田区办理登机手续的候机楼位于福田汽车站正门旁边。汽车站往东10公里是深圳市最大的表演艺术中心——深圳大剧院,城市候机楼位于大剧院售票处和售卖水彩画、花瓶的小店之间。②南山区的城市候机楼夹在一座购物中心和一处城中村之间。③

城中村是深圳城市发展的特殊规划政策的结果。④1980年,有300多个位于深圳的村庄被划入经济特区。黄伟文在文章里指出,城中村未被纳入城市总体规划,在各开发区块之间的夹缝中生存;当地村民自发建设城中村,没有市政的监管、规划设计和建筑审批,也没有经过质量控制、财产登记和其他

---

① 香港旅客同样可以在香港国际机场办理从深圳出发的航班的登机手续。详见香港机场管理局2008年10月8日的新闻稿《香港机场与深圳机场联合推出"港深机场中转服务"》。
② 笔者于2012年3月8日实地考察深圳福田长途汽车站,2012年11月29日实地考察深圳大剧院,于2009年12月1日、2010年2月22日、2012年3月8日实地考察深圳京基·百纳广场。
③ 参见永东直巴管理有限公司2009年11月的小册子《2009年EEBus服务指导手册》第4页。
④ 王亚平,王仰麟,吴健生.中国的城市化与非规划的开发:深圳的城中村.城市和区域研究国际学刊, 2009, 33(4):957—973.

监管程序。①

城中村里的建筑一般有6至8层，容积率极高，街巷狭窄，但是房租便宜，吸引了低收入家庭、农民工、低成本商业和娱乐服务业。②在这种情况下，这些村庄弥补了城市规划的不足之处，为低收入人群和初到深圳的人提供充足的住房。③虽然城中村占深圳土地总面积的不到10%，但在2007年，超过一半在深圳工作的人居住在这里，人口密度约为每平方公里7万人。④城中村一般都处于深圳关内的重要区位，因此成了房地产开发商的目标。有些城中村已完全被办公楼和高档社区所取代，而另一些城中村则被周边建起的商场和公寓"逐渐包围"起来。

正如前文所说，南山区的城市候机楼周边的环境被重重建筑包围。候机楼坐落在一个多层停车场里，沿着专用道上去，一侧是由高档购物商场和公寓大楼组成的京基·百纳广场，另一侧是一个叫做"白石洲"的大型城中村，这里住着数以千计的农民工和年轻的大学毕业生，他们是深圳服务业和制造业发展的力量源泉。⑤（图22）和其他城中村一样，白石洲这个在深圳城乡二元经济边缘上挣扎的城中村住房密集紧凑，被办公大楼和在建的独立公寓包围，这些办公大楼和在建的公寓意在迎合经济特区富裕起来的中产阶层和高收入家庭的需求。白石洲杂乱、热闹、拥挤，街道上专营塑料厨具、清洁用品和卫生洁具的小店林立。街头摊贩用木签串着饺子和鱼丸，在忙碌的五金板材车间前售卖。到了晚上，京基·百纳广场前的街道变成了一个露天的餐饮娱乐区，到处都是海鲜餐厅、台球室和面档。

---

①②③④ 见本书黄伟文所著第三章。
⑤ 正如马立安所留意到的，白石洲在原沙河华侨农场及农场周边的五个村中显得非常突出。参见马立安的博客"深圳笔记"上的文章《汤头，白石洲》，http://maryannodonnell.wordpress.com/2010/01/31/tangtou-baishizhou。

图22　位于深圳市南山区的京基·百纳广场拥有一处城市候机楼。麦克斯·赫什于2011年绘制。

白石洲南端是装修精致的京基·百纳广场、种满棕榈树的大道和摩天公寓楼。京基·百纳广场是一个高档购物中心，地处白石洲的中心地带。在新世纪头十年后期，深圳房地产开发商在城里各处建造了一批这样的购物中心，大多建在过去是农村集体所有制的土地上。京基·百纳广场为中产阶级消费者提供了各种干净卫生的点心店、豪华车展以及打上外文名字的国内服装连锁店等商场标配。城市候机楼位于购物中心和公寓楼之间，由两个小房间组成。一间是接待处，里面设有一排登机柜台，乘客可以在此打印登机牌并购买去往机场的大巴或小巴车票；还有一个小的候车厅，乘客可以在巨大的屏幕上查看他们的航班状态,屏幕上也会显示即将发车前往香港国际机场的班次。每隔15分钟就会有一小群女工作人员手持车次板、扩音器和对讲机,将乘客带到楼下的停车场,停放在那里的大巴和小巴等将带乘客们过境前往香港国际机场。

机场和边境

位于香港和深圳之间的边境线设立于1898年,当时的清政府官员和英国政府决定将深圳河作为香港和内地之间的界线。在历史上的大多数时期,深港边境管制松懈,给偷越边境和货物走私提供了机会。即使在1949年中华人民共和国成立以后,这种情况依旧如此,成千上万的人因此得以从内地偷渡至香港。直到"大跃进"时期和20世纪60年代初期,因饥荒导致广东出现逃港潮,才迫使港英政府采取措施加强边境控制,限制逃港人群流入。[1]

在中国政府对香港恢复行使主权后的一二十年里,香港和深圳的都市经济发展愈加互相依赖,因此两地政府都启动了一系列监管改革和基建工程,意在简化货物及人员的跨境流程,加快流动速度。在对未来的构想和设计中,深港两地将融通形成一个特大都市圈,两地实质上的互通互融标志着香港特区与中国内地的和谐共处。

然而首次前往香港的游客往往惊讶地发现,边界由把守森严的隔离区隔开,有两排平行的铁丝网和瞭望塔。在香港一侧,"边境禁区"是在农田上建立起来的警戒地带,只有得到特殊

---

[1] 见曾舜辉的论文《1958—1962年香港的边境管制》(香港大学,2010年)。

的许可才可以进入。①边境连接处位于深圳南端市区，这形象地诠释了内地和香港的"一国两制"制度。在这一政策下，香港作为特别行政区，在关键治理领域的高度自治权得到了保证，包括实施有别于内地的出入境和贸易政策。香港在中国政府对其恢复行使主权后的第一个五年里担心大量涌入的内地居民会使香港不堪重负，于是严格控制内地居民入港，内地居民只能以游客的身份入港，除非他们可以证明因从事合法的商业交易而访港。此外，2002年以前香港曾实施一项限额措施，限制每日的内地游客总人数不超过2000人。为了应对"非典"暴发后旅游业的急剧下滑，这一措施在2003年做出调整，香港开通了一项具有试验性质的"个人游"计划，允许广东四个中等城市的户籍居民以个人身份进入香港，并可在香港逗留七天。② 在一段成功的试验期过后，"个人游"计划开放给所有拥有广东省户口的居民，包括深圳的居民，2004年开始开放给拥有北京户口的居民和拥有上海户口的居民。此后，"个人游"计划逐渐扩展到全国数十个城市。③

这些政策变化背后的原因是内地居民的购买力不断增强。实际上一旦某个城市或省份的人均生产总值达到了一个可观的水平，香港的入境事务处就允许这些城市的户口持有者通过"个人游"计划入港。2008年，香港开始向深圳居民发放一年多次往返的入境签注，内地其他省份的居民只要持有从香港国际机

---

① 关于港深边界的历史和香港移民条例的更多信息，请参见杨汝万，沈建法，主编.泛珠三角：全球化中的新兴区域经济.香港：香港中文大学出版社，2008。
② 详见香港特别行政区政府旅游事务署网站"个人游"计划信息，http://www.tourism.gov.hk/sc_chi/visitors/visitors_ind.html，笔者访问的时间为2013年5月19日。
③ 完整清单可查阅香港特别行政区政府旅游事务署网站"个人游"计划信息，http://www.tourism.gov.hk/english/visitors/visitors_ind.html。

图23　深圳和香港之间的边界。图中，一座两层的人行通道桥连接位于深圳的福田口岸联检大楼和位于深圳河南岸的香港落马洲管制站。麦克斯·赫什摄于2011年。

场出发的航班机票便可获得七天过境签注。这些措施实质上大致显示了内地各省市的财富水平和地位，监管机构试图从日益富裕的内地消费者冲动的消费习惯中分一杯羹，同时又把可能对香港的福利制度造成压力的较贫穷的内地居民排除在外。香港这些出入境管理措施的改变极大地增加了内地旅客的数量，这些旅客的购物和休闲偏好是旅游业收入的重要来源，同时也常常提醒人们香港与内地之间存在着巨大的社会和文化隔阂。然而这些改变对当时深圳的大部分居民而言并没有太大的帮助，深圳的许多外来居民所持有的户口使他们无法受惠于这些改变。这反而加深了深圳人口构成的不平等，少数持有深圳户口的居民不仅享有更好的市政服务，还可以自由飞往国外。为了回应这些针对深圳居民的限制政策的不满，2010年香港入境事务处向在深圳工作的国有企业职工开放"个人游"计划，并在两年后大大放宽了这一计划的限制条件，准予任何人合法成为深圳居民满一年后即可入港。①

香港过去十年放宽了内地居民入境条件,使得香港边境基础设施需要进行彻底的改造。这些政策的改变使得跨境人数增加,导致现有的边境管制设施变得不堪重负。新世纪之初,每天只有2000名内地居民可以经由香港与深圳的陆地口岸进入香港,十年之后每天有超过50万人往来于这两个城市之间。② 香港运输署和入境事务处试图通过建立两个新的边境口岸和精简入境流程来减轻深圳最早设立的罗湖口岸和皇岗口岸的压力。广九铁路延伸到福田口岸站(香港一侧为落马洲站),于2007年开通运行;深圳湾口岸位于深港西部通道的深圳一侧,有一座于2007年开通的跨境悬索桥。

边境基础设施的各项变化对过境机场巴士的运作有重大影响。虽然大部分来往香港国际机场和深圳宝安国际机场的交通运输都经由老旧的皇岗口岸,但从2007年起,机场巴士运营公司逐渐将运输业务转移到深圳湾。③ 新设的口岸有两个明显的优势。深圳湾是深圳西翼蛇口半岛东南角的一块填海区,到深圳宝安国际机场和香港国际机场的距离比市内任何一个口岸都近。深圳湾出入境边防检查站也是首个实行"一地两检"的检查站,香港建筑署委托当地建筑设计公司来设计改善边检大楼的基础设施,以期加快旅客过境的流通速度。④大部分位于

---

① 深圳放宽"个人游"计划.中国网.[2013-05-12].http://www.china.org.cn/travel/2011-01/05/content_21674188.htm.

② 参见香港特别行政区政府2012年9月11日新闻稿《立法会问题16附件:自2011年1月至9月通过各边境检查站的乘客人数》。

③ 笔者于2010年3月5日、2010年4月3日和2011年1月26日实地考察了深圳湾出入境边防检查站。

④ 深圳湾出入境边防检查站由澧信工程顾问有限公司设计和建造,澧信是一家在香港的专业工程咨询公司。参见澧信工程顾问有限公司.港深西部走廊,边境设施的共同定位.[2012-11-15].http://www.jrp-group.com。

香港与深圳之间的边境口岸都有两个独立的检查站，相距几百米，内地和香港出入境管理机构分别施行各自的海关、出入境和检疫检查。相比之下，深圳湾将香港和内地的手续合并一处办理，称为"一地两检"，这是经过复杂的司法管辖和行政区划程序后取得的突破性壮举。虽然深圳湾口岸位于深圳，但"一地两检"的检查大楼在法律上属于香港的一部分，并由边境双方的出入境官员共同管理。①在深港西部通道上，一座超5公里长的悬索桥连通深圳湾和香港，停靠在深圳湾大桥下的船只需要遵守内地的法律，而大桥桥面是香港特别行政区执法区域的延伸。受跨境航空旅客增长的推动，深圳湾的日均旅客量每年增长20%~30%。到了2014年，每天有近10万人通过"一地两检"检查大楼。②

深圳湾的特殊使命是便于旅客往来香港国际机场与深圳宝安国际机场，所以深圳湾过境口岸实际上是两地机场功能的延伸。深圳湾口岸大致位于香港机场和深圳机场两地中间，两边都设有大型公共汽车站和较小的机场候机厅。候机厅位于边检大楼一层，尚未办理登机手续的旅客可以在此办理。因出入境手续较繁杂，故两家机场在边检大楼的两侧都设有接送旅客的自家巴士车队。深圳和中国内地其他地方一样车辆靠右侧行驶，而香港车辆则靠左行驶，这是香港自英国殖民统治时期延续下来的。此外，香港和广东省施行不同的车辆许可证制度，因此一个拥有香港汽车牌照的车主若想要开车过境，必须申请特殊的黑

---

① 参见香港特别行政区政府的《深圳湾口岸港方口岸区条例》（2007年第4号，2007年4月26日）。有关深圳湾设计的更多信息，参见麦克斯·赫什，乔纳森·D.所罗门.你的购物中心有机场吗？.日志19, 2010, 夏: 99—106。
② 参见香港特别行政区政府2012年9月11日新闻稿《立法会问题16: 边境检查站和海天客运码头的使用情况》。

色跨境车牌挂在车头及车尾。来自市内城市候机楼的大巴车把旅客送到五层的边检大楼的入口处,旅客在那里排队等待通过两地海关的入境检查。视当天情况,一般需要花费10分钟到1小时通关。过关之后搭乘另一侧的巴士前往机场。

旅客可以选择搭乘七座的小面包车,其车费是巴士的两倍,独特的优势是提供"深圳湾口岸免下车过境检查"服务。[①]实际上不同的价位是代理商的一种运营方式,以此区分乘客的财富水平和地位,因为那些有能力支付较为昂贵的面包车车费的旅客可以享受更舒适的待遇。小面包车并不需要驶入边检大楼,而是驶过一个像收费站那样醒目的建筑物。驾驶员将一沓厚厚的通行证递给坐在小亭子里的内地出入境工作人员,出入境工作人员用一组特殊的镜子通过对比乘客的通行证照片和面部特征来核验车上每位乘客,偶尔会要求司机前进或倒车从而获得更清晰的视像。然后工作人员把通行证退还给司机,招手让他通过并前往几米外的香港出入境关口,香港入境事务处的工作人员坐在一个一模一样的小亭子里重复这一程序。

香港机场巴士的最后一站是香港国际机场二号客运大楼。该客运大楼由SOM建筑设计事务所与当地OTC公司合作设计。该客运大楼拥有大部分传统机场客运大楼的设计组成元素,包括购物和娱乐设施、休息室、出入境和安全监管处,但它的特别之处在于它没有登机口也不与机场相连。该客运大楼于2008年投入使用,其主要目的是满足航空旅客的综合运输需求,方便旅客换乘巴士、渡轮或小面包车往返内地。2000年,这些旅客只占所有出入香港的乘客总数的一小部分,并可在一

[①] 参见环岛旅运有限公司的小册子《往返香港国际机场与广东的豪华跨境轿车》(发行日期不详,笔者于2009年11月获取)。

号客运大楼入境大厅的多个服务柜台办理相关手续。然而10年后香港国际机场内地旅客的比例已增至全体旅客人数的四分之一以上。① 现有的客运大楼无法承载旅客人数满负荷的增长，因此香港机场管理局把旅客引导到了一幢新建大楼里，这里可以满足过港旅客的需求。二号客运大楼配备有大型旅游巴士总站、宽敞的跨境巴士换乘服务柜台、深港机场中转旅客休息室和34个巴士停靠站。② 明亮的广告牌宣传着深圳房地产的发展，电视屏幕显示开往广东各地的巴士的发车时间。来自深圳的乘客可以穿过一条隧道前往香港国际机场的一号客运大楼，已在深圳办理登机手续的乘客可以直接进入安检处和出入境处，然后搭乘各自的国际航班。

结　语

关注中国城市建设的西方观察者往往把他们的注意力聚焦在诸如深圳宝安国际机场有航站楼那样的大型基础设施项目上，他们似乎对特大型建筑有一种特殊的偏好。中国正在建设规模庞大的建筑，这些建筑能够产生一种视觉冲击力，但是往往忽略一些诸如建筑材料快速老化等建筑体本身的问题，或诸如国际机场的国际航班数量较少等功能上的问题。这种吸引力同样带有些许对逝去的时代的怀念，西方政府和民众也曾以投票

---

① 据香港国际机场前首席执行官冯国经所说，机场管理部门兴建二号客运大楼是为了应对香港国际机场往返内地旅客人数的增加，"二号客运大楼……并不是真正意义上的机场航站楼，而是一个供海运和陆运旅客前往机场的交通枢纽"。冯国经（现任香港利丰集团首席执行总裁）于2010年2月11日在香港历山大厦接受作者的采访。

② 笔者于2009年6月29日、2010年2月22日、2011年12月10日、2012年11月28日实地考察了香港国际机场二号客运大楼和前往内地的客运总站。

方式支持建设大型公共设施。

从中国客户（地方政府或机场管理局这样的官方机构）的角度来看，像深圳宝安国际机场T3航站楼这样的大型项目不仅对提升城市基础设施的建设至关重要，还对提高城市的知名度和文化底蕴起了关键作用。城市规划者出于对设计理念或政治家出于对职业抱负的考虑，使这些基础设施项目的核心之一被放在其是否真正处于城市创新前沿，抑或是否能快速获得全球认可——视觉效果出众，但实用性不强。实际上，深圳宝安国际机场的扩建代表了一种高度形式化且缺乏内容的迈向全球化的方式。福克萨斯的航站楼的参数化设计及其不加掩饰的"形式大于功能"的偏好，很好地体现了这种追求，因为它吸引了一心想发迹的人的眼球，他们渴望炫耀最新获得的财富。

与此同时，深圳大部分国际航空运输通过一个由十分普通的城市候机楼和公共汽车站组成的网络来实现，其最终目标非常明显，是为了弥补深圳大型基建项目无法满足的全球互联互通。这些设施不是国际设计比赛的主题，而是由当地技术服务供应商设计建造，具备一种简约审美风格，旨在将人们的注意力从更大型的跨国建筑上转移到基础设施的发展上来。这些城市候机楼设在比它们大得多的建筑物的角落和空隙区域，其特点是几乎没有指示牌或广告。虽然每天接待数以百计的旅客，但它们的目的是协助旅客在不到15分钟的时间里办理好登机手续，并让他们登上前往香港的巴士。它们的主要用途是服务跨境巴士，至于究竟是什么因素导致这种做法的出现并不在其考虑的范围之内。

然而为了了解新世纪初指导深圳城市发展的基本思路，这种思考却又是必要的。实际上，跨境登机制度使新世纪初的国家经济结构，一种建立在严格的地理等级制度之上的体系，与对多极化全球资本主义的迫切需要之间的内在冲突空间化,因为多极化的全球资本主义崇尚自由跨越边境的点对点流动。深圳通过香港国际机场与外界联系,这种将香港作为深圳全球互联互通的中转站的设计是为了缓解香港的存在焦虑——香港担心作为中国和西方的中间人的作用在减弱。当深圳希望将其影响力扩大到内地以外的地方时,它发现自己的发展愿景受束缚,建设成像香港和广州这样的国际贸易中心的想法受到限制,香港和广州都不希望有别的大都市超越它们。深圳在特区范围内有相当的自主权,但其雄心壮志与更重要的地区利益和国家安全顾虑相互交错,深圳想要成为一座国际大都市显然还缺乏应有的监管框架。

经济精英们还在倡导对珠江三角洲的跨境基础设施的投资以实现双赢。这是要让双方做出务实妥协的外交辞令,以避免该地区的社会政治分歧和城市间的竞争。这种发展策略居然为城市设计带来了灵感,深圳一方面渴望成为国际大都市,另一方面似乎受到掣肘,这就催生了各种区域功能和类型上的创新。跨境登机制度免去出境旅客到位置偏远的机场的不便,在市内各处城市候机楼就可以办理登机手续,这使得一些不起眼的城市角落与全球经济结合到一起,令人耳目一新。由于过境巴士要在城市候机楼和边境之间接送乘客,于是穿梭在深圳街头巷尾的国际航线巴士成了城市日常交通生活的一部分。实际上城市候机楼成了深圳宝安国际机场的补充——低调且深深扎根于城市日常生活中,为深圳的国际旅行提供了高效的服务。

尽管跨境巴士系统效率高,但耗时是无法避免的。旅客要在香港机场的飞机起飞前3至4小时到达深圳各处的城市候机楼,然后乘坐巴士过境,自行搬运行李通过两侧海关、接受出入境检查,搭乘另一辆巴士前往香港国际机场,接着还要再接受安检和出入境检查。如果边境双检相隔的线路短且巴士迅速开动,那么这个75公里的行程需要1个多小时。如果路途中出现小意外,那么耽搁的时间可能会很长。随着收入水平及人们出国旅行热情的提升,对于一个拥有1300多万居民的大都市来说,这显然不是一个理想的解决方案。珠江三角洲的城市发展务实、勇于创新,具有企业家精神。深圳一方面要提高全球辐射力,另一方面又要按部就班地发展。跨境登机制度所反映出来的正是这一矛盾必然显现出来的问题。

人类学家约翰·林德奎斯特在《流动性的焦虑:印度尼西亚边境的人口流动和旅游业》一书中,研究了印尼巴塔姆的季节工和普通游客的流动情况。巴塔姆位于新加坡海岸附近的印度尼西亚廖内群岛的经济特区内,林德奎斯特对于"一个处于国际大都市边缘的岛屿"的研究旨在"从发展中国家和发达国家之间的时空边界的角度,来思考人群的流动是如何开展的"。[1] 由此,他的这项研究赋予了"东南亚地区研究全新的面貌……让我们不能把巴塔姆理解为严格意义上的新加坡的'离岸'地区……而是作为全球人类活动的一个节点,这种活动在疆域和文化上都是不受限制的"。[2]他的研究对于我们探索边境城市深圳的一些独特的制度安排是很有启发的。虽然这些特殊地区起初依附于现有的财富和权力中心,但随着时间的推移,它会呈现出自己的活力,通过促进跨境的多向流动寻求更多的自主权。这种现象不仅存在于深圳,也存在于亚洲的其他一些

---

[1] 约翰·林德奎斯特.人口流动的焦虑:印度尼西亚边境的人口迁移和旅游业.火奴鲁鲁:夏威夷大学出版社,2008:17.
[2] 约翰·林德奎斯特.人口流动的焦虑:印度尼西亚边境的人口流动和旅游业.火奴鲁鲁:夏威夷大学出版社,2008:8,12.

边境城市。①

然而深圳在亚洲众多的特区城市中仍然是独一无二的,因为它在很多方面已经超越了它的姐妹城市。截至新世纪的第一个十年,深圳人口是香港人口的两倍多,平均年龄却只有33岁,比香港居民的平均年龄年轻10岁,并且更有可能从事有收入的工作。②从建筑师的角度来看,宽敞的空间和开放的心态使深圳建筑设计的未来更胜一筹。香港居民整体而言更富裕、受教育程度更高,并且更具全球视野,但香港仍然是一个教育和社会阶层严重分化的城市,其上升机会相对较少。在深圳,即使是工资最低的农民工,来到这里后,其经济地位和社会声望都会得到极大的提高。对于越来越多的香港中产阶级来说,离开房价高企的香港,搬迁到深圳不失为一个可行的甚至是蛮有吸引力的选择。

因此,深圳发现自己虽处于一个懵懂的城市发展青春期,仍然比不上香港和广州这样更富裕的地区和权力中心,但在不远的将来会有更大的发展。深圳如何重新协商与香港的关系,不仅关系到内地与香港之间的关系,也为其他欠发达的特区城市描绘了发展路线。到目前为止,这些地区的自我定位以及外界对它们的看法,在很大程度上取决于实际的需求:这是个生产廉价T恤衫的地区,或是个主要组装电脑芯片的城市。居民也是一样,他们把在这里工作视为发家致富的一种手段,以改善千里之外

---

① 例如,马来西亚南端的边境城市新山市,致力于摆脱廉价商品供应商和为一日游的新加坡人提供非法活动的形象,同时投资中产阶级住宅开发和高等教育机构,试图吸引更国际化的外国学生、年轻家庭和退休人员。珠海是与澳门毗邻的特殊边境城市,已定位为适宜养老的花园城市,有人称其为"中国的佛罗里达州"。内地游客经由深圳前往香港,与深圳的情况类似,巴淡岛正打造一种新的形象,就是作为印度尼西亚新兴中产阶级的出境中转站,他们飞往该岛的韩那丁国际机场,然后乘渡轮前往新加坡度假。印度尼西亚巴淡岛韩那丁国际机场商业总监丹迪·古斯蒂南达2013年3月11日在韩那丁国际机场接受笔者的采访时如是说。

② 香港特别行政区政府统计处.香港:事实.2014-06.

的家乡的物质生活条件。然而，随着时间的推移，这些地区逐渐发展，主要外来人口获得了一些公民自豪感以及对中产阶级生活更多的渴望，慢慢地，这些边境城市步入了正轨。然而，人们发现在这一过程中，管理特区的流动机制存在自相矛盾之处。一方面，这些城市的存在要归功于商品、人口和外国资本的流动，围绕在交通设施（火车站、高速公路、航空港和海港）周边的发展布局把它们带向了更广阔世界；另一方面，特区居民发现他们的跨境流动受到姐妹城市既得利益的限制，比如香港为了巩固其货物集散中心的地位，花费了大量精力以确保不会被边境另一侧的城市超越。边境城市的自由流动也同样受到国家和政府的严格监管，当局不愿意授予这些特区进一步的自治权，担心这些城市会挑战其作为亚洲国家特有的高度集中的权力等级。

既鼓励流动又限制流动，这种矛盾的心态，明显地体现在对深圳边境管控设施及其跨境运输系统的不断升级上，也同样体现在对深圳居民的空间策略上，深圳居民对该地区复杂且时而不透明的跨境流动态度淡然。这种无动于衷的态度印证了历史学家威廉·冯·申德尔所说的"日常跨境"现象，常见于在边境城市居住的人群，他们"不断试探和挑战邻国的领土主张"。①

---

① 威廉·冯·申德尔.接壤区域：边境、非法人口流动和领土国家之间的相互关系//艾迪·亚伯拉罕，威廉·冯·申德尔，编.非法人口流动与犯罪：国家、边境和全球化的另一面.印第安纳州布卢明顿：印第安纳大学出版社，2005：62。威廉·冯·申德尔认为，这种态度是亚洲边境城市日常生活的共同特点，并且是必要的生存策略："边境地区的居民都有……一种对空间现实情况的主流观念的焦虑感。他们过往的经验使他们不会轻易地接受自己被国家精英界定为毫无问题的世界现代群体……他们无法把想象力限制在某个国家领土的范畴上，他们觉得那些想象力被限制的人是被囚禁在妄想中的人……世界各地的边境居民已经开展了各项活动，并形成了顾及国家的世界观，他们从不会成为一个固执无理、僭越体制的个体。（他们）自己认知里的世界范围不和国界重合一致（并且）超出了国家领土界定的空间限制。"参见艾迪·亚伯拉罕，威廉·冯·申德尔，编.非法人口流动与犯罪：国家、边境和全球化的另一面.印第安纳州布卢明顿：印第安纳大学出版社，2005：54，56。

在香港和深圳，人们对于何时何地从哪个机场起飞的决定是非常务实的：如果你是前往台北或曼谷，那么你就选择香港国际机场；如果你前往昆明或郑州，那深圳机场是更好的选择。在亚洲边境城市生活常常要将不同的制度、城市以及货币放到一起加以比较，找出最为经济适用的办法，这也反映了一种更开放的生活态度。

作家卡莎·波利特曾讨论过梦的"荒诞的内在逻辑"：非理性的因果关系链看似完全合理，但直到你梦醒的那一刻，你才意识到在你睡着时大脑编造的因果关系的虚假本质。[①]同样，深圳也有自己独特的内在逻辑。深圳的组织原则依赖于创造性地使不相容的社会、经济和司法制度相互结合。在没有历史先例的情况下，那些居住在深圳的人并不认为一个造价14亿美元的国际机场航站楼里只有很少的国际航班有什么不妥，也不觉得在位于城中村的巴士总站登机前往纽约旅行有什么问题。人们无法准确地把深圳描述为一个大都市或省级内陆城市，"特区"处于无法清晰界定的状态。[②]然而为全球互联互通而兴建的庞然大物在国际航空旅客运输方面几乎成了一个摆设，而藏身市内、临时搭建起来的城市候机楼却很方便跨境流动。两者的对比揭示了特区政府为了让深圳超越其作为内地城市的身份、跃升为国际大都市所做的种种举措尚未成功，仍需努力。

[①] 卡莎·波利特.学习驾驶.纽约客，2002-07-22: 36.
[②] 弗拉德·萨沃夫.深圳的新机场航站楼让飞行重拾奇迹.边缘网.(2013-11-28).http://www.theverge.com/2013/11/28/5154484/baoan-international-airportterminal-3-studio-fuksis-design.

结　语
向深圳学习

马立安　黄韵然　乔纳森·巴赫

深圳的成功似乎让人觉得有些不可思议。在这块土地上，不同的发展阶段上演着不同的故事，故事的主人公也在不断变换。先是锐意改革的领导，其后是外来务工者，接着又轮到技术白领和艺术家登场，但深圳作为改革开放政策的试点和全国率先一步发展的样板的地位从未改变。因此，深圳作为研究对象本身也在不断变化，套用任何现成的经济发展理论、城市规划或者新自由主义学说都显得削足适履。本书各章节的作者对深圳不同侧面和不同发展阶段的历程进行了剖析，让人们看到这一发展历程并不总是沿着从规划到政策形成再到政策实施这样一个线性序列展开。我们发现不管套用何种宏观叙事，很多事情的出现不是早于预期就是晚于预期，有些事情的出现则完全超出了事先做出的规划和某种理论依据，这些事情对于局内人与事后思考的局外人的意义大为不同。前面各章节的调查分析凸显深圳发展历史之所以重要，不在于深圳是中国发展变化的晴雨表，而在于深圳的发展套用任何发展理论来解释都显得捉襟见肘。不仅是对中国的发展，对全球范围内的当代城市化发展而言,这一结论都具有独特而广泛的意义。譬如说,在把宝安县这样一个边缘渔村变成深圳这样一个现代化国际大都市的过程中,城市规划的成功落实有赖于其灵活性和审时度势的发展步骤,包括"二线"的设立与移除、新区的建立以及对城中村的管理等,这些都是把这片土地作为改革开放试验区、坚持实施改革开放政策所结出的经济硕果。

享有特殊政策的经济特区

这本书里的文章所讲述的关于城市、关于中国乃至全球体系层面的结构性变化的故事,都与中国有效地利用建立经济特区作为管理由市场引起的社会经济变化的一种手段息息相关,当然这一过程也常常夹杂着一些难以预料的事情。这里无论是马欣和布莱克韦尔对深圳的"一线"和"二线"的记述,赫什对深圳试图开通更多国际航线的探讨,还是马立安和巴赫对城中村的分析,都说明深圳在土地开发、政策实施和经济发展过程中自觉或者不自觉地利用了本地固有的优势。

当代世界体系当中每一个成功的发展案例,都为围绕区域政治经济改革的试验增添了新的形式和内容。[1]在我们这个时代,出口加工区的设立,就是因为人们认识到在经济发展全球化的前提条件下,需要在一国的疆土之内划出一定的地段来实施有别于国内的法律法规,以促进国民经济发展。30多年前,作为

---

[1] 杰奥瓦尼·阿锐基在他所著的《漫长的20世纪》一书中,阐述了国家为了谋求转移和应付那些足以威胁其政权存在的资本主义经济危机,是如何采取不同的领土管控策略来让全球资本主义中心产生变迁的。无论是意大利的城邦、荷兰和英国的殖民地,还是美国本土及其势力范围内的领土,统治者都曾采取不同的策略加以管控,参见杰奥瓦尼·阿锐基.漫长的20世纪.纽约:维索出版社,2010.

经济发展的一项重要举措，人们大胆试验，建立深圳经济特区，类似做法现在在全球已经屡见不鲜。这些经济特区不但在贸易发展方面可以享受特殊的法律法规，甚至把整个城市都作为经济开发区来分一杯羹。①

出口加工区所享有的特殊政策，使之可以在物资的转运和处置，产品的生产、加工和再出口方面尽可能不受进出口政策限制，深圳辖区之内还有各种自由贸易区。然而深圳之所以成为举世瞩目的经济特区，关键在于它在中国发生历史性转变的过程中所扮演的角色。毛泽东时代的中国计划经济是由农村集体所有制和全民所有制国营企业构成的，把深圳作为改革开放政策的试验区建立经济特区，很快就让市场经济在这里立足，尽管当时人们还不清楚这种变化意味着什么。深圳作为这场试验的核心，为此后中国经济改革开了先河，包括对各方面的改革目标的认识。换言之，深圳经济特区与之前设立的出口加工区不同，经济特区的建立促成具有深远意义的社会经济变革，不但促进经济发展，也为各方面的创新不断积累经验。

本书各个章节的阐述表明，深圳作为经济特区的一个特点是，自上而下的有计划发展和自下而上的没有计划的发展齐头并进，深圳建设的参与者很多也并非组织上分派过来的，深圳树立的核心价值观也有一个自身演变的过程。在中央划定的这块经济特区的土地上，中央政府有选择地废除一些计划经济体制下的政策法规，引入市场经济的某些做法，这样做提升了经济发展的竞争力和经济全球化之下的潜在优势。与此同时，正如马立安、巴赫、梅森、黄伟文等几位作者所分析的那样，特区原来的村庄被保留下来，变成了今天的城中村，成为特区中的"特

---

① 参见巴赫在第一章里的讨论和凯勒·伊斯特林.特区的力量.伦敦：维索出版社，2014。

区",为先行一步开展社会改造提供了试验场所。

这些城中村既是城市迅速发展的障碍,也帮助城市发展解决了一些问题。城中村一直以来都是深圳改革试验的催化剂。这些城市发展规划之外的城中飞地与城市规划下发展起来的城区犬牙交错,构成深圳多元组合的城市特点。这一前所未有的城市发展状况呼唤大胆实践创新,把乡村转化为城市发展的结构洞①,以此探索更丰富的城市发展维度。例如,20世纪80年代蛇口工业区工厂的工人就租住在附近水湾和湾厦新村里由村民自己搭建的握手楼里。而华侨城和科技园的年轻建设者和工程技术人员则大多住在附近的白石洲。在深圳最为繁华的商业区域罗湖区,城市规划用地和城中村更是星罗棋布,你中有我,我中有你。在这里,你可以同时看到国营企业、外资企业、计件加工企业、跨境购买山寨商品和移花接木产品的人潮。与此同时,这些镶嵌在城市里的城中村还保留了毛泽东时代的农村土地与城市土地之间的不同,形成一道奇特的城市景观。

书中不同章节的分析也表明,城中村的故事所彰显的是中国经济如何通过土地使用权商品化从计划经济中摆脱出来。卡尔·波兰尼曾经详细描述过英国政府在收回国民手中的私有土地,发展商品化劳动市场和促进金融市场发展的过程中是如何通过谈判、欺诈甚至死亡威胁才得以完成的。土地和劳动力与资本一道被波兰尼称为"虚幻"的商品,因为它们不是被用来在市场上出售的。把土地、劳动力以及资本商品化,需要国家同尚未生活在市场经济社会里的人们进行谈判才能够实现。在中

---

① 结构洞是指关系网络中的空隙。如果两者之间必须通过第三者才能建立联系,那么第三者就占据了关系网络中的一个结构洞,处于该位置的第三者比另外两者拥有更多的信息和资源优势。——编注

国,要让农民脱离土地,需要转变他们农村集体所有制的身份。在这一过程中,市场经济规律的自主性愈发明显,尽管依照波兰尼的观点,任何自主性的说法细究起来都是人们对社会地位和经济地位的一种重新定位。在深圳,这一过程把不同社会阶层的人们重新组合到一起。这种独具一格的重新组合也许比让人们脱离旧的体制更有意思,因为每一次重新组合都给社会及其环境重建提供不同机会。正如马立安和巴赫在他们的文章中所探讨的那样,城市发展一方面将当地没有规划的乡村排除在外,另一方面又企图利用乡村的土地及乡村的历史发展。①

特殊的外来者

深圳在改革开放过程中先行一步,深圳的城市发展战略在处理城乡关系问题上也领先全国其他地区。从一开始,深圳的城中村就在容纳和吸收来自四面八方的外来务工者方面发挥着关键作用。如果说这本书里面有谁是主要角色,那就是这里的流动人口。他们的身份地位模糊,他们驯服不抗争,他们在建设新城市的过程中也在重新塑造自己。中国的这一为人熟知的形象首先出现在深圳,而不是北京或者上海这样历史悠久的城市,这些大城市的一些老旧小区里居住的不是农村来的打工者而是

---

① 参见卡尔·波兰尼.大转型.波士顿:灯塔出版社,1944。这方面有许多案例,但我们无法在本书的正文里详述,例如,西乡及其他关外地区的变迁。早年的加工厂通过"三来一补"为海内外客商加工产品,以此替代农业耕作,最终在珠三角地区兴办了许多乡镇企业,这些乡镇企业构成了深圳早期的经济基础。后来,乡镇企业脱离对农村集体土地的依赖,逐渐形成了今天的股份制"集体"企业。如今这些"城市里的""集体"企业沿袭了乡镇的权力结构和村民分红的做法,大芬的油画村就是一例。同时,皇岗村、水围村和沙嘴村等地的变化主要是因为外商对出口产业的直接投资。经过2006年的整顿,这些地区的商业消费经营变得更加合法规范。

长期居住在那里的城市居民。[①]深圳本身就是一个改革开放的试验区。与北京和上海的本地居民不同,深圳的本地居民,即原宝安县的农民,最有可能得不到城市居民的身份,他们夹在那些外来的城市白领和普通外来务工者之间,难以在城市里立足。相对于本地农民而言,那些外来户反倒成了城里人。

正如马立安在第五章和梅森在第九章中所阐述的那样,深圳的特区地位为大批来自全国其他城市的专业技术人员到此安家落户提供了机会,因此"外来者"的身份成了产生归属感的前提而不是障碍(就像"来了就是深圳人"这句口号所表达的那样)。诚然,中国到处都有城中村,但是唯有在深圳,在城中村中居住的不仅有农村来的单身的务工者和工厂里的工人,还有大学毕业生以及祖孙三代都居住在一起的家庭。此外,深圳市政府决定对地处核心地段的城中村进行改造,这样的举措让深圳人进一步认识到城中村对于外来务工者的重要性,增加了他们对于这座城市的认同感。这种意识基于20世纪90年代中期以来,人们一直将外来的农民工也作为深圳发展的建设者加以宣传。

结果就是深圳的外来工和深圳的乡村现在都成了经济发展的楷模,模范工人与模范村庄相得益彰。巴赫对于乡镇企业家的描述,梅森对于公共卫生医务工作者的研究,还有黄韵然对大芬村的画工及其性别的分析,都凸显了城中村在都市人身份

[①] 对于北京外来人口的研究,详见张鹂.城市里的陌生人:中国流动人口的空间、权力及社会网络的重构.加利福尼亚州斯坦福:斯坦福大学出版社,2001。近年来,学者们对于城中村的研究也多了起来,从不同的角度对其进行了探讨。参见吴缚龙,等,编.中国城市里的农民工.纽约:劳特利奇出版社,2014;莱昂纳多·奇特里奥,约瑟夫·迪·帕斯夸莱.迷失全球化:中国的城市住房范例.米兰:杰姆科出版社,2015;斯蒂芬·阿尔.城市掠夺:华南人口的变迁.火奴鲁鲁:夏威夷大学出版社,2014;布鲁诺·德·梅尔德,凯莉·香农,林艳柳.城市里的乡村.苏黎世:帕克图书公司,2014。

的形成与抗争中所发挥的作用。每个城中村都在讲述着自己的故事。就全国而言,这也是一项试验,由此来确立城市究竟是属于谁的。当下出台的一系列改革措施就是要解决如何让那些"值得的"外来者成为合法的城市居民这一问题。农民是否能成为城市居民(以及认同他们的城市人身份)这个问题,与何时及怎样将"农业"用地转变成城市用地,是一个问题的两个方面。在这方面,本书各章的分析表明市政府、开发商、村民以及外来务工者对于身份和利益问题有着各自不同的诉求。尽管有时他们也会在某些方面妥协,并且让城市身份变成一个有待解决的问题,但是这些问题不是树立一个深圳人的模板就可以解决的。

中国没有哪座城市像深圳一样如此受益于外来人口的涌入,因此深圳非常重视外来务工人员的主人翁精神和法律地位问题,佛罗伦斯的文章中对于树立劳动模范的分析足以说明这一点。这为那些老城市提供了一个可借鉴的范本,因为那些城市从其历史发展上看,从来不具备接纳和融合众多不同阶层的外来务工人员的灵活性,而是把他们归类为让人瞧不起的"农民工",可是现在它们也不得不为妥善管理大量来自农村和其他城市的外来务工人员寻找办法。

展望未来

我们在佛罗伦斯、梅森和黄韵然所进行的分析中看到的深圳人身份的不断变化,须结合马立安、黄伟文、马欣和布莱克韦尔、巴赫以及赫什的文章中所说的特区物理条件的不断完善加以思考。在探讨深圳人身份建构和经济特区建设的过程中,我们看到经济特区的发展由作为改革开放政策的试点向树立模范转变,加上媒体的赞誉,这一切似乎在说这个城市的发展与其不期然的发展渊源没有任何关系。当年把"改革开放"作为一种试验,没人预先知道答案,这是本书第一部分所探讨的内容,但是近年来政府宣传部门不再提这一说法了,而是把深圳的成功更多地看成决策者运筹帷幄的结果,这与梅森、黄韵然还有赫什所分析的内容是有出入的。接下来,那些规划成了人们制定新规划的蓝本。[1]

特区乃至全国都把深圳视为城市规划发展的楷模,深圳故事的下篇将如何书写呢?继续把深圳当作楷模的压力一定会有的,因为这是一种实现政治上的跃升的策略,尽管政策的可行性及能否成功仍需通过试验。得到"楷模"赞誉的深圳在全国大城市排行中名列前茅。近年深圳的前海片区(包括蛇口)被划为国家级自贸区就是一个例子。现在许多深圳的商人和国家干部都在提谋求创造更多"国家价值",建立新的自贸区会让深圳的经济再上一个台阶。这让人们认识到国家建立新的自贸区实为发展经济的一种策略,国内其他城市也在同深圳展开竞争,为获取经济全球化背景下这项政策所带来的战略性红利。

展望未来,我们认为深圳在三个层面将继续作为先行一步的国家战略性试验区和模范。首先,从城市发展的层面来说,城中村将继续存在下去,这本身就体现了特区因势利导、特事特办的潜在能力。尽管乡村的地界划定得越来越明确,能够回转的空间也越来越小,但是城中村消亡的传言常常不攻自破。正如我们在本书中所探讨的那样,城中村曾经在深圳的发展中发挥其特有的作用,将来仍然会是如此。乡村、当地的村民、外来打工者以及媒体所展现出来的灵活性远远超过市政部门的规划和

---

[1] 有关这一问题,参见露西·苏克曼.计划与审时度势.剑桥:剑桥大学出版社,1987.

心怀诚意的公知们的论述。乡村作为本地历史的建筑遗存将继续在城市的发展中发挥影响力,而作为制度遗存的那些乡镇企业则让村民继续保留他们的"农民"身份,维系着他们与香港以及海外亲人的联系。

今天,郊区城中村的改造才刚刚开始,而市区城中村的升级改造也在紧锣密鼓地进行。这也就意味着本书所描述的那些变化还在继续进行,村民的土地通过赔偿变为资本,又通过地产开发变为商品。因此,深圳的乡村渊源与其城市身份之间的冲突也将会继续存在下去。然而就像本书所强调的那样,在特区这片土地上,这一矛盾与其说是反映了乡下人和城里人的差别(这样的差别的确存在),不如说反映了人们如何跨越和改变特区的边界,去塑造深圳的城市归属感。过去,按照户籍地的不同人们被划分为不同的阶层,今后,对于阶层的划分将依据人们在城市里享有的城市权益的差别。在这种变化中,唱主角的还是深圳当地的村民。随着城市的建设发展,以往城中村为城里的打工者提供简陋居所这一功能将日渐消退,而今后塑造一代都市人所面临的挑战同样需要人们采取灵活务实的态度。

其次,在国家建设层面,深圳的经验让人们看到,建立特区对于在全国范围内实施改革开放政策,进行先行一步的试验是多么重要。早期,如何吸引外商来中国直接投资是在深圳建立经济特区的最主要目标之一,此前中国一直不允许外商来中国投资,特区的建立在这方面成就非凡。在30多年后的今天,深圳计划拿出15平方公里土地来建设"前海深港现代服务业合作区"。建立这个新的服务区的目的之一是让离岸金融机构可以在中国境内开展贷款业务,这是中华人民共和国成立以来头一回这样做。①

第三个层面涉及中国的全球经济发展战略。我们看到,在获取外汇、吸引人才和维护主权统一等问题上中国政府所采取的灵活做法,很多都是深圳早期作为改革开放试点先行一步尝试过的。与香港相连的边界如同特区的"二线"边界一样,边界两边属于地位不同的特殊区域。中央政府利用深圳等地毗邻香港、澳门和台湾的一些区域,建立经济特区带动内地的经济发展(深圳的港口吞吐量已经超过香港,成为上海和新加坡之后的全球第三大港)。②中国内地与大中华区内其他地区的交往日趋频繁,人们利用经济特区的建立将境内与境外的发展联系起来,在新的地缘政治格局中,让经济特区充分发挥作用。这包括在中国境内设立特别行政区,合作开发从新疆喀什到巴基斯坦瓜达尔港的中巴经济走廊。该项工程计划在20年内,将这一地区打造成一条新的经济大动脉,推进中国经济特区发展模式在非洲落地。③

本书作者们通过分析深圳在其过去的发展过程中如何应对和预测地方、全国乃至全球不同层面的社会变革,揭示了其变化发展的滥觞。有人把深圳的发展归功于城市规划,也有人认为是新自由经济的泛滥。我们通过对人们的日常生活进行细致入

---

① 1980年,在中国的境外直接投资基本为零,到了2015年,这一数据已超过1280亿美元(不含来自香港的),中国作为投资标的国的地位超过美国。但此时人民币还不是可以完全自由兑换的货币,且中国的外汇储备已达数十亿美元。如何回笼人民币对于想要促使人民币成为全球性货币的中国来说非常重要。虽然香港已经设立此项业务,但是由于受到国内借贷政策的影响而关闭。在此情况之下,前海深港现代服务业合作区的发展就变得意义重大。参见中国超越美国成为外国直接投资最大受益国.BBC新闻.(2015-01-29).http://www.bbc.com/news/business-31052566。
② 深圳将香港挤出前三名.标准新闻网.(2014-01-17).http://www.thestandard.com.hk.
③ 强国走廊.先驱新闻网.(2015-06-02).http://herald.dawn.com/news/1153156.

微的观察和描写，让这些观点不攻自破。不错，深圳的发展是经过事先规划的，但是规划与现实是不一样的，不能将它们完全等同起来。同样，在深圳的发展建设中，可以看到一些新自由主义经济的流行趋势，可是深圳的发展因时就事有其自身的逻辑，人们很难套用西方新自由主义有关政治与经济之间关系的某些论断来解释中国的具体情况。几乎所有人都想在深圳一展拳脚，实现他们各自的梦想。最终，我们在深圳看到的是政策与策略的灵活运用。正如本书中详尽描述的各行各业的发展历程中所经历的那些过程一样，政策的灵活性给城市发展与管理的具体措施带来变革。这些都被赋予了经济改革的色彩，但实际上也带来了深刻的政治影响。每次出台新政，不管是涉及物权、户籍还是边界管控，其发展结果都没有办法事先完全预估出来。如果说这本书讲述的深圳20世纪末和21世纪初筚路蓝缕的发展历程能够给我们带来一些启示，那么作为一座充满惊喜和期待的城市，深圳将继续在未来的岁月里为人们提供示范和借鉴。

鸣　谢

这部著作源于2011年召开的两次学术会议,一次是在美国麻省理工学院(MIT)召开的"深圳+中国、乌托邦+国际网络";另一次是原深圳市规划和国土资源委员会组织的"向深圳学习"——"深港城市\建筑双城双年展"的活动之一。我们在此要感谢MIT建筑规划系,特别是马克·贾佐贝克和阿黛尔·桑托斯两人为MIT的会议所给予的支持,我们还要感谢2011年的深港双年展总策展人特伦斯·莱利、原深圳市规划和国土资源委员会副总规划师黄伟文和双年展的同事们。除了本书的作者之外,我们还要感谢在这两次学术会议上发言的詹姆斯·科纳、拉里萨·海因里希、李燦辉、梁允翔和Alex Lui,他们的研究让我们对深圳在中国乃至全球范围内所发挥的作用有了更深刻的认识。

此外,感谢纽约新学院大学的郭龙啸和该校印度中国研究中心为本项研究提供的帮助;同时,我们感谢加利福尼亚大学伯克利分校中国研究中心为书稿的撰写提供的帮助,感谢Liang Hao提供的研究协助。我们还要感谢深圳城市设计促进中心、深圳大学建筑学院、中英街博物馆和位于蛇口的招商局档案馆为本书提供的图片支持,包括授权在本书中使用。

我们还要感谢两位匿名评审专家提供的宝贵意见和苏珊·比

尔斯坦所提供的指导。我们最要感谢的是深圳本地的居民，是他们让我们认识到特区之特和在改革开放过程中深圳先行一步的意义所在。我们要特别感谢蔡楚升、程君、张彤、傅琳瑚、郭若青、华蓉珍、黄伟文、梁秀枝、梁小丽、刘赫、刘峥、雷胜、饶小军、谭子清、腾飞、吴丹、易志芳、尹训志、余海波、张凯琴和赵小勇。还要感谢杨阡。